Kleine Gesetzessammlung

für die Kindertagesbetreuung in Brandenburg

Gefördert durch das Ministerium für Bildung, Jugend und Sport des Land Brandenburg

ISBN 978-3-86892-130-4

Rechtsstand September 2019

Gestaltung: Jens Klennert, Tania Miguez
Zeichnungen: Tasche, Foto S. 6 Axel Schön
Druck und Bindung: Förster & Borries, Zwickau
Printed in Germany

Weitere Informationen finden Sie unter www.verlagdasnetz.de

Kleine Gesetzessammlung

für die Kindertagesbetreuung in Brandenburg

verlag das netz
Weimar

Inhaltsverzeichnis

Vorwort

Sehr geehrte Damen und Herren,

Kindertagesbetreuung im Land Brandenburg soll allen Kindern gute Startbedingungen in die moderne Welt geben. Alle Kinder sollen daran teilhaben können – ganz unabhängig vom Einkommen der Eltern. Bereits seit August 2018 sind Eltern im letzten Jahr vor der Einschulung ihres Kita-Kindes von Gebühren befreit. Die Gebührenentlastungen gehen einher mit weiteren Qualitätsverbesserungen im Kita-Bereich. Denn die intensive Förderung und Betreuung der Kinder braucht ausreichendes und gut ausgebildetes Personal. Ein erster wichtiger Schritt war die Senkung des Personalschlüssels auf 1:11.

Auch in der Beitragsfreiheit sind wir weitere Schritte gegangen und haben sie im Zuge der Umsetzung des Gute-Kita-Gesetzes in Brandenburg ausgeweitet: Seit August 2019 sind jetzt auch alle Kinder aus Familien, die Sozialtransferleistungen erhalten oder nur über ein geringes Einkommen verfügen, beitragsfrei gestellt.

Konkretes zur neuen Kita-Beitragsbefreiungsverordnung (KitaBBV) können Sie in dieser »Kleinen Gesetzessammlung« nachlesen. Neben den Änderungen im Brandenburgischen Kita-Gesetz finden Sie in dieser Fassung auch die Kita-Leitungsausgleichsverordnung (KitaLAV), die 2017 verabschiedet wurde.

Darüber hinaus wollen wir Beteiligung und Mitsprache der Eltern in Kita-Angelegenheiten weiter stärken. Auch hierzu traten bereits wichtige Änderungen in Kraft. Dazu gehört u.a., dass in allen Landkreisen und kreisfreien Städten Kreiskitaelternbeiräte sowie ein Landeskitaelternbeirat zu bilden sind. Arbeitsweise und Tätigkeit des Landeskitaelternbeirates regelt die Kitaelternbeiratsverordnung (KitaEBV), die ebenfalls Teil dieser Zusammenstellung ist. Angelegenheiten einzelner Kitas werden auch künftig im Kita-Ausschuss der Einrichtungen oder mit dem Träger direkt erörtert.

Neu aufgenommen wurde das Brandenburgische Sozialberufsgesetz (BbgSozBerG). Damit wird die Gesetzessammlung um Informationen zur Fachkräftesicherung mit Blick auf die staatliche Anerkennung und Verfahren zur Anerkennung von ausländischen Abschlüssen erweitert.

Diese aktualisierte Gesetzessammlung macht deutlich, dass sich im Kita-Bereich viel entwickelt. Auch in dieser Legislaturperiode wird es weitere Reformen geben. Gewiss wird Ihnen die erweiterte Sammlung auch künftig ein unentbehrliches und hilfreiches Arbeitsinstrument sein. Das Wissen um die rechtlichen Grundlagen der Kindertagesbetreuung gehört zu einer kompetenten und selbstbewussten Fachlichkeit und ist wichtige Voraussetzung für die weitere Verbesserung der Betreuungsqualität in den Einrichtungen.

Ich danke den vielen Mitarbeiterinnen und Mitarbeitern in diesem Bereich für ihren Einsatz und wünsche Ihnen allen viel Erfolg für Ihre verantwortungsvolle Arbeit.

Britta Ernst

Britta Ernst
Ministerin für Bildung, Jugend und Sport
des Landes Brandenburg

Die Entwicklung des KitaG Brandenburg

1. Das Kita-Gesetz des Landes Brandenburg vom 10. Juni 1992 ist das Zweite Ausführungsgesetz zum KJHG, nachdem am 19. Dezember 1991 das »Erste Gesetz zur Ausführung des Achten Buches des Sozialgesetzbuches – Kinder- und Jugendhilfe – Organisatorische Rahmenbedingungen« beschlossen wurde.

2. Das Erste Gesetz zur Änderung des Kindertagesstättengesetzes vom 7. Juni 1996 war eine gründliche Überarbeitung des Kita-Gesetzes vom 10. Juni 1992. Es behob eine Reihe von Auslegungsproblemen, passte den Rechtsanspruch der tatsächlichen Vollversorgung an, vereinfachte das Finanzierungsverfahren und verstärkte die Bedeutung und die Aufgaben der Gemeinden. Weiterhin wurde die bisher fehlende Finanzierungssicherheit für die Einrichtungen in freier Trägerschaft hergestellt.

Diese erste Novelle verlagerte die Entscheidungsbefugnis für eine Reihe von Fragen von der Landesebene auf die örtliche Ebene, die Träger und zum Teil in die Einrichtungen selbst (z.B. Bemessung der Elternbeiträge). Damit wurden nicht nur die Entscheidungsspielräume für die kommunale Ebene und die Träger erhalten; es eröffneten sich auch neue Spannungsfelder zwischen Kommunen, Eltern, Trägern etc. indem teilweise prozedurale Vorgaben an die Stelle inhaltlicher getreten sind.

3. Mit dem Ersten Gesetz zum Abbau des strukturellen Ungleichgewichts des Haushalts (1. Haushaltsstrukturgesetz 1997) vom 17. Dezember 1996 wurde das Kita-Gesetz ein zweites Mal geändert. Artikel 1 des 1. Haushaltsstrukturgesetzes nahm redaktionelle Änderungen vor und schuf die Voraussetzungen für die spätere Einführung eines einstufigen Finanzierungsverfahrens. Einen qualitativen Einschnitt bedeutete die Reduzierung der Landeszuschüsse, in deren Folge die bezuschussungsfähigen Personalschlüssel für die Krippen- und Kindergartenkinder verschlechtert wurden (von 1/6 auf 1/7 und von 1/12 auf 1/13).

4. Mit Artikel 3 des Haushaltsstrukturgesetzes 2000 vom 28. Juni 2000 und dem fast zeitgleich verabschiedeten

5. Zweiten Gesetz zur Änderung des Kindertagesstättengesetzes vom 7. Juli 2000 erfolgte eine umfassende Strukturreform des Kindertagesbetreuungsbereiches. Während das Haushaltsstrukturgesetz nur die Kernpunkte der Reform beinhaltete und diese in das Programm zur Konsolidierung des Landeshaushaltes einband, führte das Zweite Gesetz zur Änderung des KitaG diese Reform aus.

Wiederum war die Reduzierung der Landeszuschüsse der Ausgangspunkt, für die eine Umsetzung zu finden war:

- Leistungsverpflichtung durch die Wohnortgemeinde – Der Rechtsanspruch auf die Betreuung in einer Kindertagesstätte oder Tagespflegestelle richtete sich nun gegen die Gemeinden und nicht mehr gegen die Landkreise und kreisfreien Städte als örtliche Träger der öffentlichen Jugendhilfe.
- Kinderkostenpauschale statt Platzbezuschussung – Die Kostenerstattung des Landes gegenüber den örtlichen Trägern der öffentlichen Jugendhilfe und die Zuschüsse der Landkreise an die Träger der Einrichtungen wurden jeweils überführt in eine Zuweisung an die nun leistungsverpflichteten Gemeinden. Diese erhielten einen pauschalen Zuschuss pro Kind, unabhängig von der Art und dem Umfang der Betreuung.
- Kernrechtsanspruch und bedingter Rechtsanspruch – Der Kreis der Kinder, die ohne weitere Voraussetzungen einen Rechtsanspruch auf Betreuung in einer Kindertagesstätte hatten, wurde durch das Haushaltsstrukturgesetz 2000 begrenzt auf Kinder ab Vollendung des zweiten Lebensjahres bis zur Versetzung in die fünfte Schuljahrgangsstufe (zuvor von Geburt bis Ende des Grundschulalters). Jüngere und ältere Kinder hatten nur noch dann einen Rechtsanspruch, wenn die familiäre Situation eine Betreuung erforderlich macht. Zugleich wurde der Rechtsanspruch zeitlich bestimmt: sechs Stunden für Kinder bis zur Einschulung und vier Stunden für die älteren Kinder. Längere Betreuungszeiten sind zu gewähren, wenn die jeweilige familiäre Situation dies erfordert.
- Differenzierung der Angebotsformen – Neben Kindertagesstätten sollten andere Angebote entwickelt werden und bedarfsdeckend wirken. Dazu wurde vor allem das Angebot von Tagespflege ausgebaut, die fester Bestandteil des Regelangebotes für Kinder bis zur Vollendung des zweiten Lebensjahres werden sollte. Das Land wurde nunmehr auch an der Finanzierung der Tagespflege beteiligt, durch eine Ablösung der Bezuschussung von den belegten Plätzen und damit von der Betreuungsart.

Dies begleitend wurden Regelungen zur finanziellen Untersetzung des Wunsch- und Wahlrechts der Leistungsberechtigten getroffen, indem die Kostenerstattung zwischen Gemeinden im Verfahren vereinfacht und an keine weiteren Voraussetzungen mehr gebunden wurde.

6. Artikel 2 des Haushaltsstrukturgesetzes 2002 vom 18. Dezember 2001 verlängerte nur die Übergangsregelung des § 16a (Bezuschussung durch den Landkreis) um ein Jahr und beseitigte Auslegungsprobleme.

7. Weitreichendere Änderungen des KitaG erfolgten durch Artikel 1 des Gesetzes zur Entlastung der Kommunen von pflichtigen Aufgaben vom 4. Juni 2003.

Es wurde die Gruppe der anspruchsberechtigen Kinder reduziert, indem nun auch die zweijährigen Kinder, die zuvor in jedem Fall einen Rechtsanspruch auf Kindertagesbetreuung hatten, nur noch einen Anspruch hatten, wenn die familiäre Situation Tagesbetreuung erforderlich machte.

Außerdem wurden die Angebotsformen zur Erfüllung des Rechtsanspruch wesentlich erweitert. Art und Umfang der Anspruchserfüllung sollen dem Bedarf des Kindes entsprechen und es wurden – mit Ausnahme des Bereichs der Kinder vom vollendeten dritten Lebensjahr bis zur Einschulung (traditionell Kindergartenalter) – auch andere Formen bedarfs- und rechtsanspruchserfüllend, wenn sie der familiären Situation der Kinder Rechnung tragen und im jeweils erforderlichen Rahmen die Aufgaben und Ziele nach § 3 KitaG gewährleisten.

8. Aufgrund der Klagen zweier Gemeinden entschied das Landesverfassungsgericht in seiner Entscheidung am 20.3.2003, dass die Übertragung der Leistungsverpflichtung an die Gemeinden nicht mit Bundesrecht vereinbar und somit nicht verfassungsgemäß war. Daher wurden die entsprechenden Regelungen mit dem Dritten Gesetz zur Änderung des Kindertagesstättengesetzes vom 17. Dezember 2003 rückgängig gemacht.

- Die Leistungsverpflichtung richtet sich nunmehr wieder gegen die örtlichen Träger der öffentlichen Jugendhilfe; die Gemeinden können sich die Durchführung der Aufgaben jedoch durch öffentlich-rechtlichen Vertrag übertragen lassen.
- Hinsichtlich der Finanzierungsstruktur wurde wieder auf die Regelungen, die vor dem Jahr 2000 galten, zurückgegriffen. Allerdings blieb die Landesfinanzierung, die nunmehr den örtlichen Trägern der öffentlichen Jugendhilfe zugute kommt, eine an der Kinderzahl gemessene Bezuschussung und nicht (wie vor 2000) eine Platzbezuschussung.
- Die Erweiterung der rechtsanspruchserfüllenden Angebotsformen blieb in Kraft.
- Die Verpflichtung zum Kostenausgleich zwischen Gemeinden, wenn Kinder außerhalb der Wohnortgemeinde betreut werden, wird an die Entscheidung des örtlichen Trägers der öffentlichen Jugendhilfe gebunden. Hiermit ist ein Mittelweg eingeschlagen worden zwischen der restriktiven Regelung bis 31.12.2000 und der folgenden unbedingten Ausgleichsverpflichtung.

9. Im Juni 2006 hatte der Landtag die Landesregierung aufgefordert, einen Gesetzentwurf einzubringen, der einen Bestandsschutz für Kinder bis zum vollendeten dritten Lebensjahr bestimmt und der die Grundsätze elementarer Bildung verbind-

lich macht. Außerdem wurde die Landesregierung aufgefordert, dafür Sorge zu tragen, »dass die im Schulgesetz vorgesehene Sprachstandserhebung und die anschließende Förderung von Kindern mit Sprachentwicklungsdefiziten möglichst in Kindertagesstätten erfolgen«.

Mit dem Entwurf zum Vierten Gesetz zur Änderung des Kindertagesstättengesetzes ist die Landesregierung dieser Aufgabe gefolgt. Das Gesetz wurde am 6. Juni 2007 vom Landtag verabschiedet und ist am 1. Juli 2007 in Kraft getreten. Neben der Regelung zum Bestandsschutz in § 1, der Bestimmung in § 3, nach der die Grundsätze elementarer Bildung verbindliche Arbeitsgrundlage sein sollen, wurde eine verbindliche Sprachstandsfeststellung und -förderung für alle Kinder in den §§ 3, 16 und 23 eingeführt. Zusätzlich wurden Regelungen getroffen, die der Qualitätssicherung und -feststellung dienen sollen.

10. Aufgrund von Protesten von Fachkräften und Eltern und der allgemeinen Einsicht in die Bedeutung einer guten frühen Bildung sah der Koalitionsvertrag für die 5. Legislaturperiode ein Programm »Gute Bildung für alle von Anfang an« vor. Mit zusätzlich 33 Mio. Euro pro Jahr sollte der Betreuungsschlüssel für die 0- bis 3-Jährigen auf 1 Erzieherin für 6 Kinder, für die 3- bis 6-Jährigen auf 1 zu 12 verbessert werden. Die Regierungsfraktionen griffen dieses Vorhaben auf und forderten mit dem Landtagsbeschluss vom 24. Februar 2010 die Landesregierung auf, einen Gesetzentwurf vorzulegen, der diese Personalschlüsselverbesserungen beinhaltet und dabei das bewährte (nach der Zahl der Kinder pauschalierte) Verfahren der Bezuschussung durch das Land beibehält.

Diesem Auftrag folgte die Landesregierung mit ihrem Gesetzentwurf für ein Fünftes Gesetz zur Änderung des Kindertagesstättengesetzes mit dem lediglich die Personalschlüssel (§ 10 Abs.1) dem Auftrag entsprechend geändert und die Finanzierungsregelungen zur Umsetzung der Personalschlüsselverbesserungen (§ 16 Abs. 2 und 6) angepasst wurden. Das Gesetz ist am 1. Oktober 2010 in Kraft getreten.

11. Artikel 3 des Gesetzes zur Weiterentwicklung der Kinder- und Jugendhilfestrukturen vom 5. Dezember 2013 fügte mit dem § 20 die Regelungen zur Erlaubniserteilung für Kindertagespflege aus dem AGKJHG (Kennzahl 41.20) in das KitaG ein und nahm im § 21 eine redaktionelle Anpassung des KitaG vor.

12. Das KitaG wurde durch Artikel 8 des Gesetzes zur Änderung von Rechtsvorschriften über die Rechte der Sorben/Wenden im Land Brandenburg vom 11. Februar 2014 (GVBl. I Nr. 7 S. 12) im § 3 geändert. Diese Änderung trat am 1.6.2014 in Kraft.

13. Mit dem Fünften Gesetz zur Änderung des Kindertagesstättengesetzes waren mit Wirkung vom 1. Oktober 2010 die Personalschlüssel für die Betreuung von Kindern im Krippen- und Kindergartenalter verbessert worden. Die dadurch in den Kindertagesstätten anfallenden Personalmehrkosten werden durch Erhöhungen der Zuschusssätze gemäß § 16 Absatz 2 ausgeglichen und diese Mehraufwendungen der Landkreise und kreisfreien Städte wurden durch pauschale Erhöhungen der Landeszuschüsse ausgeglichen.

Das Landesverfassungsgericht hatte mit Urteil vom 30. April 2013 – VfgBbg 49/11 – entschieden, dass der pauschale Ausgleich für die Personalschlüsselverbesserungen des Fünften Änderungsgesetzes nach der Anzahl der Kinder bis zum vollendeten zwölften Lebensjahr in rechtlich nicht hinreichender Weise die jeweils vor Ort tatsächlich anfallenden Mehrkosten abbildet. Das Land hätte vielmehr für einen Konnexitätsausgleich gemäß Artikel 97 Absatz 3 der Landesverfassung die jeweiligen konkreten örtlichen Verhältnisse berücksichtigen müssen.

Dieser Maßgabe trug Artikel 1 des Kindertagesstättenanpassungsgesetz vom 28. April 2014 Geltung, das rückwirkend zum 1. Januar 2014 in Kraft trat. Hiermit wurden die Landeszuschüsse aufgeteilt in einen Sockelbetrag, der weiterhin im Zwei-Jahres-Rhythmus fortgeschrieben und nach der Kinderzahl verteilt wird, einen Ausgleich für die mit dem Vierten Änderungsgesetz bestimmten Sprachstandsfeststellung/-förderung und den Bestandsschutz sowie einen Ausgleich für die Personalschlüsselverbesserung durch das Fünfte Änderungsgesetz, der den jeweiligen tatsächlichen Kostenbelastungen entspricht. Um das Verfahren der Ermittlung der auszugleichenden Kosten und der Zahlung des Zahlbetrages zu bestimmen, wurde auch die KitaBKNV verändert.

Zusätzlich wurde die am 31. Dezember 2014 außer Kraft tretende Regelung aus § 7 Absatz 2 des Brandenburgischen Behindertengleichstellungsgesetzes zum Einsatz und zur Finanzierung von Gebärdendolmetscherinnen und Gebärdendolmetschern bzw. anderer Kommunikationshilfen bei der Wahrnehmung von Elternbeteiligungsrechten in das KitaG zu übernommen.

Die Heranziehung der Eltern von körperlich oder geistig behinderten Kindern im Grundschulalter zu Kosten der Eingliederungshilfe im Zusammenhang mit Hortbetreuung wurde durch eine Ergänzung in § 17 KitaG abgeschafft.

Schließlich wurden einige Anforderungen an die Qualifikation der pädagogischen Fachkräfte in Kindertagesstätten im § 10 KitaPersV klarer und einfacher gestaltet.

14. Das Sechste Gesetz zur Änderung des Kindertagesstättengesetzes vom 27. Juli 2015 (GVBl. I 15 Nr. 21), das am 1.8.2015 in Kraft trat, hatte das vorrangige Ziel,

die Personalausstattung für die Betreuung von Kleinkindern zu verbessern und die Finanzierung dieser Standardverbesserung anzupassen. Dafür wurden die Personalschlüssel im § 10 verbessert, die Bezuschussungssätze des § 16 Abs. 2 entsprechend angehoben und der konnexitätsbedingte Kostenausgleich durch das Land im § 16a Abs. 1 angepasst. Die Verbesserung erfolgt in zwei Schritten; zum 1.8.2015 und zum 1.8.2016.

Ferner wurden durch Änderungen im § 16a Abs. 2 die Voraussetzungen geschaffen, damit der Kostenausgleich für die Erweiterung des Rechtsanspruchs für ein- und zweijährige Kinder für die kreisangehörigen Gemeinden durch die Landkreise erfolgen kann.

Ein neu eingefügter § 6a soll die Beteiligung der Eltern auf örtlicher und auf Landesebene verbessern, indem die Einrichtung von Elternbeiräten ausdrücklich ermöglicht wird.

15. Das Kindertagesstättenanpassungsgesetz vom 10. Juli 2017, das zum 01. August 2017 in Kraft trat, hatte das Ziel, die Personalausstattung für Kinder im Alter von 3 Jahren bis zur Einschulung zu verbessern. Hierzu erfolgten Änderungen im § 10 und im § 16 (2) mit der Erhöhung des Zuschussanteils. Zudem kam die Landesregierung der langjährigen Forderung aus der Praxis nach, Leitungskräfte bei der Wahrnehmung ihrer pädagogischen Leitungsaufgaben, insbesondere bei der Steuerung der Aufgaben zum Kinderschutz, Beschwerdemanagement und der Qualitätsentwicklung bzw. -sicherung zu stärken. Mit Art. 3 des Gesetzes wurde § 5 (2) der Kita-Personalverordnung zum 01. Oktober 2017 dahingehend geändert, dass den Leitungskräften zusätzlich Wochenstunden für die pädagogische Leitungstätigkeit unabhängig der Einrichtungsgröße (Leitungssockel) zur Verfügung stehen. Durch Einfügung der Nr. 9 im § 23 (1) KitaG wurde eine Verordnungsermächtigung zum Kostenausgleich für den Leitungssockel geschaffen.

Ferner wurde zur Verbesserung des Zugangs von Quer- und Seiteneinsteigern die Höhe der Anrechnung auf das notwendige pädagogische Personal für Kräfte in tätigkeitsbegleitender Ausbildung und für profilergänzende Kräfte im § 10 KitaPersV geändert. Artikel 2 des Gesetzes nahm ein redaktionelle Bereinigung im § 5 (3) KitaBKNV vor.

16. Mit dem Gesetz zum Einstieg in die Elternbeitragsfreiheit in Kitas vom 19.06.2018 (GVBl. I, Nr. 11), das zum 01.08.2018 in Kraft getreten ist, wurden Eltern für Kinder im letzten Kitajahr vor der Einschulung vom Elternbeitrag befreit. Kernstück der Novelle ist § 17a KitaG , der die Erhebung eines Elternbeitrags für die Inanspruchnahme der Kindertagesbetreuung in Kindertagesstätten und der Tages-

pflege im letzten Jahr vor der Einschulung ausschließt. Neben Bestimmungen zur Kompensation der Einnahmeausfälle bei den Trägern von Kindertagesstätten (§ 17b KitaG) und zu Erstattungspflichten des Landes an die örtlichen Träger der öffentlichen Jugendhilfe (§ 17c KitaG) sowie zum Verwaltungskostenausgleich (§ 17d KitaG) sieht das Gesetz auch Ergänzungen und Klarstellungen zu den Finanzierungsregelungen in §§ 16 Abs. 3 und 17 KitaG vor. Daneben wurde der Begriff des Kita-Jahres eingeführt (§ 2 Abs. 4 KitaG). Für das Ausgleichsverfahren wurden die §§ 3 und 6 der KitaBKNV angepasst.

17. Mit dem Gesetz zur Umsetzung des Gesetzes zur Weiterentwicklung der Qualität und zur Teilhabe in der Kindertagesbetreuung vom 1. April 2019 (GVBl. I Nr. 8) – »Brandenburgisches Gute-KiTa-Gesetz« – wurde das Gesetz zur Weiterentwicklung der Qualität und zur Teilhabe in der Kindertagesbetreuung des Bundes vom 19. Dezember 2018 (BGBl. I S. 2696) – »Gute-KiTa-Gesetz« – in Landesrecht überführt. In § 17 KitaG wurde ein neuer Absatz 1a eingefügt, nach dem ab dem 1. August 2019 nicht nur die nach Bundesrecht befreiten Transferleistungsempfängergruppen (Eltern und Kinder im Bezug von Leistungen zur Sicherung des Lebensunterhalts nach dem SGB II, nach dem dritten und vierten Kapitel des SGB XII oder nach den §§ 2 und 3 des Asylbewerberleistungsgesetzes, von Kinderzuschlag gemäß § 6a des Bundeskindergeldgesetzes oder von Wohngeld nach dem Wohngeldgesetz), sondern auch Geringverdienende von den Elternbeiträgen automatisch und ohne Antrag beim örtlichen Träger der öffentlichen Jugendhilfe freigestellt werden. Diese Geringverdienenden haben häufig ein Familieneinkommen, das in der Höhe dem vergleichbarer Familien mit Bezug der genannten Leistungen entspricht. Mit dieser Regelung wird eine Maßnahme des Handlungskonzeptes des Landes Brandenburg zur Umsetzung des »Gute-KiTa-Gesetzes« umgesetzt. Zur Umsetzung des Brandenburgischen Gute-KiTa-Gesetzes tritt mit Wirkung zum 01.08.2019 u.a. die Kita-Beitragsbefreiungsverordnung (KitaBBV) in Kraft. Diese regelt das Nähere zum Vorliegen der Unzumutbarkeit sowie zum Ausgleichsverfahren und zur Höhe des Pauschalbetrages, der für die Einnahmeausfälle erstattet werden soll. Personensorgeberechtigte, die die Voraussetzungen dieser Verordnung erfüllen, werden automatisch vom Elternbeitrag befreit. Dies gilt neben den oben genannten Transferleistungsempfängern insbesondere für die dort definierte Gruppe der Geringverdienenden, also Familien deren Haushaltseinkommen einen Betrag von 20.000 Euro im Kalenderjahr nicht übersteigt. Für das Ausgleichsverfahren wurden die §§ 3 und 6 der KitaBKNV angepasst. Ferner wurden die Beteiligungsrechte der Eltern durch Neufassung des § 6a KitaG gestärkt.

Kindertagesbetreuung in Brandenburg - Übersicht

(Wechsel der statischen Grundlage: Landesjugendamt > Bundesjugendstatistik :Stichtag: 15.März des jeweiligen Jahres; ab 2009 Stichtag: 1.März des jeweiligen Jahres)

	2006	2007	2008	2009	2010	2011	2012	2013	2014	2015	2016	2017	2018	2019
Einwohner [1]	**2.547.772**	**2.535.737**	**2.522.493**	**2.511.525**	**2.503.273**	**2.495.635**	**2.491.514**	**2.449.193**	**2.457.872**	**2.484.826**	**2.494.648**	**2.504.040**	**2.511.917**	
davon in kreisfr. Städten	388.719	388.567	388.553	389.166	391.105	392.567	393.526	390.113	392.214	397.098	402.083	406.869	408.305	
davon in Landkreisen	2.159.053	2.147.170	2.133.940	2.122.359	2.112.168	2.103.068	2.097.988	2.059.080	2.065.658	2.087.728	2.092.565	2.097.171	2.103.612	
Kinder bis zum vollendeten 12. Lj.	**223.910**	**227.802**	**230.461**	**232.296**	**234.428**	**235.230**	**236.346**	**237.917****	**242.245**	**249.515**	**256.692**	**261.971**	**266.144**	
im Krippenalter (bis zum vollendeten 3. Lj.)	55.222	55.537	56.522	57.404	57.985	57.489	57.730	57.280	58.780	60.442	63.358	63.896	64.231	
im Kigaalter (3. bis 6, 5. Lj.)	67.114	66.979	66.979	66.940	67.728	68.971	70.171	71.399	71.827	73.703	74.780	76.441	77.650	
im Hortalter (6,5 bis 12. Lj.)	101.575	105.286	106.960	107.953	108.716	108.770	108.446	109.238	111.638	115.371	118.555	121.634	124.264	

[1] Stichtag: 31.12 des jeweiligen Jahres

** 2013: Endgültige Ergebnisse der Bevölkerungsfortschreibung auf Basis des Zensus vom 9. Mai 2011

	2006	2007	2008	2009	2010	2011	2012	2013	2014	2015	2016	2017 teilw. ohne Einrichtungen der Stadt Zossen.	2018 ohne Einrichtungen der Stadt Zossen.	2019
Einrichtungen gesamt	**1.672**	**1.700**	**1.704**	**1.729**	**1.749**	**1.768**	**1.792**	**1.810**	**1.830**	**1.842**	**1.856**	**1.862**	**1.876**	**1.904**
davon freie Träger	594	653	718	744	786	803	831	854	871	878	889	899	911	935
davon Krippen	7	3	4	2	5	5	9	10	13	15	17	16	11	15
davon Kigas	151	118	131	122	116	112	107	105	94	89	93	78	76	98
davon Horte	248	262	271	296	301	321	331	334	320	349	353	359	363	366
davon kombinierte u. gemischte E.	1.266	1.317	1.298	1.309	1.327	1.330	1.345	1.361	1.403	1.389	1.393	1.409	1.426	1.425
Zahl der Kindertagespflegestellen [2]	**963**	**1.042**	**1.104**	**1.219**	**1.286**	**1.283**	**1.265**	**1.206**	**1.201**	**1.158**	**1.141**	**1.101**	**1.056**	**1.014**

[2] Kindertagespflegestellen = Kindertagespflege-Personen, die max. 5 Kinder betreuen dürfen.

	2006	2007	2008	2009	2010	2011	2012	2013	2014	2015	2016	2017	2018	2019
Kinder in Kindertagesbetreuung (im Alter bis zu **12 Jahren**)	**131.292**	**138.674**	**143.411**	**148.266**	**152.093**	**155.561**	**159.761**	**162.814**	**168.017**	**171.326**	**176.233**	**180.190**	**184.347**	**186.785**
Kindertageseinrichtungen	**128.232**	**135.120**	**139.506**	**143.884**	**147.326**	**150.698**	**154.857**	**158.053**	**163.366**	**166.790**	**171.680**	**175.721**	**180.042**	**182.654**
davon im Krippen-Alter	19.902	21.013	21.623	23.530	25.171	25.673	26.410	26.777	29.078	29.462	30.524	31.395	32.269	32.907
davon im Kiga-Alter	62.368	62.173	63.075	62.881	62.952	64.087	65.802	67.138	69.080	69.650	71.076	71.501	72.822	74.453
davon im Hort-Alter	45.962	51.934	54.808	57.473	59.203	60.938	62.645	64.138	65.208	67.678	70.080	72.825	74.951	75.294
Kindertagespflege [3]	**3.060**	**3.554**	**3.905**	**4.382**	**4.767**	**4.863**	**4.904**	**4.761**	**4.651**	**4.536**	**4.553**	**4.469**	**4.305**	**4.131**
davon Krippenalter	2.586	2.980	3.280	3.775	4.115	4.232	4.301	4.189	4.092	3.951	4.030	3.959	3.799	3.627
davon im Kiga-Alter	400	495	532	556	593	580	565	532	517	539	479	458	465	473
davon im Hort-Alter	74	79	93	51	59	51	38	40	42	46	44	52	41	31
Alle Kinder in Kindertagesbetreuung (im Alter bis zu 14 Jahren)	131.602	139.049	143.891	148.886	152.745	156.365	160.525	163.664	168.854	172.108	177.145	181.230	185.288	187.774
Kinder in Kindertageseinrichtungen (im Alter bis zu 14 Jahren)	128.542	135.495	139.986	144.504	147.978	151.502	155.621	158.903	164.203	167.572	172.592	176.761	180.983	183.640

[3] seit 2001

	2006	2007	2008	2009	2010	2011	2012	2013	2014	2015	2016	2017	2018	2019
Stellen (VBE) in Kitas [4]	**10.085**	**10.570**	**10.829**	**11.400**	**11.993**	**13.183**	**13.695**	**14.213**	**14.767**	**15.133**	**15.810**	**16.679**	**17.519**	**18.302**
Pädagogisch beschäftigte Personen [5]	**12.530**	**13.123**	**13.351**	**13.986**	**14.590**	**15.703**	**16.397**	**17.036**	**17.754**	**18.234**	**18.969**	**19.922**	**21.005**	**21.924**

[4] Stellenanzahl = Daten der Kinder- und Jugendstatistik: Rechnerische Zahl der Vollzeitstellen

[5] (ohne Verwaltung) laut Kinder-und Jugendhilfestatistik; Stichtag: 15.März des jeweiligen Jahres; ab 2009 Stichtag: 1.März des jeweiligen Jahres

	2006	2007	2008	2009	2010	2011	2012	2013	2014	2015	2016	2017	2018	2019
Betreuungsquote	**59,79%**	**61,93%**	**62,95%**	**64,33%**	**65,47%**	**66,36%**	**67,92%**	**68,89%**	**70,62%**	**70,72%**	**70,63%**	**70,20%**	**70,37%**	**70,18%**
für 0 - 3 jähr. Kinder [6]	40,46%	43,45%	44,84%	48,31%	51,02%	51,57%	53,42%	53,64%	57,91%	56,84%	57,17%	55,80%	56,45%	56,88%
für 3 jähr. - Einschulung (3,5Jg.) [6]	93,41%	93,38%	94,97%	94,71%	94,93%	95,48%	96,23%	96,44%	97,48%	97,72%	97,09%	96,23%	95,87%	96,49%
für Schulkinder (6,5 bis 12J.) [6]	47,55%	51,21%	52,14%	53,78%	54,90%	56,10%	57,63%	59,18%	59,73%	60,66%	60,78%	61,47%	61,65%	60,62%

[6] Kinderzahlen vom 31.12. des Vorjahres

Na, hast du fein AA gemacht?

Noch nicht!
Aber ich kenne jetzt meine Rechte!

Zweites Gesetz zur Ausführung
des Achten Buches des Sozialgesetzbuches
– Kinder- und Jugendhilfe –

Kindertagesstättengesetz
(KitaG)

in der Fassung der Bekanntmachung vom 27. Juni 2004
(GVBl. I S. 384),
zuletzt geändert durch Artikel 1 des Gesetzes vom 1. April 2019
(GVBl. I Nr. 17)

Nicht-offizielle Lesefassung

Inhaltsübersicht

Abschnitt 1
Allgemeines, Aufgaben, Ziele und Rechtsanspruch

§ 1 Rechtsanspruch

(1) Die Kindertagesbetreuung gewährleistet die Vereinbarkeit von Familie und Beruf und dient dem Wohl und der Entwicklung der Kinder.

(2) [1]Kinder vom vollendeten ersten Lebensjahr bis zur Versetzung in die fünfte Schuljahrgangsstufe haben einen Rechtsanspruch auf Erziehung, Bildung, Betreuung und Versorgung in Kindertagesstätten, der auch nach Maßgabe des Absatzes 4 erfüllt werden kann. [2]Kinder bis zum vollendeten ersten Lebensjahr und Kinder der fünften und sechsten Schuljahrgangsstufe haben einen Rechtsanspruch, wenn ihre familiäre Situation, insbesondere die Erwerbstätigkeit, die häusliche Abwesenheit wegen Erwerbssuche, die Aus- und Fortbildung der Eltern oder ein besonderer Erziehungsbedarf Tagesbetreuung erforderlich macht. [3]Kinder bis zum vollendeten ersten Lebensjahr sollen auch nach Wegfall der Anspruchsvoraussetzungen im Umfang der Mindestbetreuungszeit weiter betreut werden.

(3) [1]Der Anspruch nach Absatz 2 ist für Kinder im Alter bis zur Einschulung mit einer Mindestbetreuungszeit von sechs Stunden und für Kinder im Grundschulalter mit einer Mindestbetreuungszeit von vier Stunden erfüllt. [2]Längere Betreuungszeiten sind stundenweise zu gewährleisten, wenn die familiäre Situation des Kindes, insbesondere die Erwerbstätigkeit, die häusliche Abwesenheit wegen Erwerbssuche, die Aus- und Fortbildung der Eltern oder ein besonderer Erziehungsbedarf dies erforderlich macht. Bei wechselndem täglichem Bedarf sollen Wochenkontingente gewährt werden.

(4) [1]Art und Umfang der Erfüllung des Anspruchs soll dem Bedarf des Kindes entsprechen. [2]Bedarfserfüllend können für Kinder bis zum vollendeten dritten Lebensjahr und für Kinder im Grundschulalter auch Kindertagespflege, Spielkreise, integrierte Ganztagsangebote von Schule und Kindertagesbetreuung oder andere Angebote sein, wenn sie der familiären Situation der Kinder Rechnung tragen und im jeweils erforderlichen Rahmen die Aufgaben und Ziele nach § 3 gewährleisten.

§ 2 Begriffsbestimmung

(1) [1]Kindertagesbetreuung dient der Erziehung, Bildung, Betreuung und Versorgung von Kindern bis zum Ende des Grundschulalters. [2]Die Aufgabe kann in Kindertagesstätten, in Kindertagespflege sowie im Verbund oder in Kombination mit anderen Angeboten der Kinder- und Jugendhilfe, des Schul- und Sozialwesens durchgeführt werden. [3]Integrierte Angebote von Schule und Kindertagesbetreuung verbinden die Bildungs-, Freizeit- und Spielangebote beider Einrichtungen und fassen sie zu einem ganzheitlichen, an den Lebenssituationen und Entwicklungsmöglichkeiten der Kinder orientierten Ganztagsangebot zu-sammen. [4]Spielkreise sind Betreuungsangebote in Verantwortung der Eltern, die durch Fachkräfte unterstützt und zeitweise angeleitet werden.

(2) [1]Kindertagesstätten sind sozialpädagogische familienergänzende Einrichtungen der Jugendhilfe, in denen auch behinderte und von Behinderung bedrohte Kinder tagsüber gefördert, erzogen, gebildet, betreut und versorgt werden. [2]Kindertagesstätten sollen möglichst als Einrichtungen für verschiedene Altersstufen errichtet und betrieben werden.

(3) Kindertagespflege dient der Betreuung von Kindern im Haushalt der Tagespflegeperson, des Personensorgeberechtigten oder in anderen geeigneten Räumen, insbesondere von jüngeren Kindern oder im Rahmen eines besonderen Betreuungsbedarfs.

(4) Kita-Jahr im Sinne dieses Gesetzes und der dazu erlassenen Verordnungen ist die Zeit vom 1. August eines Jahres bis zum 31. Juli des Folgejahres.

(5) Die im Folgenden für Kindertagesstätten bestimmten Vorschriften dieses Gesetzes gelten für die anderen Formen der Kindertagesbetreuung entsprechend.

§ 3 Aufgaben und Ziele der Kindertagesstätte

(1) [1]Kindertagesstätten erfüllen einen eigenständigen alters- und entwicklungsadäquaten Betreuungs-, Bildungs-, Erziehungs- und Versorgungsauftrag. [2]Die Bildungsarbeit der Kindertagesstätte unterstützt die natürliche Neugier der Kinder, fordert ihre eigenaktiven Bildungsprozesse heraus, greift die Themen der Kinder auf und erweitert sie. [3]Sie ergänzen und unterstützen die Erziehung in der Familie und ermöglichen den Kindern Erfahrungen über den Familienrahmen hinaus. [4]Die gemäß § 23 Absatz 3 vereinbarten Grundsätze über die Bildungsarbeit in Kindertagesstätten bilden den für alle Einrichtungen verbindlichen Rahmen. [5]Der eigenständige Bildungs- und Erziehungsauftrag der Kindertagesstätten schließt ein, die Kinder in geeigneter Form auf die Grundschu-

le vorzubereiten. [6]Die Kindertagesstätten sind berechtigt und verpflichtet, bei den von ihnen betreuten Kindern im letzten Jahr vor der Einschulung den Sprachstand festzustellen und, soweit erforderlich, Sprachförderkurse durchzuführen. [7]Einrichtungen in freier Trägerschaft können diese Aufgabe auch für Kinder durchführen, die in keinem Betreuungsverhältnis zu einer Kindertageseinrichtung stehen; kommunale Einrichtungen sind hierzu verpflichtet. [8]Die Durchführung der Sprachstandsfeststellung und Sprachförderung lässt Leistungsverpflichtungen anderer Sozialleistungsträger unberührt.

(2) Kindertagesstätten haben insbesondere die Aufgabe,

1. die Entwicklung der Kinder durch ein ganzheitliches Bildungs-, Erziehungs-, Betreuungs- und Versorgungsangebot zu fördern,
2. den Kindern Erlebnis-, Handlungs- und Erkenntnismöglichkeiten ausgehend von ihren Bedürfnissen in ihrem Lebensumfeld zu erschließen,
3. die Eigenverantwortlichkeit und Gemeinschaftsfähigkeit der Kinder zu stärken, unter anderem durch eine alters- und entwicklungsgemäße Beteiligung an Entscheidungen in der Einrichtung,
4. die Entfaltung der körperlichen, geistigen und sprachlichen Fähigkeiten der Kinder sowie ihrer seelischen, musischen und schöpferischen Kräfte zu unterstützen, regelmäßig den Entwicklungsstand der Kinder festzustellen und dem Kind Grundwissen über seinen Körper zu vermitteln,
5. die unterschiedlichen Lebenslagen, kulturellen und weltanschaulichen Hintergründe sowie die alters- und entwicklungsbedingten Bedürfnisse der Jungen und Mädchen zu berücksichtigen; im angestammten Siedlungsgebiet der Sorben/Wenden ist die Vermittlung und Pflege der sorbischen (wendischen) Sprache und Kultur zu gewährleisten,
6. das gleichberechtigte, partnerschaftliche, soziale und demokratische Miteinander sowie das Zusammenleben von Kindern mit und ohne Behinderungen zu fördern,
7. eine gesunde Ernährung und Versorgung zu gewährleisten,
8. einen verantwortungsvollen Umgang mit der Umwelt zu vermitteln und einen nach ökologischen Gesichtspunkten gestalteten Lernort zu bieten.

(3) [1]Die Umsetzung der Ziele und Aufgaben wird in einer pädagogischen Konzeption beschrieben, die in jeder Kindertagesstätte zu erarbeiten ist. [2]In dieser Konzeption ist ebenfalls zu beschreiben, wie die Grundsätze elementarer Bildung Berücksichtigung finden und die Qualität der pädagogischen Arbeit überprüft wird.

(4) Die Kindertagesstätten können durch die örtlichen Träger der öffentlichen Jugendhilfe verpflichtet werden, ihre Arbeit durch Qualitätsfeststellungen überprüfen zu lassen.

(5) [1]Kindertagesstätten in öffentlicher und privater Trägerschaft, die besonders der

Pflege, Förderung und Vermittlung sorbisch/wendischer Sprache und Kultur dienen und dauerhaft einsprachig-niedersorbische Bildungsangebote oder solche mit Niedersorbisch als einer von mehreren Sprachen anbieten, werden durch das Land gefördert und unterstützt. [2]Das Land unterstützt durch geeignete Maßnahmen und im Rahmen der zur Verfügung stehenden Haushaltsmittel die Träger von Kindertagesstätten bei der Versorgung mit altersgerechten Lehr- und Lernmitteln für niedersorbische Bildungsarbeit in den Kindertagesstätten.

Abschnitt 2 Beteiligungen

§ 4 Grundsätze der Beteiligung

(1) [1]Die Kindertagesstätte hat ihren Auftrag in enger Zusammenarbeit mit der Familie und anderen Erziehungsberechtigten durchzuführen. [2]Mit anderen Einrichtungen und Diensten sollen sich die Kindertagesstätten zum Wohl der Kinder unter Beachtung des Rechts auf informationelle Selbstbestimmung des Kindes und seiner Erziehungsberechtigten abstimmen. [3]Insbesondere ist der Kinder- und Jugendgesundheitsdienst des Gesundheitsamtes im Rahmen der Gesundheitsvorsorge gemäß § 11 im Einvernehmen mit den Erziehungsberechtigten auf Entwicklungsbeeinträchtigungen des Kindes hinzuweisen. [4]Der Übergang zur Schule und die Betreuung und Förderung schulpflichtiger Kinder soll durch eine an dem Entwicklungsstand der Kinder orientierte Zusammenarbeit mit der Schule erleichtert werden.

(2) [1]Die demokratische Erziehung der Kinder setzt die Beteiligung von Eltern und sonstigen Erziehungsberechtigten, Erziehern und Erzieherinnen an allen wesentlichen Entscheidungen der Tagesstätten voraus und verlangt das demokratische Zusammenwirken aller Beteiligten. [2]§ 4 Absatz 1 Satz 2 des Achten Buches Sozialgesetzbuch bleibt hiervon unberührt.

(3) [1]Eltern mit einer Hör- oder Sprachbehinderung, deren Kinder eine Kindertagesstätte besuchen, haben für die Wahrnehmung ihrer Beteiligungsrechte das Recht, kostenfrei in Deutscher Gebärdensprache mit lautsprachbegleitenden Gebärden oder mit anderen geeigneten Kommunikationshilfen zu kommunizieren. [2]Die erforderlichen Kosten trägt das Land.

§ 5 Förderung der Beteiligung durch den Träger

(1) Der Träger ist verpflichtet, die Zusammenarbeit aller Beschäftigten sowie ihr Zusammenwirken mit den Eltern und den sonstigen Erziehungsberechtigten zu unterstützen und anzuregen.

(2) Der Träger sichert die Information aller Beschäftigten zur Wahrnehmung ihrer Aufgaben in der Kindertagesstätte und die erforderliche fachliche Abstimmung zwischen seinen Kindertagesstätten.

§ 6 Beteiligung der Eltern

(1) [1]Die Eltern und anderen Erziehungsberechtigten sind an der Konzeptionsentwicklung und Fragen ihrer organisatorischen Umsetzung in der Arbeit der Kindertagesstätte zu beteiligen. [2]Hospitationen von Eltern in der Kindertagesstätte, ihre Anwesenheit während der Eingewöhnungsphase und ihre Beteiligung bei gemeinsamen Unternehmungen sind zu fördern.

(2) [1]Die Eltern und sonstigen Erziehungsberechtigten der Kinder einer Kindertagesstätte bilden die Elternversammlung. [2]In Einrichtungen mit mehreren Gruppen können die Elternversammlungen auf Gruppenebene stattfinden.

(3) Die Elternversammlungen dienen der gegenseitigen Information über die Situation der Kinder.

(4) [1]Die Elternversammlung kann vom Träger und in pädagogischen Fragen von den Mitarbeitern und Mitarbeiterinnen Auskunft über alle die Einrichtung betreffenden Angelegenheiten verlangen. [2]Die Mitarbeiter und Mitarbeiterinnen erörtern mit den Eltern die Grundlagen, Ziele und Methoden ihrer pädagogischen Arbeit und stimmen sie mit ihnen ab.

§ 6a Örtliche Elternbeiräte und Landeselternbeirat

(1) [1]Für jeden Landkreis und jede kreisfreie Stadt ist ein Kreiskitaelternbeirat zu bilden. Soweit nachfolgend nichts anderes gesetzlich bestimmt ist, gelten für Kreiskitaelternbeiräte die allgemeinen Bestimmungen für Beiräte nach der Kommunalverfassung des Landes Brandenburg, es sei denn, der Landkreis oder die kreisfreie Stadt haben eine andere Regelung getroffen. [2]Der Landkreis oder die kreisfreie Stadt können durch Satzung ergänzende Regelungen treffen.

(2) [1]Die Elternversammlung gemäß § 6 Absatz 2 soll aus ihrer Mitte zu Beginn eines Kita-Jahres für ihre Einrichtung ein Mitglied und eine Stellvertretung in den Kreiskitaelternbeirat für zwei Jahre (Wahlperiode) wählen. [2]Die Wahlperiode

endet mit dem Zusammentritt des neugewählten Kreiskitaelternbeirates, spätestens jedoch mit Ablauf des dritten Monats nach Beginn des Kita-Jahres. Abweichend von Satz 1 kann der Landkreis oder die kreisfreie Stadt in ihrer Satzung die Zahl der Mitglieder im Kreiskitaelternbeirat begrenzen und vorsehen, dass die Mitglieder des Kreiskitaelternbeirates durch eine Wahlvertretungsversammlung gewählt werden. [3]Für die Wahl der Wahlvertretungsversammlung gelten die Regelungen zur Wahl der Kreiskitaelternbeiräte entsprechend. [4]Werden Elternversammlungen auf Gruppenebene durchgeführt, wählen diese jeweils eine Person und ihre Stellvertretung für die Elterngruppenvertretung, die für die Kindertagesstätte das Mitglied und die Stellvertretung in den Kreiskitaelternbeirat wählen. [5]Ein Kreiskitaelternbeirat muss nicht gebildet werden, wenn die Elternversammlungen der Kindertagesstätten im Landkreis keine Mitglieder gewählt haben. [6]Die Mitgliedschaft im Kreiskitaelternbeirat endet mit Ablauf der Wahlperiode, spätestens wenn das Kind des Mitglieds die Einrichtung verlässt. [7]Für die Wahl des Kreiskitaelternbeirates durch die Vertreterversammlung gelten die Sätze 1 und 2 entsprechend.

(3) [1]Zur jeweils ersten Sitzung eines Kreiskitaelternbeirates lädt das Jugendamt spätestens zwölf Wochen nach Beginn des Kita-Jahres ein. [2]Die Kreiskitaelternbeiräte sind in allen wesentlichen, die Kindertagesbetreuung betreffenden Fragen ihres Zuständigkeitsgebietes anzuhören. [3]Hierzu zählen insbesondere Maßnahmen zur Qualitätsentwicklung und den damit im Zusammenhang stehenden Fragen der Fachkräftesicherung, die Aufstellung und Fortschreibung des Bedarfsplans gemäß § 12 Absatz 3. [4]Der Kreiskitaelternbeirat ist nicht zu Angelegenheiten einzelner Einrichtungen oder einzelner Träger anzuhören. [5]Zu Beratungen der Beiräte können auch Eltern hinzugezogen werden, deren Kinder in Kindertagespflege betreut werden. [6]Die Kreiskitaelternbeiräte geben ihre Stellungnahmen gegenüber dem Landkreis oder der kreisfreien Stadt und ihrem Jugendhilfeausschuss ab.

(4) [1]Es wird ein Landeskitaelternbeirat gebildet. [2]Die Kreiskitaelternbeiräte gemäß Absatz 1 wählen aus ihrer Mitte je ein Mitglied und Stellvertretung für den Landeskitaelternbeirat. [3]Absatz 2 ist entsprechend anzuwenden. [4]Der Landeskitaelternbeirat ist von den für Kindertagesbetreuung und Schulangelegenheiten zuständigen Ministerien in allen wesentlichen, die Kindertagesbetreuung betreffenden Fragen anzuhören. [5]Hierzu zählen insbesondere geplante Änderungen des Rechts der Kindertagesbetreuung auf Landesebene, die Ausgestaltung von Förderprogrammen des Landes und landesweite Maßnahmen zur Qualitätsentwicklung. [6]Der Landeskitaelternbeirat soll zu Schulangelegenheiten gehört werden, soweit sie den Übergang von der Kindertagesbetreuung in die Grund-

schule, die Zusammenarbeit zwischen Schule und Hort sowie den Ganztag betreffen. [7]Der Landeskitaelternbeirat gibt seine Stellungnahmen gegenüber den für Kindertagesbetreuung und Schulangelegenheiten zuständigen Ministerien ab.

(5) [1]Bei Abstimmungen im Kreiskitaelternbeirat hat jedes gewählte Mitglied für jede Kindertagesstätte eine Stimme. [2]Hat der Landkreis oder die kreisfreie Stadt die Zahl der Mitglieder im Kreiskitaelternbeirat aufgrund von Absatz 2 Satz 3 begrenzt, hat jedes gewählte Mitglied eine Stimme. [3]Im Landeskitaelternbeirat hat jedes gewählte Mitglied für jeden vertretenen Kreiskitaelternbeirat eine Stimme.

§ 7 Kindertagesstätten-Ausschuss

(1) [1]In jeder Kindertagesstätte soll ein Kindertagesstätten-Ausschuss gebildet werden. [2]Er besteht zu drei gleichen Teilen aus Mitgliedern, die vom Träger benannt sind, und aus Mitgliedern, die aus dem Kreis der Beschäftigten und dem Kreis der Eltern gewählt werden.

(2) [1]Der Kindertagesstätten-Ausschuss beschließt über pädagogische und organisatorische Angelegenheiten der Kindertagesstätte, insbesondere über die pädagogische Konzeption und er berät den Träger hinsichtlich bedarfsgerechter Öffnungszeiten. [2]Die Finanzhoheit des Trägers, seine personalrechtliche Zuständigkeit und seine Selbstständigkeit in Zielsetzung und Durchführung der Aufgaben bleiben hiervon unberührt.

Abschnitt 3
Organisation und Betrieb der Kindertagesstätte

§ 8 Organisation der Kindertagesstätte

(1) Die Kindertagesstätte gliedert sich in Gruppen, die altersgleich oder altersgemischt zusammengesetzt sein können.

(2) Erfolgt die Gliederung der Kindertagesstätte insgesamt oder die Gliederung der Gruppen nach dem Alter der Kinder, so ist durch geeignete Maßnahmen darauf hinzuwirken, den Kindern Erfahrungen im Zusammenleben mit anderen Altersgruppen zu ermöglichen.

(3) Die Organisation der Kindertagesstätte sowie die Gestaltung des Dienstplanes und des Tagesablaufes soll Kontinuität und Verlässlichkeit der Beziehungen zwischen pädagogischen Kräften und Kindern gewährleisten.

§ 9 Öffnungszeit der Einrichtung und Betreuungszeiten der Kinder

[1]Die Kindertagesstätten sollen bedarfsgerechte Öffnungszeiten anbieten, die am Kindeswohl orientiert sind. [2]Der Lebensrhythmus der Kinder, die Arbeitszeiten von Eltern, die Bedürfnisse der Eltern der aufzunehmenden Kinder sowie die Schul- und Ferienzeiten sind zu berücksichtigen. [3]Die Festlegung der Öffnungszeiten erfolgt nach Anhörung der Beauftragten für die Gleichstellung von Frau und Mann. [4]Unabhängig von der Öffnungszeit der Einrichtung soll die Betreuungszeit der Kinder die Erfüllung des Erziehungs-, Bildungs-, Betreuungs- und Versorgungsauftrags ermöglichen und ihrem Alter, ihrem Entwicklungsstand sowie ihren Bedürfnissen entsprechen. [5]Sie sollte in der Regel zehn Stunden nicht überschreiten.

§ 10 Personalausstattung

(1) [1]Kindertagesstätten müssen über die notwendige Zahl geeigneter pädagogischer Fachkräfte verfügen. [2]Die Bemessungsgröße für die pädagogische Arbeit im Rahmen der Mindestbetreuungszeit gemäß § 1 Absatz 3 Satz 1 ist: 0,8 Stellen einer pädagogischen Fachkraft für jeweils fünf Kinder im Alter bis zur Vollendung des dritten Lebensjahres, 0,8 Stellen einer pädagogischen Fachkraft für jeweils 11 Kinder nach Vollendung des dritten Lebensjahres bis zur Einschulung und 0,6 Stellen einer pädagogischen Fachkraft für 15 Kinder im Grundschulalter. [3]Die Bemessungsgröße für verlängerte Betreuungszeiten gemäß § 1 Absatz 3 Satz 2 ist: eine pädagogische Fachkraft für jeweils fünf Kinder im Alter bis zur Vollendung des dritten Lebensjahres, eine pädagogische Fachkraft für jeweils 11 Kinder nach Vollendung des dritten Lebensjahres bis zur Einschulung und 0,8 Stellen einer pädagogischen Fachkraft für 15 Kinder im Grundschulalter. [4]Bis zum 31. Juli 2018 bezieht sich die jeweilige Bemessungsgröße für Kinder nach Vollendung des dritten Lebensjahres bis zur Einschulung nach den Sätzen 2 und 3 auf elfeinhalb Kinder.

(2) Die Leitung von Kindertagesstätten darf nur besonders geeigneten pädagogischen Fachkräften übertragen werden.

(3) Zusätzlich zur personellen Regelausstattung ist die Mitarbeit von ehrenamtlichen und nebenamtlichen Kräften zu fördern.

(4) Die Träger der öffentlichen und freien Jugendhilfe und die Träger der Einrichtungen sorgen durch Fortbildung und Praxisberatung dafür, dass die berufliche Eignung der Mitarbeiter aufrechterhalten und weiterentwickelt wird.

§ 11 Gesundheitsvorsorge

(1) [1]Der Träger der Einrichtung oder die Tagespflegeperson hat den öffentlichen Gesundheitsdienst dabei zu unterstützen, dass alle in Kindertagesbetreuung befindlichen Kinder in Ergänzung sonstiger Vorsorgeangebote gemäß dem Brandenburgischen Gesundheitsdienstgesetz ärztlich und zahnärztlich untersucht werden, der Impfstatus überprüft und eine Schließung von Impflücken angeboten wird. [2]Diese Vorsorgemaßnahmen sollen grundsätzlich in der Kindertagesstätte durchgeführt werden.
(2) [1]Jedes Kind muss, bevor es erstmalig in Kindertagesbetreuung aufgenommen wird, ärztlich untersucht werden. [2]Eine Aufnahme erfolgt nur, wenn gesundheitliche Bedenken nicht bestehen. [3]Im Rahmen der Aufnahmeuntersuchung wird der Impfstatus überprüft und eine Schließung von Impflücken angeboten.
(3) [1]Zur Prävention und Früherkennung von Kindesvernachlässigungen und Kindesmisshandlungen arbeiten Kindertagesstätten und Einrichtungen der gesundheitlichen und sozialen Betreuung eng zusammen. [2]§ 8a des Achten Buches Sozialgesetzbuch bleibt hiervon unberührt.
(4) Aus Gründen der Gesundheitsvorsorge und der Suchtvorbeugung darf in Kindertagesstätten und auf deren Gelände nicht geraucht werden.

Abschnitt 4
Planung und Unterhaltung des Kindertagesbetreuungsangebots

§ 12 Gewährleistung eines bedarfsgerechten Angebots

(1) [1]Der örtliche Träger der öffentlichen Jugendhilfe hat die Aufgabe, die Kindertagesbetreuung nach § 1 zu gewährleisten. [2]Kreisangehörige Gemeinden und Ämter können sich durch öffentlich-rechtlichen Vertrag verpflichten, in ihrem Gebiet die Aufgabe für den örtlichen Träger der öffentlichen Jugendhilfe durchzuführen; die örtliche Trägerschaft der öffentlichen Jugendhilfe bleibt davon unberührt. [3]In dem öffentlich-rechtlichen Vertrag ist die Kostenerstattung zu regeln. [4]In dem öffentlich-rechtlichen Vertrag kann vereinbart werden, dass die finanziellen Verpflichtungen des örtlichen Trägers der öffentlichen Jugendhilfe gegenüber den Trägern von Kindertagesstätten, Tagespflegepersonen und den Trägern anderer Angebote der Kindertagesbetreuung von der kreisangehörigen Gemeinde oder dem Amt erfüllt werden; eine Begrenzung der nach diesem Gesetz vorgesehenen finanziellen Verpflichtungen ist nicht statthaft.[5]Er ist

durch den örtlichen Träger der öffentlichen Jugendhilfe öffentlich bekannt zu machen und dem für Jugend zuständigen Mitglied der Landesregierung anzuzeigen. [6]Die Vorschriften des Gesetzes über die kommunale Gemeinschaftsarbeit finden keine Anwendung.

(2) [1]Kinder mit einem besonderen Förderbedarf nach den §§ 27, 35a des Achten Buches Sozialgesetzbuch oder den §§ 53, 54 des Zwölften Buches Sozialgesetzbuch sind in Kindertagesstätten aufzunehmen, wenn eine diesem Bedarf entsprechende Förderung und Betreuung gewährleistet werden können. [2]Die Gruppengröße und die personelle Besetzung in diesen Gruppen sind den besonderen Anforderungen im Einzelfall anzupassen.

(3) [1]Der örtliche Träger der öffentlichen Jugendhilfe stellt im Benehmen mit den Trägern der freien Jugendhilfe und den und den Gemeinden, Ämtern und Verbandsgemeinden einen Bedarfsplan für die Kindertagesbetreuung auf und schreibt ihn rechtzeitig fort. [2]Der Bedarfsplan weist die Einrichtungen aus, die zur Erfüllung des Rechtsanspruchs gemäß § 1 als erforderlich erachtet werden. [3]Hierbei sind die Realisierung des Förderauftrages gemäß § 3 dieses Gesetzes sowie der §§ 22 und 22a des Achten Buches Sozialgesetzbuch, die Erreichbarkeit, die tatsächliche Inanspruchnahme und das Wunsch- und Wahlrecht der Leistungsberechtigten nach § 5 des Achten Buches Sozialgesetzbuch zu beachten.

§ 13 Bau und Ausstattung

Die Lage, das Gebäude, die Räumlichkeiten, die Außenanlagen und die Ausstattung der Kindertagesstätten müssen den Aufgaben gemäß § 3 genügen. Sie müssen ausreichend und kindgemäß bemessen sein.

§ 14 Träger von Einrichtungen

(1) [1]Träger von Einrichtungen der Kindertagesbetreuung sind Träger der freien Jugendhilfe, Gemeinden und Gemeindeverbände. [2]Träger einer Einrichtung der Kindertagesbetreuung können auch sonstige Behörden, Körperschaften oder Anstalten des öffentlichen Rechts sowie Betriebe und andere private Einrichtungen sein. [3]Der Träger der Einrichtung ist zur Toleranz und zum Respekt der unterschiedlichen religiösen und weltanschaulichen Einstellungen der Kinder und ihrer Eltern verpflichtet.

(2) [1]Der Träger muss bereit und in der Lage sein, bedarfsgerechte und geeignete Einrichtungen nach den Vorschriften dieses Gesetzes zu betreiben und eine angemessene Eigenleistung zu erbringen. [2]Er hat bei Bedarf seine Einrichtung für alle

Kinder unabhängig von ihrem religiösen und weltanschaulichen Hintergrund zu öffnen, insbesondere dann, wenn nur eine Einrichtung in erreichbarer Nähe ist.

§ 15 Betriebskosten von Kindertagesstätten

(1) Betriebskosten im Sinne dieses Gesetzes sind die angemessenen Personal- und Sachkosten, die durch den nach § 45 Absatz 1 Satz 1 des Achten Buches des Sozialgesetzbuches erlaubten Betrieb einer Tageseinrichtung für Kinder entstehen, die die Voraussetzungen dieses Gesetzes erfüllt und grundsätzlich allen Kindern offen steht.

(2) Personalkosten im Sinne dieses Gesetzes sind die Aufwendungen des Trägers der Einrichtung für die Vergütung des Personals nach den Bestimmungen des Tarifvertrages für den öffentlichen Dienst oder vergleichbarer Vergütungsregelungen einschließlich des gesetzlichen Arbeitgeberanteils zur Sozialversicherung.

§ 16 Finanzierung der Kindertagesbetreuungsangebote

(1) [1]Die Kosten der Kindertagesbetreuung werden durch Eigenleistungen des Trägers, durch Elternbeiträge, durch die Gemeinde sowie durch Zuschüsse des örtlichen Trägers der öffentlichen Jugendhilfe gedeckt. [2]Örtlich zuständig für die Gewährung der Zuschüsse nach den Absätzen 2 und 3 ist jeweils die Gebietskörperschaft, in deren Zuständigkeitsbereich die Einrichtung gelegen ist. [3]Erfolgt eine Unterbringung grundsätzlich oder in ihrem zeitlichen oder qualitativen Umfang aufgrund der §§ 27, 35 a des Achten Buches Sozialgesetzbuch oder der §§ 53, 54 des Zwölften Buches Sozialgesetzbuch, so trägt der nach diesen Vorschriften Verpflichtete die hierdurch entstehenden Mehrkosten. [4]Einrichtungen, die nicht die Voraussetzungen dieses Gesetzes erfüllen oder die nicht grundsätzlich allen Kindern offen stehen, können von der Finanzierung ganz oder teilweise ausgeschlossen werden.

(2) [1]Der örtliche Träger der öffentlichen Jugendhilfe gewährt dem Träger der Kindertagesstätte einen Zuschuss zu den Kosten des notwendigen pädagogischen Personals der Einrichtung, das zur Erfüllung der Verpflichtungen gemäß § 1 erforderlich ist. [2]Der Zuschuss beträgt 88,6 Prozent dieser Kosten für jedes betreute Kind im Alter bis zum vollendeten dritten Lebensjahr, 86,4 Prozent dieser Kosten für jedes betreute Kind vom vollendeten dritten Lebensjahr bis zur Einschulung und 84 Prozent dieser Kosten für jedes betreute Kind im Grundschulalter. [3]Dieser Zuschuss wird höchstens für die Anzahl des tatsächlich beschäftigten pädagogischen Personals gewährt. [4]Bemessungsgröße sind

die Durchschnittssätze der jeweils gültigen Vergütungsregelung. [5]Zusätzlich wird ein pauschalierter Zuschuss für die Sprachstandsfeststellung und Sprachförderung gemäß § 3 Absatz 1 Satz 6 und 7 gewährt, der sich an der Zahl der Kinder im Alter vom vollendeten dritten Lebensjahr bis zur Einschulung orientiert. [6]Der örtliche Träger der öffentlichen Jugendhilfe kann diesen zusätzlichen Zuschuss hiervon abweichend insbesondere nach sozialen Kriterien bemessen. [7]Bis zum 31. Juli 2018 beträgt der Prozentsatz nach Satz 2 für Kinder im Alter bis zur Vollendung des dritten Lebensjahres 85,8 Prozent.

(3) [1]Die Gemeinde stellt dem Träger einer gemäß § 12 Absatz 3 Satz 2 erforderlichen Kindertagesstätte das Grundstück einschließlich der Gebäude zur Verfügung und trägt die bei sparsamer Betriebsführung notwendigen Bewirtschaftungs- und Erhaltungskosten für Gebäude und Grundstücke. [2]Zusätzlich soll die Gemeinde für den Träger einer gemäß § 12 Absatz 3 Satz 2 erforderlichen Kindertagesstätte, der auch bei sparsamer Betriebsführung und nach Ausschöpfung aller zumutbaren Einnahmemöglichkeiten aus dem Betrieb der Kindertagesstätte die Einrichtung nicht dem Gesetz entsprechend betreiben kann, den Zuschuss erhöhen. [3]Die Verpflichtung nach Satz 1 wird durch den Ausgleich der Einnahmeausfälle infolge der Befreiung von Elternbeiträgen gemäß §§17a und 17b nicht berührt

(4) Die Kosten einer Kindertagespflegestelle werden nach Maßgabe des § 18 durch den örtlichen Träger der öffentlichen Jugendhilfe getragen.

(5) [1]Für Kinder, die aufgrund des Wunsch- und Wahlrechts der Leistungsberechtigten nach § 5 des Achten Buches des Sozialgesetzbuches in Kindertagesstätten außerhalb des eigenen Wohnorts aufgenommen werden, hat die Wohnortgemeinde auf Verlangen der aufnehmenden Gemeinde einen angemessenen Kostenausgleich zu gewähren. [2]Gleiches gilt für den Kostenausgleich zwischen Gemeindeverbänden.

(6) [1]Das Land beteiligt sich an den Kosten der Kindertagesbetreuung durch einen zweckgebundenen Zuschuss an die örtlichen Träger der öffentlichen Jugendhilfe. [2]Im Jahr 2014 stellt das Land den Betrag von 174 165 000 Euro zweckgebunden zur Finanzierung der Kindertagesbetreuung zur Verfügung. [3]Für die Verteilung dieses Betrages werden die Zahlen der Kinder im Alter bis zur Vollendung des zwölften Lebensjahres gemäß der amtlichen Statistik des Amtes für Statistik Berlin-Brandenburg zum Stichtag 31. Dezember des jeweils vorletzten Jahres angesetzt. [4]Zusätzlich stellt das Land im Jahr 2014 zweckgebunden 5 243 000 Euro zum Ausgleich der Aufgaben gemäß § 1 Absatz 2 Satz 3 und § 3 Absatz 1 Satz 6 und 7 zur Verfügung. [5]Dieser Betrag wird hälftig verteilt nach der Zahl der Kinder bis zum vollendeten sechsten Lebensjahr gemäß der

amtlichen Statistik des Amtes für Statistik Berlin-Brandenburg zum Stichtag 31. Dezember des jeweils vorletzten Jahres sowie der Zahl der vom öffentlichen Gesundheitsdienst im Rahmen der Untersuchungen zur Schulfähigkeit ausgewiesenen Kinder mit niedrigem Sozialstatus des jeweils letzten Jahres. [6]Diese Landeszuschüsse werden im Zwei-Jahres-Rhythmus, erstmalig im Jahr 2015, der Kinderzahl und der Personalkostenentwicklung sowie dem Umfang des Tagesbetreuungsangebotes angepasst. [7]Dem Land ist die zweckgemäße Verwendung der Mittel durch den örtlichen Träger der öffentlichen Jugendhilfe nachzuweisen.

§ 16a Kostenausgleich

(1) [1]Die erforderlichen Kosten für die seit dem Fünften Gesetz zur Änderung des Kindertagesstättengesetzes vom 15. Juli 2010 (GVBl. I Nr. 25) eingeführten Änderungen der Personalschlüssel gemäß § 10 Absatz 1 Satz 2 und 3 erstattet das Land den örtlichen Trägern der öffentlichen Jugendhilfe. [2]Die Kosten werden für jeden örtlichen Träger der öffentlichen Jugendhilfe auf der Grundlage der Differenz der von ihm gemäß § 16 Absatz 2 Satz 1 bis 4 bezuschussten Stellen für das notwendige pädagogische Personal nach den Personalschlüsseln gemäß § 10 Absatz 1 Satz 2 und 3 dieses Gesetzes in der am 30. September 2010 geltenden Fassung sowie den Personalschlüsseln gemäß § 10 Absatz 1 Satz 2 und 3 dieses Gesetzes in der ab dem 1. Oktober 2010 jeweils geltenden Fassung ermittelt. [3]Maßgeblich ist die Anzahl der in Kindertagesstätten im Bereich des jeweiligen örtlichen Trägers der öffentlichen Jugendhilfe an den vier für das jeweilige Vorjahr geltenden Stichtagen gemäß § 3 Absatz 2 Satz 4 der Kindertagesstätten-Betriebskosten- und Nachweisverordnung im Durchschnitt betreuten Kinder. [4]Die ermittelte Stellendifferenz wird mit den erforderlichen Personalkosten einer Fachkraftstelle multipliziert. [5]Zum Ausgleich der Kosten der aufgrund der Personalschlüsseländerungen nach Satz 1 erforderlichen zusätzlichen Stellen für Leitungskräfte gemäß § 5 der Kita-Personalverordnung wird der nach den Sätzen 2 bis 4 ermittelte Ausgleichsbetrag um 3 Prozent erhöht.

(2) [1]Der gemäß Artikel 97 Absatz 3 der Verfassung des Landes Brandenburg gebotene Ausgleich der Mehrbelastungen der örtlichen Träger der öffentlichen Jugendhilfe infolge des erweiterten Rechtsanspruchs auf Kindertagesbetreuung nach § 24 Absatz 2 des Achten Buches Sozialgesetzbuch in der am 1. August 2013 in Kraft getretenen Fassung, der Ausgleich der Mehrbelastungen bei den Standortgemeinden durch die örtlichen Träger der öffentlichen Jugendhilfe und der Ausgleich der dabei entstehenden Verwaltungskosten werden in einer Rechtsverordnung näher geregelt. [2]Die Landesregierung erlässt die Verordnung

unter Berücksichtigung der Besonderheiten der Kostenstrukturen im Bereich der Kindertagesbetreuung auf der Grundlage des § 25 Absatz 4 des Ersten Gesetzes zur Ausführung des Achten Buches Sozialgesetzbuch – Kinder- und Jugendhilfe. [3]Die Landkreise nehmen den Mehrbelastungsausgleich bei ihren Gemeinden als Pflichtaufgabe zur Erfüllung nach Weisung wahr.

§ 17 Elternbeiträge

(1) [1]Die Personensorgeberechtigten haben Beiträge zu den Betriebskosten der Einrichtungen (Elternbeiträge) nach Maßgabe des Absatzes 2 sowie einen Zuschuss zur Versorgung des Kindes mit Mittagessen in Höhe der durchschnittlich ersparten Eigenaufwendungen zu entrichten (Essengeld). [2]Die Elternbeiträge beziehen sich auf alle mit der Erziehung, Bildung, Betreuung und Versorgung des Kindes verbundenen Leistungen. [3]Für Kinder, deren Personensorgeberechtigten für diese Kinder Hilfe nach den §§ 33, 34 des Achten Buches Sozialgesetzbuch erhalten, übernimmt der für diese Leistung zuständige örtliche Träger der öffentlichen Jugendhilfe die Elternbeiträge in Höhe des Durchschnitts der Elternbeiträge des Trägers.

(1a) [1]Von Personensorgeberechtigten, denen ein Kostenbeitrag nach § 90 des Achten Buches Sozialgesetzbuch nicht zuzumuten ist, ist kein Elternbeitrag nach Absatz 1 zu erheben. [2]Der örtliche Träger der öffentlichen Jugendhilfe gleicht den Trägern der Kindertagesstätten die dadurch entstehenden Einnahmeausfälle in Höhe eines Pauschalbetrags und auf Antrag höhere Einnahmeausfälle aus. [3]Das Land erstattet den örtlichen Trägern der öffentlichen Jugendhilfe die Kosten für diese Ausgleichszahlungen und gleicht die Einnahmeausfälle der örtlichen Träger der öffentlichen Jugendhilfe aus. [4]Das Nähere zum Ausgleichsverfahren regelt das für Jugend zuständige Mitglied der Landesregierung durch Rechtsverordnung. [5]Die Sätze 2 und 3 gelten nicht, wenn kein Elternbeitrag aufgrund § 17a erhoben wird.

(2) [1]Die Elternbeiträge sind sozialverträglich zu gestalten und nach dem Elterneinkommen, der Zahl ihrer unterhaltsberechtigten Kinder sowie dem vereinbarten Betreuungsumfang zu staffeln. [2]Bei der Ermittlung der beitragsfähigen Betriebskosten ist zunächst von der Gesamtsumme der Betriebskosten mindestens der Betrag abzuziehen, den der örtliche Träger der öffentlichen Jugendhilfe einem Einrichtungsträger als Zuschuss nach § 16 Absatz 2 zu gewähren hat. [3]Der höchste Elternbeitrag darf die anteilig auf einen Betreuungsplatz entfallenden verbleibenden rechnerischen Betriebskosten der Kindertagesstätten eines Einrichtungsträgers in der Gemeinde nicht übersteigen. [4]Betreibt ein örtlicher Träger der öffentlichen Jugendhilfe oder ein Verpflichteter gemäß § 12 Absatz 1

Satz 1 und 2 eigene Kindertagesstätten, so sind zur Bemessung der Elternbeiträge von den Betriebskosten die Zuschüsse in Abzug zu bringen, die den Trägern von Kindertagesstätten gemäß § 16 Absatz 2 zustehen. [5]Die Sozialverträglichkeit ist auf der Grundlage einer Gesamtbetrachtung der Höhe und Staffelung herzustellen. [6]§ 6 des Kommunalabgabengesetzes für das Land Brandenburg findet keine Anwendung.

(3) [1]Die Elternbeiträge werden vom Träger der Einrichtung festgelegt und erhoben. [2]Über die Grundsätze der Höhe und Staffelung der Elternbeiträge ist Einvernehmen mit dem örtlichen Träger der öffentlichen Jugendhilfe herzustellen. [3]Gemeinden oder Gemeindeverbände als Träger der Einrichtungen können die Elternbeiträge und das Essengeld durch Satzung festlegen und als Gebühren erheben.

(4) Die oberste Landesjugendbehörde kann erstmals zum Kita-Jahr 2019/2020 nach Anhörung der örtlichen Träger der öffentlichen Jugendhilfe, der kommunalen Spitzenverbände, der Spitzenverbände der freien Wohlfahrtspflege sowie der Kirchen Empfehlungen zur Festlegung der Elternbeiträge erlassen.

(5) [1]Eine Heranziehung zu den Kosten einer Leistung der Eingliederungshilfe für Kinder im Grundschulalter nach § 102 Absatz 1 Nummer 4, § 113 Absatz 1 des Neunten Buches Sozialgesetzbuch erfolgt nicht, soweit diese Leistung der Inanspruchnahme des Rechtsanspruchs gemäß § 1 dient. [2]Hinsichtlich der Erstattung der den örtlichen Trägern der Eingliederungshilfe für die vorgenannten Leistungen entstandenen Kosten finden die §§ 15 bis 18 des Gesetzes zur Ausführung des Neunten Buches Sozialgesetzbuch Anwendung.

§ 17a Befreiung von Elternbeiträgen

(1) [1]Für die Inanspruchnahme von Angeboten der Kindertagesbetreuung in Kindertagesstätten und Kindertagespflege darf kein Elternbeitrag erhoben werden, soweit sich das Kind im letzten Kita-Jahr vor der Einschulung befindet (Elternbeitragsbefreiung). [2]Dies gilt nicht für das Essengeld und die Inanspruchnahme von Leistungen, die den ortsüblichen Rahmen erheblich übersteigen. [3]Die Elternbeitragsbefreiung gilt auch für Kinder im letzten Kita-Jahr vor der Einschulung, die in Hilfemaßnahmen nach den §§ 33 und 34 des Achten Buches Sozialgesetzbuch gefördert werden. Die Sätze 1 bis 3 finden auch Anwendung auf Kinder, die in Brandenburg ihren gewöhnlichen Aufenthalt haben und für die gemäß dem Staatsvertrag zwischen dem Land Berlin und dem Land Brandenburg über die gegenseitige Nutzung von Plätzen in Einrichtungen der Kindertagesbetreuung vom 7. Dezember 2001 (GVBl. I S. 54) ein Elternbeitrag in Brandenburg erhoben werden könnte.

(1a) Nimmt ein Kind mit gewöhnlichem Aufenthalt im Land Brandenburg im letzten Jahr vor der Einschulung Kindertagesbetreuung außerhalb des Landes in

Anspruch, erstattet der örtliche Träger der öffentlichen Jugendhilfe den Personensorgeberechtigten die nachgewiesene Zahlung von Elternbeiträgen bis zur Höhe von 125 Euro pro Monat.

(2) [1]Die Elternbeitragsbefreiung gilt für ein Kita-Jahr. [2]Endet das letzte Kita-Jahr eines Kindes vor dessen Einschulungstermin und wird das Betreuungsverhältnis in der bisher besuchten Kindertagesstätte fortgesetzt, so gilt die Beitragsbefreiung bis zur Einschulung. [3]Sie gilt für Kinder, die bis zum 30. September des nachfolgenden Kita-Jahres das sechste Lebensjahr vollenden. [4]Die Beitragsbefreiung gilt in dem Zeitraum auch für Kinder, die vor dem Beginn oder im Laufe eines Schuljahres nach dem Brandenburgischen Schulgesetz vom Schulbesuch zurückgestellt werden. [5]Für Kinder, die im Folgejahr nach dem Brandenburgischen Schulgesetz vorzeitig in die Schule aufgenommen werden, ist das letzte Kita-Jahr vor der Einschulung ebenfalls elternbeitragsfrei.

(3) [1]Liegen die Voraussetzungen der Elternbeitragsbefreiung am 1. August eines Jahres vor, so werden bis zur Aufnahme des Kindes in die Schule keine Elterngeldbeiträge erhoben; Absatz 2 Satz 4 bleibt unberührt. [2]Für Kinder, die nach dem Brandenburgischen Schulgesetz vorzeitig eingeschult werden, erstattet der Träger der Kindertagesstätte die zunächst erhobenen Elternbeiträge, nachdem die Personensorgeberechtigten ihm die vorzeitige Einschulung gemeldet haben. Die Meldung ist bis zum 1. Juni vor der Einschulung abzugeben. [3]Die Erstattung zunächst gezahlter Elternbeiträge erfolgt spätestens drei Monate nach der Einschulung.

§ 17b Ausgleich entgangener Einnahmen der Einrichtungsträger

(1) [1]Der örtliche Träger der öffentlichen Jugendhilfe gleicht den Trägern der Kindertagesstätten die Einnahmeausfälle in Höhe eines Pauschalbetrags von 125 Euro je Kind und Monat aus. [2]Der Ausgleichsbetrag wird für jede Kindertagesstätte auf der Grundlage der Anzahl der betreuten Kinder gemäß § 17a Absatz 1 und 2 Satz 1 bis 3 mit Ausnahme der Kinder gemäß § 17e nach Meldung gemäß § 3 Absatz 1 der Kindertagesstätten-Betriebskosten- und Nachweisverordnung und des Pauschalbetrags bemessen. [3]Maßgeblich sind die Stichtage 1. September und 1. Dezember des Vorjahres sowie 1. März und 1. Juni des Jahres der Meldung.

(2) [1]Der örtliche Träger der öffentlichen Jugendhilfe stellt auf Antrag des Trägers einer Kindertagesstätte nach Prüfung höhere Einnahmeausfälle als die nach Absatz 1 Satz 1 fest und gleicht diese aus. [2]Dies gilt nur für den Ausfall von Einnahmen für ortsübliche Leistungen. [3]Dabei muss der Träger der Kindertagesstätte durch geeignete Unterlagen nachweisen, dass sein durchschnittlicher Elternbeitrag für Kinder vom vollendeten dritten Lebensjahr bis zum beitragsbefreiten Kita-Jahr über dem Pauschalbetrag gemäß Absatz 1 Satz 1 liegt. [4]Übersteigt der

Antrag auf Feststellung und Erstattung höherer Einnahmeausfälle den Pauschalbetrag nach Absatz 1 Satz 1 um mindestens 20 Prozent, soll der örtliche Träger der öffentlichen Jugendhilfe die Rechtmäßigkeit der zugrunde liegenden Beitragsregelungen prüfen. [5]Dabei kann auf eine bei anderer Gelegenheit durchgeführte Prüfung der Rechtmäßigkeit Bezug genommen werden. [6]Höhere Einnahmeausfälle können auch durch den Nachweis der Beitragserstattungen an Personensorgeberechtigte geltend gemacht werden, deren Kinder gemäß § 17a Absatz 2 Satz 5 vorzeitig in die Schule aufgenommen werden; Absatz 1 Satz 1 gilt entsprechend. [7]Für den Ausgleich erhöhter Einnahmeausfälle ist einmal jährlich bis zum 1. September für das ablaufende Kalenderjahr ein Antrag zu stellen. [8]Soweit abweichende Vereinbarungen zwischen dem Landkreis und kreisangehörigen Gemeinden und Ämtern über die Finanzierung gemäß § 12 Absatz 1 Satz 4 getroffen wurden, sind Absatz 1, die Sätze 1 bis 6 und Absatz 4 sinngemäß anzuwenden.

(3) [1]Der Pauschalbetrag gemäß Absatz 1 Satz 1 wird im Hinblick auf die Angemessenheit seiner Höhe erstmals 2020 und danach alle zwei Jahre überprüft. [2]Das für Jugend zuständige Mitglied der Landesregierung stellt den Pauschalbetrag fest. [3]Der Pauschalbetrag ist auf volle Eurobeträge auf- oder abzurunden. [4]Folgt der zu rundenden Stelle eine der Ziffern 0 bis 4, so ist abzurunden, folgt eine der Ziffern 5 bis 9, so ist aufzurunden. [5]Der Pauschalbetrag ist im Amtsblatt des Ministeriums für Bildung, Jugend und Sport bekannt zu machen.

(4) [1]Der örtliche Träger der öffentlichen Jugendhilfe zahlt die Ausgleichsbeträge zur Erstattung der Einnahmeausfälle gemäß Absatz 1 den Trägern der Kindertagesstätten zweckgebunden zu den Zahlungsterminen gemäß § 3 Absatz 5 der Kindertagesstätten-Betriebskosten- und Nachweisverordnung aus. [2]Die höheren Erstattungsbeträge gemäß Absatz 2 werden zum 1. November ausgereicht. [3]Im Jahr 2018 werden die Ausgleichsbeträge zur Erstattung der Einnahmeausfälle gemäß den Absatz 1 und 2 zum 1. November auf Basis der Daten zum Stichtag 1. September rückwirkend für die Zeit ab Beginn des Kita-Jahres 2018/2019 ausgereicht.

(5) [1]Der Träger der Kindertagesstätte stellt dem örtlichen Träger der öffentlichen Jugendhilfe und dieser stellt der obersten Landesjugendbehörde die zur Durchführung der Elternbeitragsbefreiung erforderlichen Daten zur Verfügung. [2]Sozialdaten sind zu anonymisieren oder zu pseudonymisieren, soweit die Aufgabenerfüllung dies zulässt. [3]Personenbezogene Daten sind nicht zu übermitteln.

(6) Die örtlichen Träger der öffentlichen Jugendhilfe nehmen den Ausgleich der Einnahmeausfälle bei den Trägern der Kindertagesstätten gemäß den Absätzen 1 und 2 als Pflichtaufgabe zur Erfüllung nach Weisung wahr.

(7) Mit dem Antrag nach Absatz 2 kann gleichzeitig beantragt werden, die für das ablaufende Kalenderjahr festgestellten Einnahmeausfälle auch den Zahlungen für das Folgejahr zugrunde zu legen. Der örtliche Träger der öffentlichen

Jugendhilfe reicht diese nach Prüfung gemäß Absatz 2 unter Anwendung der geprüften höheren durchschnittlichen Elternbeiträge im Folgejahr aus und verrechnet sie unter Berücksichtigung der mit dem zum 1. September des Folgejahres eingereichten Antrag nachgewiesenen Einnahmeausfälle.

§ 17c Kostenausgleich für die Elternbeitragsbefreiung durch das Land

(1) [1]Das Land gewährt den örtlichen Trägern der öffentlichen Jugendhilfe die erforderlichen Mittel zum Ausgleich der nach den §§ 17a und 17b entstehenden Kosten sowie der Einnahmeausfälle aufgrund der Elternbeitragsbefreiung für die Betreuung von Kindern in Kindertagespflege. [2]Für die Ermittlung des Ausgleichsbetrags bei Kindertagespflege gelten die §§ 17a und 17b entsprechend. [3]Der Ausgleichsbetrag jedes örtlichen Trägers der öffentlichen Jugendhilfe wird auf der Grundlage des Mittels der gemäß § 6 Absatz 1 Satz 2 der Kindertagesstätten-Betriebskosten- und Nachweisverordnung gemeldeten Anzahl der betreuten Kinder im Jahr vor der Einschulung im Zuständigkeitsbereich eines örtlichen Trägers der öffentlichen Jugendhilfe abzüglich der Anzahl der Kinder nach § 17e und des Pauschalbetrags gemäß § 17b Absatz 1 Satz 1 bemessen. [4]Maßgeblich sind die Stichtage 1. September und 1. Dezember des Vorjahres sowie 1. März und 1. Juni des Jahres der Meldung. [5]Im Jahr 2018 gilt der Stichtag 1. September 2018. Daneben werden die nachgewiesenen Erstattungen gemäß § 17a Absatz 1a ausgeglichen.

(2) [1]Das Land gleicht den örtlichen Trägern der öffentlichen Jugendhilfe auf Antrag nachgewiesene höhere Ausgleichsbeträge aus. [2]Der Antrag ist innerhalb von zwei Monaten nach Ende der Antragsfrist für die Träger der Kindertageseinrichtungen zu stellen. [3]Mit dem Antrag ist der in dem Zuständigkeitsbereich des jeweiligen örtlichen Trägers der öffentlichen Jugendhilfe entstehende erhöhte Ausgleichsbetrag und seine Berechnung nachzuweisen. [4]Für den Nachweis erhöhter Ausgleichsbeträge kann die oberste Landesjugendbehördedurch Verwaltungsvorschrift Vorgaben machen und ein elektronisches Antrags- und Nachweisverfahren regeln.

(3) [1]Die Auszahlung der Ausgleichsbeträge an den örtlichen Träger der öffentlichen Jugendhilfe erfolgt zu den in § 5 Absatz 1 Satz 2 der Kindertagesstätten-Betriebskosten- und Nachweisverordnung genannten Terminen. [2]Die Erstattung der durch den örtlichen Träger der öffentlichen Jugendhilfe nachgewiesenen erhöhten Ausgleichsbeträge nach Absatz 2 erfolgt zum 15. Dezember des jeweiligen Jahres. [3]Ab dem Jahr 2019 wird auf Antrag des örtlichen Trägers der öffentlichen Jugendhilfe vorab zu den in Satz 1 genannten Terminen ein Abschlag in Höhe von 100 Prozent der abgerechneten Zahlungen des Vorjahres ausgereicht. [4]Der Abschlag wird mit der gemäß Satz 2 zu leistenden Erstattung verrechnet.

§ 17d Verwaltungskostenausgleich

[1]Zum Ausgleich des Verwaltungsaufwands für den Vollzug der Aufgaben gemäß den §§ 17a und 17b erhalten die örtlichen Träger der öffentlichen Jugendhilfe einen Verwaltungskostenausgleich. [2]Die Höhe des Ausgleichs ergibt sich aus dem Aufwand für die Ermittlung der zu erstattenden Einnahmeausfälle und die Auszahlung der Beträge sowie die Bearbeitung der Anträge gemäß § 17b Absatz 2. [3]Für den Aufwand werden jährlich je Kindertageseinrichtung, in der Kinder im Alter von drei Jahren bis zur Einschulung betreut werden, acht Stunden einer Kraft im gehobenen nichttechnischen Verwaltungsdienst der fünften Entwicklungsstufe der Entgeltgruppe 9b des Tarifvertrags für den öffentlichen Dienst (Kommunen) und ein zusätzlicher Gemeinkostenanteil von 30 Prozent der dafür aufzuwendenden Personalkosten angesetzt. [4]Für die Bearbeitung der Anträge nach § 17b Absatz 2 wird ein zusätzlicher Arbeitsaufwand von acht Stunden sowie ein Gemeinkostenanteil von 30 Prozent der dafür aufzuwendenden Personalkosten angesetzt. [5]Die Mittel werden mit den Zahlungen gemäß § 17c durch das Land ausgereicht.

§ 17e Ausnahmen von der Elternbeitragsbefreiung

Die Elternbeitragsbefreiung gemäß § 17a gilt nicht für Kinder, die ihren gewöhnlichen Aufenthalt nicht im Land Brandenburg haben, es sei denn, in dem Land der Bundesrepublik Deutschland oder Staat gilt am Wohnort des Kindes eine entsprechende Beitragsfreiheit und es ist Gegenseitigkeit gewährleistet.

§ 18 Förderung der Kindertagespflege

(1) Wird eine geeignete Tagespflegeperson durch den örtlichen Träger der öffentlichen Jugendhilfe vermittelt und ist die Förderung des Kindes in Kindertagespflege für sein Wohl geeignet und erforderlich oder wird eine selbst organisierte Tagesbetreuung nachträglich als geeignet und erforderlich anerkannt, so übernimmt der örtliche Träger der öffentlichen Jugendhilfe die entstehenden Aufwendungen einschließlich der Abgeltung des Erziehungsaufwandes.

(2) § 17 ist mit der Maßgabe anzuwenden, dass die Elternbeiträge und das Essengeld vom örtlichen Träger der öffentlichen Jugendhilfe festgesetzt und erhoben werden.

(3) Zwischen der Tagespflegeperson, den Personensorgeberechtigten und dem örtlichen Träger der öffentlichen Jugendhilfe sind jeweils die Rechte und Pflichten, die sich aus der Kindertagespflege ergeben, vertraglich zu regeln, insbesondere

1. die Erstattung der Aufwendungen einschließlich der Abgeltung des Erziehungsaufwandes,

2. der Abschluss einer Unfall- und Haftpflichtversicherung für Schäden, die im Zusammenhang mit der Kindertagespflege eintreten können,
3. der Betreuungsumfang.

(4) Die Tagespflegepersonen sollen vom örtlichen Träger der öffentlichen Jugendhilfe fachlich beraten werden.

§ 19 Modellversuch

Der überörtliche Träger der öffentlichen Jugendhilfe bietet gemäß § 82 und § 85 Absatz 2 Nr. 7 und 8 des Achten Buches Sozialgesetzbuch Fortbildungsmaßnahmen an und trägt durch Beratungsangebote und Modellversuche zur Weiterentwicklung der Tagesbetreuung bei.

Abschnitt 5
Verfahren und Zuständigkeiten

§ 20 Erlaubnis zur Kindertagespflege

(1) [1]Die Erlaubnis zur Kindertagespflege nach § 43 des Achten Buches Sozialgesetzbuch wird auf Antrag der Tagespflegeperson, die wöchentlich mehr als 15 Stunden Kindertagespflege gegen Entgelt anbieten will, vom Jugendamt des örtlichen Trägers der Jugendhilfe für bis zu fünf Betreuungsplätze erteilt. [2]In der Erlaubnis ist die Höchstzahl der Tagespflegeplätze anzugeben. Diese richtet sich nach den Erfordernissen des Kindeswohls, insbesondere nach der Qualifizierung, Eignung und Leistungsfähigkeit der Tagespflegeperson, und nach den für die Kindertagespflege zur Verfügung stehenden Räumlichkeiten.

(2) [1]Bei der Festsetzung der Höchstzahl gemäß den Absätzen 1 und 4 bleiben Kinder unberücksichtigt, die in Ausfallzeiten einer anderen Tagespflegeperson nach § 23 Absatz 4 Satz 2 des Achten Buches Sozialgesetzbuch betreut werden, wenn es sich um die vorübergehende Betreuung weniger Kinder handelt. [2]Werden Kinder nur wenige Stunden oder an wenigen Tagen betreut, so können sie ganz oder teilweise unberücksichtigt bleiben, wenn die Erfordernisse des Kindeswohls gemäß Absatz 1 Satz 3 gewahrt sind.

(3) [1]In die Erlaubnis sind die Unterrichtungspflichten der Tagespflegepersonen nach § 43 Absatz 3 Satz 6 des Achten Buches Sozialgesetzbuch aufzunehmen und es sind Regelungen zum Schutzauftrag der Tagespflegeperson bei Kindeswohlgefährdung zu treffen. [2]Bei Verdacht auf Kindeswohlgefährdung hat das Jugendamt die Tagespflegeperson in geeigneter Weise zu unterstützen.

(4) Sollen mehr als fünf Kinder betreut werden, so bedarf es einer Betriebserlaub-

nis nach § 45 des Achten Buches Sozialgesetzbuch.

(5) [1]Die Erlaubnis zur Kindertagespflege ist zu erteilen, wenn die Eignung der antragstellenden Person nach § 43 Absatz 2 des Achten Buches Sozialgesetzbuch gegeben ist. [2]Sie ist insbesondere dann zu versagen, wenn die antragstellende Person rechtskräftig wegen einer in § 72a des Achten Buches Sozialgesetzbuch genannten Straftat verurteilt worden ist.

(6) [1]Das Jugendamt soll den Erfordernissen des Einzelfalls entsprechend an Ort und Stelle überprüfen, ob die Voraussetzungen für die Erteilung der Erlaubnis weiterbestehen. [2]Dem zuständigen Fachpersonal des Jugendamtes ist im Rahmen seiner Dienstpflichten der Zutritt zu den Räumen zu gestatten, die dem Aufenthalt der betreuten Kinder dienen. [3]Besteht ein begründeter Verdacht, dass das Wohl eines Kindes in der Kindertagespflegestelle gefährdet ist, insbesondere durch Vernachlässigung, Misshandlung oder sexuellen Missbrauch, ist der Zutritt zu den Räumen und der Zugang zu den betreuten Kindern unverzüglich zu gestatten. [4]Das Grundrecht auf Unverletzlichkeit der Wohnung gemäß Artikel 13 Absatz 1 des Grundgesetzes und Artikel 15 Absatz 1 der Verfassung des Landes Brandenburg wird insoweit eingeschränkt.

(7) [1]Ist das Wohl eines Kindes in der Kindertagespflegestelle gefährdet und ist die Tagespflegeperson nicht bereit oder in der Lage, die Gefährdung abzuwenden, ist die Erlaubnis ganz oder teilweise zurückzunehmen oder zu widerrufen. [2]Bis zur Klärung der Gefährdungslage kann das Ruhen der Erlaubnis angeordnet werden.

(8) Für die Verfolgung und Ahndung von Ordnungswidrigkeiten nach § 104 Absatz 1 Nummer 1 des Achten Buches Sozialgesetzbuch sind die Kreisordnungsbehörden zuständig.

§ 21 Erlaubniserteilung und Beratung für Kindertageseinrichtungen

Der örtliche Träger der öffentlichen Jugendhilfe unterstützt die oberste Landesjugendbehörde bei der Wahrnehmung der Aufgaben nach § 85 Absatz 2 in Verbindung mit den §§ 45 bis 48 des Achten Buches Sozialgesetzbuch.

§ 22 Verwaltungsverfahren

Soweit dieses Gesetz nichts anderes bestimmt, gelten die Vorschriften des Zehnten Buches Sozialgesetzbuch entsprechend.

Abschnitt 6
Durchführungs-, Folge- und Schlussbestimmungen

§ 23 Durchführungsvorschriften

(1) Das für Jugend zuständige Mitglied der Landesregierung wird ermächtigt, im Einvernehmen mit dem zuständigen Ausschuss des Landtages und im Einvernehmen mit den beteiligten obersten Landesbehörden durch Rechtsverordnung das Nähere zu regeln über

1. die Anzahl und Qualifikation der notwendigen pädagogischen Mitarbeiterinnen und Mitarbeiter sowie das erforderliche Personal zur Erfüllung der Aufgabe nach § 3 Absatz 1 Satz 6 und 7,
2. die Bestimmung der Bestandteile von Betriebskosten gemäß den §§ 15 und 17 und das Verfahren der Bezuschussung gemäß § 16 Absatz 2, 3 und 6 sowie § 16a Absatz 1 und das Nähere zu den erforderlichen Personalkosten gemäß § 16a Absatz 1 Satz 4,
3. die jährliche Meldung der belegten und finanzierten Plätze der Kindertagesbetreuung nach Art, betreuten Altersgruppen und zeitlichem Umfang als Nachweis der Verwendung der Zuschüsse gemäß § 16 Absatz 6 und als Grundlage der Bezuschussung gemäß § 16a,
4. die Berücksichtigung der Personalkosten- und Kinderzahlentwicklung sowie des Umfanges des Tagesbetreuungsangebotes für die Anpassung der Landeszuschüsse nach § 16 Absatz 6,
5. die Eignung des Angebotes von Kindertagespflege, insbesondere die Qualifikation der Tagespflegeperson und die räumlichen Voraussetzungen sowie die angemessenen Aufwendungen im Rahmen von Kindertagespflege einschließlich der Abgeltung des Erziehungsaufwandes gemäß § 18 Absatz 1,
6. Gegenstand, Maßstäbe und Durchführung von Qualitätsfeststellungen gemäß § 3 Absatz 4,
7. das Verfahren der Finanzierung der Hilfen gemäß § 4 Absatz 3,
8. die Einberufung, die Zusammensetzung und die Arbeitsweise der Kreiskitaelternbeiräte und des Landeskitaelternbeirates sowie über die Höhe der Entschädigung für die Mitglieder des Landeskitaelternbeirates unter Berücksichtigung der für Landesbeamte geltenden reisekostenrechtlichen Vorschriften,
9. den gemäß Artikel 97 Absatz 3 der Verfassung des Landes Brandenburg gebotenen Ausgleich der Mehrbelastungen für die Bereitstellung eines Sockels für die Wahrnehmung pädagogischer Leitungsaufgaben in Höhe von 0,0625 Stellen, den Ausgleich der Verwaltungskosten und die Verteilung dieses Mehrbelastungsausgleichs an die örtlichen Träger der öffentlichen Jugendhilfe und de-

ren Weiterverteilung an die Einrichtungsträger; die Verordnung ist mit Wirkung ab dem 1. Oktober 2017 zu erlassen.

10. den Nachweis der Verwendung der Ausgleichszahlung gemäß der Kita-Leitungsausgleichsverordnung sowie den Nachweis der zweckentsprechenden Verwendung der Mittel gemäß § 16 Absatz 6 Satz 2, 3 und 6,
11. die jährliche Meldung der belegten Plätze durch Kinder im letzten Kita-Jahr vor der Einschulung sowie die Anzahl der Kindertagesstätten, in denen diese betreut werden, als Grundlage der Bemessung der Ausgleichszahlung gemäß den §§ 17b bis 17e,
12. das Vorliegen der Unzumutbarkeit, die Höhe des Pauschalbetrages sowie das Verfahren zum Ausgleich der Einnahmeausfälle und zur Erstattung der Ausgleichszahlungen nach § 17 Absatz 1a,
13. den finanziellen Ausgleich des Landes für die Mehraufwendungen, die den Landkreisen und kreisfreien Städten durch die Änderung des § 6a durch das Brandenburgische Gute-KiTa-Gesetz vom 1. April 2019 (GVBl. I Nr. 8) entstehen.

(2) Die zur Durchführung des Gesetzes erforderlichen Verwaltungsvorschriften erlässt die zuständige oberste Landesbehörde.

(3) Die zuständige oberste Landesbehörde kann im Einvernehmen mit den beteiligten obersten Landesbehörden, mit den kommunalen Spitzenverbänden und den Spitzenverbänden der freien Wohlfahrtspflege sowie den Kirchen Grundsätze über die Bildungsarbeit der Kindertagesstätten und die Fortbildung der pädagogischen Kräfte vereinbaren.

§ 24 Übergangsvorschrift

Bis zum Ablauf des Kita-Jahres 2019/2020 kann die Festlegung und Erhebung von Elternbeiträgen auf der Grundlage von Beitragsordnungen und Gebührensatzungen erfolgen, die diesem Gesetz in der bis zum 31. Juli 2018 geltenden Fassung entsprechen.

Wir haben 2 Meter Pädagogen ...

... und 20 Meter Kinder!

Personalbemessung

Vierte Verordnung zur Änderung der

Kita-Personalverordnung
(KitaPersV)

zuletzt geändert durch
Artikel 3 des Kindertagesstättenanpassungsgesetzes
vom 10. Juli 2017 (GVBl. I Nr. 17)

Lesefassung

Auf Grund des § 24 Abs. 1 Nr.1 Buchstabe a) in Verbindung mit § 10 des Kindertagesstättengesetzes vom 10. Juni 1992 (GVBl. I S. 178) verordnet der Minister für Bildung, Jugend und Sport mit Zustimmung der Ministerin für Arbeit, Soziales, Gesundheit und Frauen, des Ministers des Innern und des Ministers der Finanzen sowie im Einvernehmen mit dem Landtagsausschuß für Bildung, Jugend und Sport:

Abschnitt 1
Personalbemessung für Kindertagesstätten

§ 1

Der Träger der Einrichtung hat für die notwendige Ausstattung mit pädagogischem Personal der Kindertagesstätte sowie für einen effektiven, an den Betreuungsnotwendigkeiten orientierten Personaleinsatz Sorge zu tragen.

§ 2

(1) In der in § 10 Abs. 1 des Kindertagesstättengesetzes genannten Personalausstattung sind neben der unmittelbaren pädagogischen Arbeit mit den Kindern auch Tätigkeiten wie Vor- und Nachbereitung und Elternarbeit enthalten sowie sämtliche Ausfallzeiten durch Urlaub, Krankheit und Fortbildung.

(2) [1]Von dem notwendigen pädagogischen Personal können vom Träger der Einrichtung fünf vom Hundert zur Abdeckung von Vertretungsfällen vorgehalten und im Laufe des Jahres je nach Bedarfslage eingesetzt werden. [2]Beschäftigt der Träger sein Personal im Rahmen eines Jahresarbeitszeitmodells, um auf sich verändernde Betreuungsnotwendigkeiten flexibel reagieren zu können, kann dieser Vomhundertsatz überschritten werden. [3]Zur Bemessung des notwendigen pädagogischen Personals ist der Jahresdurchschnitt aus den zu den Stichtagen gemäß § 3 Abs. 2 Satz 3 Kindertagesstätten-Betriebskosten- und -Nachweisverordnung ermittelten Daten zu bilden.

§ 3 aufgehoben

§ 4

[1]Werden entsprechend § 12 Abs. 2 des Kindertagesstättengesetzes Kinder mit einem besonderen Förderbedarf betreut, so entscheidet der zuständige Träger der Eingliederungshilfe oder der zuständige örtliche Träger der öffentlichen Jugendhilfe über Art und Umfang des zusätzlich erforderlichen Personals und trägt die hierfür entstehenden Kosten. [2]Bei dem Einsatz des zusätzlichen Personals sind dem speziellen Förderbedarf entsprechende Qualifikationen Voraussetzung.

§ 5

(1) Die fachliche Förderung, Anleitung und Aufsicht der Mitarbeiterinnen und Mitarbeiter, die Koordinierung der Aufgabenwahrnehmung in der Einrichtung und die Sicherstellung der übertragenen Verwaltungsaufgaben nimmt die Leitungskraft der Kindertagesstätte wahr.

(2) [1]Für die Wahrnehmung der pädagogischen Leitungsaufgaben ist ergänzend zu der in § 10 Absatz 1 des Kindertagesstättengesetzes und § 4 dieser Verordnung genannten Ausstattung für jede Kindertagesstätte ein Leitungsanteil als Sockel in Höhe von 0,0625 Stellen für die Steuerung der Aufgaben nach § 3 Absatz 3 des Kindertagesstättengesetzes zuzumessen; dieser Leitungsanteil ist ab dem 1. Oktober 2017 zur Verfügung zu stellen. [2]Für die pädagogische Leitungstätigkeit sind darüber hinaus bei insgesamt

1. bis zu vier Stellen für pädagogische Mitarbeiterinnen und Mitarbeiter in der Einrichtung 0,125 Leitungsstellen,
2. mehr als vier bis zu zehn Stellen für pädagogische Mitarbeiterinnen und Mitarbeiter in der Einrichtung 0,25 Leitungsstellen,
3. mehr als zehn bis zu 15 Stellen für pädagogische Mitarbeiterinnen und Mitarbeiter in der Einrichtung 0,375 Leitungsstellen,
4. mehr als 15 Stellen für pädagogische Mitarbeiterinnen und Mitarbeiter in der Einrichtung 0,5 Leitungsstellen

einzurichten. [3]In diesem Umfang sind Leitungskräfte von der regelmäßigen pädagogischen Arbeit mit den Kindern freizustellen.

(3) Über den Umfang der Übertragung organisatorischer Leitungsaufgaben und die entsprechende Freistellung von der regelmäßigen pädagogischen Arbeit entscheidet der Träger der Einrichtung.

§ 6 aufgehoben

Abschnitt 2
Qualifikation des pädagogischen Personals in Kindertagesstätten

§ 7

Im Rahmen des notwendigen pädagogischen Personals einer Kindertagesstätte nach dieser Verordnung sind nur persönlich und gesundheitlich geeignete pädagogische Fachkräfte sowie andere fachlich, persönlich und gesundheitlich geeignete Personen zu beschäftigen.

§ 8

Die gesundheitliche Eignung wird durch eine entsprechende Bescheinigung des zuständigen Gesundheitsamtes belegt.

§ 9

(1) [1]Geeignete pädagogische Fachkräfte im Sinne des § 10 Absatz 1 Satz 1 des Kindertagesstättengesetzes sind staatlich anerkannte Erzieherinnen und Erzieher, staatlich anerkannte Kindheitspädagoginnen und Kindheitspädagogen, staatlich anerkannte Sozialpädagoginnen und Sozialpädagogen mit einem Studienschwerpunkt im Bereich Erziehung, Bildung und Betreuung in der Kindheit sowie gemäß Erzieheranerkennungsverordnung gleichgestellte Personen. [2]Geeignete pädagogische Fachkräfte sind auch Absolventinnen und Absolventen von Hochschulstudiengängen sowie Berufsakademien im Bereich Erziehung, Bildung und Betreuung in der Kindheit. [3]Darüber hinaus zählen zu den geeigneten pädagogischen Fachkräften auch Personen, die gemäß Brandenburgischem Sozialberufsgesetz über gleichwertige Fähigkeiten verfügen.

(2) Das notwendige pädagogische Personal im Betreuungsbereich der Kinder bis zur Vollendung des dritten Lebensjahres sowie der körperlich- oder mehrfachbehinderten Kinder kann, neben dem pädagogischen Fachpersonal nach Absatz 1, in angemessenem Umfang auch Säuglings- und Kinderkrankenschwestern und Säuglings- und Kinderkrankenpfleger umfassen.

(3) [1]Die Qualifikation des zusätzlichen Personals für die Förderung gemäß den §§ 27 und 35a des Achten Buches Sozialgesetzbuch bestimmt der hierfür Leistungsverpflichtete. [2]Für die Arbeit mit Kindern mit einem Förderbedarf gemäß den §§ 53 und 54 des Zwölften Buches Sozialgesetzbuch gelten insbesondere folgende Berufsabschlüsse als entsprechende Qualifikation nach § 4 Satz 2:

a) Diplomerzieherin und Diplomerzieher, Diplomvorschulerzieherin und Diplomvorschulerzieher und die in Absatz 1 genannten Fachkräfte mit entsprechendem Qualifikationsschwerpunkt,
b) (Diplom-) Rehabilitationspädagogin und Rehabilitationspädagoge,
c) Heilerziehungspflegerin und Heilerziehungspfleger, -diakonin und -diakon
d) und Heilpädagogin und Heilpädagoge.

§ 10

(1) Kräfte mit anderen als den in § 9 genannten Berufsabschlüssen können in Kindertagesstätten als notwendiges pädagogisches Personal angerechnet werden, wenn sie durch Vorbildung, Praxiserfahrung und Fortbildung gleichartige und gleichwertige Qualifikationen erworben haben.
(2) Persönlich und gesundheitlich geeignete sowie fachlich vorbereitete Kräfte, die an einer tätigkeitsbegleitenden Qualifizierung zur Erlangung einer Berufsqualifikation gemäß § 9 teilnehmen, können mit einem Anteil von 80 Prozent ihres praktischen Tätigkeitsumfangs als notwendiges pädagogisches Personal angerechnet werden.
(3) Persönlich und gesundheitlich geeignete sowie fachlich vorbereitete Kräfte können mit einem Anteil von 70 Prozent ihres praktischen Tätigkeitsumfangs als notwendiges pädagogisches Personal angerechnet werden, wenn mit dem Träger der Einrichtung eine individuelle Bildungsplanung zur Erreichung gleichartiger und gleichwertiger Qualifikation abgestimmt ist.
(4) [1]Zur Ergänzung des fachlichen Profils der Einrichtung können im Einzelfall persönlich und gesundheitlich geeignete sowie fachlich vorbereitete Kräfte, die weder eine gleichartige und gleichwertige Qualifikation besitzen noch eine solche anstreben, mit einem Anteil von 70 Prozent ihres praktischen Tätigkeitsumfangs als notwendiges pädagogisches Personal angerechnet werden. [2]Der Anteil der Anrechnung als notwendiges pädagogisches Personal kann 100 Prozent des praktischen Tätigkeitsumfangs betragen, wenn die Kraft in Bezug auf Kontinuität, zeitlichen Umfang und fachliche Ausrichtung ihres Einsatzes wesentlich zur Umsetzung eines Profilschwerpunkts der Einrichtung beiträgt.
(5) [1]Voraussetzung für die Anrechnung als notwendiges pädagogisches Personal nach den Absätzen 1 bis 4 ist ein vom Träger der Einrichtung im Benehmen mit der betreffenden Kraft gestellter, entsprechend begründeter und von der obersten Landesjugendbehörde genehmigter Antrag. [2]Die Genehmigung kann unter Auflagen oder für einen begrenzten Zeitraum erteilt werden. [3]Ihre Geltung kann über die antragstellende Einrichtung hinaus erstreckt werden. [4]Ein

Antrag nach Satz 1 für Kräfte nach Absatz 2 gilt als genehmigt, wenn die oberste Landesjugendbehörde ihn nicht innerhalb eines Monats nach Antragseingang ablehnt; die oberste Landesjugendbehörde kann den Eintritt der Genehmigung von Bedingungen abhängig machen oder Auflagen erteilen.

(6) [1]Durch den Einsatz von Kräften nach den Absätzen 2 bis 4 soll die Erweiterung der Erziehungs- und Bildungskompetenz des Fachkräfteteams und die Gewinnung von qualifizierten Kräften für die Kindertagesstätte erreicht werden. [2]Die Anzahl von Kräften nach den Absätzen 2 bis 4 muss in einem ausgewogenen Verhältnis zur Anzahl der pädagogischen Fachkräfte gemäß § 9 und Absatz 1 stehen. [3]Fachkräfte, die nur für einen Teilbereich der Erziehungsarbeit ausgebildet sind, müssen, bevor sie Kinder einer anderen Altersgruppe oder Kinder mit besonderem Förderbedarf betreuen, hierauf vorbereitet sein. [4]Diese Vorbereitung kann durch Fortbildung, Praxiserfahrung oder Selbststudium oder auch durch direkte Kooperation mit einer Fachkraft, die die Qualifikation für dieses Arbeitsgebiet besitzt, erlangt werden.

§ 11

(1) [1]Als besonders geeignete pädagogische Fachkraft, der die Leitung einer Kindertagesstätte übertragen werden darf, gilt eine Kraft, die, über das Maß von geeigneten pädagogischen Fachkräften hinaus, die fachlichen Anforderungen erfüllt und mit der Leitungsaufgabe vertraut ist. [2]Das erfordert in der Regel eine mindestens zweijährige Berufstätigkeit sowie Kenntnisse

a) der Arbeit mit den Kindern aller Altersstufen, die in der Einrichtung betreut werden,
b) der Aufgabenbestimmung der Kindertagesbetreuung im System der Kinder- und Jugendhilfe und
c) der Förderung, Koordination, Anleitung und Führung von Mitarbeitern.

[3]In von den örtlichen Trägern der Sozialhilfe anerkannten Integrationseinrichtungen, in denen Kinder mit einem Förderbedarf gemäß den §§ 53 und 54 des Zwölften Buches Sozialgesetzbuch betreut werden, hat die Leitungskraft eine behindertenspezifische Befähigung oder Erfahrungen in der Behindertenarbeit vorzuweisen.

(2) Erfahrene Erzieherinnen und Erzieher sollen die Möglichkeit haben, Leitungsaufgaben zu übernehmen und durch Fortbildung und Praxisberatung Kenntnisse in diesen Bereichen zu erlangen.

§ 12

[1]Der zusätzliche Einsatz von ehrenamtlichen und nebenamtlichen Kräften, insbesondere zur Unterstützung der pädagogischen Fachkräfte, zur Bereicherung der pädagogischen Arbeit, zur Förderung der Beziehungen zur Nachbarschaft und zum Berufsleben der Erwachsenen ist zulässig und soll im angemessenen Rahmen gefördert werden. [2]Diese Kräfte sind nicht Teil des notwendigen pädagogischen Personals nach § 10 Abs. 1 des Kindertagesstättengesetzes und den §§ 4 und 5 dieser Verordnung. [3]Sie müssen persönlich und gesundheitlich für die Arbeit geeignet sein.

§ 13

(1) [1]Die erlangte berufliche Qualifikation muss beständig den sich verändernden Anforderungen der Berufspraxis angepasst werden. [2]Die Träger der öffentlichen und freien Jugendhilfe und die Träger der Einrichtungen sorgen durch Fortbildung und Praxisberatung dafür, dass die persönliche und fachliche Eignung der Mitarbeiterinnen und Mitarbeiter aufrechterhalten und weiterentwickelt wird. [3]Durch Art und Umfang der Angebote und durch entsprechende Freistellung sollen sie dafür Sorge tragen, dass die Angebote wahrgenommen werden können.

(2) Die Mitarbeiterinnen und Mitarbeiter sind verpflichtet, sich fachlich weiterzuentwickeln und dafür auch Fortbildungs- und Beratungsangebote anzunehmen.

(3) Der Kindertagesstätten-Ausschuss diskutiert mindestens einmal im Jahr bestehende Fortbildungsangebote und die Inanspruchnahme der Angebote durch Mitarbeiterinnen und Mitarbeiter der Einrichtung.

§ 14 aufgehoben

§ 15 Inkrafttreten

20 Kinder,
1. Hilfe Tasche,
Obst und Stullen,
Buddelsachen,
Sonnencreme, ...

Haben
wir auch
alles??

... und unsere
Gesetzes-Sammlung!

Kita
Sonnen
Käfer

Verordnung über die

Bestimmung der Bestandteile
von Betriebskosten, das Verfahren
der Bezuschussung sowie die jährliche Meldung der belegten
und finanzierten Plätze der Kindertagesbetreuung

Kindertagesstätten-Betriebskosten- und Nachweisverordnung (KitaBKNV)

Vom 1. Juni 2004 (GVBl.II/04, [Nr. 16], S. 450)
zuletzt geändert
durch Verordnung vom 12. August 2019
(GVBl.II/19, [Nr. 58])

Auf Grund des § 23 Abs. 1 Satz 1 Nr. 2 und 3 des Kindertagesstättengesetzes vom 10. Juni 1992 (GVBl. I S. 178), die durch Artikel 1 Nr. 7 Buchstabe a und b des Gesetzes vom 17. Dezember 2003 (GVBl. I S. 311, 312) neu gefasst worden sind, verordnet der Minister für Bildung, Jugend und Sport im Einvernehmen mit der Ministerin der Finanzen, dem Minister des Innern und dem Landtagsausschuss für Bildung, Jugend und Sport:

Abschnitt 1
Betriebskosten von Kindertagesstätten

§ 1 Betriebskosten

Zu den Betriebskosten im Sinne des § 15 Abs. 1 des Kindertagesstättengesetzes gehören die Personalkosten nach § 15 Abs. 2 des Kindertagesstättengesetzes und die in § 2 aufgeführten Sachkosten.

§ 2 Sachkosten

(1) Sachkosten im Sinne des § 15 Abs. 1 des Kindertagesstättengesetzes sind insbesondere:

a) Miete oder Pacht für das Grundstück und Gebäude der Kindertagesstätte oder für den als Kindertagesstätte genutzten Teil des Grundstücks und Gebäudes,
b) bei eigenem Grundstück und Gebäude die kalkulatorische Miete,
c) Abschreibungen auf Investitionen für eigene Gebäude oder den als Kindertagesstätte genutzten Teil des eigenen Gebäudes,
d) Heizungskosten,
e) Gebäude- und Sachversicherungen,
f) Wasser, Energie und öffentliche Abgaben,
g) Erhaltungsaufwand für Grundstück und Gebäude,
h) Aufwendungen für pädagogische Arbeit einschließlich Spiel- und Beschäftigungsmaterial, Elternarbeit,
i) Schönheitsreparaturen und Wartung der technischen Anlage,
j) Pflege und Erhaltung der Außen- und Spielanlagen,
k) Kosten für die Verpflegung,
l) Reinigung einschließlich Wäschereinigung und Sanitärbedarf,
m) Ersatz und Ergänzung von Einrichtungsgegenständen,
n) notwendige Versicherungen, die nicht unter Buchstabe e fallen,

o) die zur Führung der Kindertagesstätte sonstigen notwendigen Verwaltungskosten des Trägers, einschließlich von Beiträgen an Organisationen und Verbände.

(2) [1]Miete oder Pacht im Sinne des Absatzes 1 Buchstabe a und b bis zur Höhe der ortsüblichen Kaltmiete sind Sachkosten im Sinne des § 15 Abs. 1 des Kindertagesstättengesetzes. [2]Kosten nach Absatz 1 Buchstabe d bis g bleiben unberücksichtigt, soweit sie in der Kaltmiete enthalten sind.

(3) [1]Erhaltungsaufwand im Sinne des Absatzes 1 Buchstabe g sind die Aufwendungen, die das Grundstück einschließlich des Gebäudes in ordnungsgemäßem Zustand erhalten sollen, die Wesensart des Grundstücks nicht verändern und regelmäßig in ungefähr gleicher Höhe wiederkehren. [2]Zum Erhaltungsaufwand gehören insbesondere die Aufwendungen für die laufende Instandhaltung des Gebäudes sowie des Grundstücks, soweit sie über die Gartenpflege hinausgehen.

Abschnitt 2
Verfahren der Bezuschussung gemäß § 16 Abs. 2, 3 und 6 des Kindertagesstättengesetzes

§ 3 Zuschüsse des örtlichen Trägers der öffentlichen Jugendhilfe an die Träger der Einrichtungen gemäß § 16 Absatz 2, § 17 Absatz 1a und § 17b des Kindertagesstättengesetzes

(1) [1]Anträge auf Gewährung der Zuschüsse sind jährlich mit der Meldung der Platzzahlen für das erste Quartal beim zuständigen örtlichen Träger der öffentlichen Jugendhilfe zu stellen. [2]Die Meldung der vertraglich belegten Plätze zur Berechnung der Zuschüsse ist bis spätestens 15. Dezember für das erste Quartal des Folgejahres, 15. März für das zweite Quartal, 15. Juni für das dritte Quartal und 15. September für das vierte Quartal des jeweiligen Jahres, für das der Zuschuss beantragt wird, beim zuständigen örtlichen Träger der öffentlichen Jugendhilfe einzureichen. [3]Zusätzlich ist zu diesen Terminen für den Ausgleich der Einnahmeausfälle durch die Beitragsfreiheit bestimmter Eltern gemäß § 17 Absatz 1a des Kindertagesstättengesetzes die Anzahl der Kinder nach betreuten Altersgruppen zu melden, deren Eltern der Kostenbeitrag nach § 2 Absatz 1 der Kita-Beitragsbefreiungsverordnung nicht zugemutet werden kann. [4]Zu demselben Terminen ist für den Ausgleich der Einnahmeausfälle durch die Elternbeitragsfreiheit die Anzahl der Kinder im Jahr vor der Einschulung gemäß § 17a Absatz 2 des Kindertagesstättengesetzes zu melden. [5]Verspätet eingehende Meldun-

gen können grundsätzlich nur berücksichtigt werden, wenn dem Träger Wiedereinsetzung in den vorigen Stand zu gewähren ist.

(2) [1]Die Zuschüsse werden jeweils für die Anzahl des notwendigen pädagogischen Personals gezahlt, das zur Erfüllung der Rechtsansprüche nach § 1 des Kindertagesstättengesetzes erforderlich ist. [2]Bei Unterschreitung des notwendigen pädagogischen Personals werden die Zuschüsse nur für das im Jahresmittel gemäß § 2 Abs. 2 der Kita-Personalverordnung tatsächlich beschäftigte pädagogische Personal gewährt. [3]Das notwendige pädagogische Personal wird auf der Grundlage von § 10 Abs. 1 des Kindertagesstättengesetzes und § 5 der Kita-Personalverordnung berechnet. [4]Als Stichtage für die Ermittlung der Zuschüsse gelten der 1. Dezember für das erste Quartal des Folgejahres, der 1. März für das zweite Quartal, der 1. Juni für das dritte Quartal und der 1. September für das vierte Quartal des jeweiligen Jahres.

(3) Die Durchschnittssätze der jeweils gültigen Vergütungsregelung nach § 16 Absatz 2 Satz 4 des Kindertagesstättengesetzes werden vom örtlichen Träger der öffentlichen Jugendhilfe nach Befassung im Jugendhilfeausschuss festgestellt.

(4) [1]Für neue Einrichtungen oder für Einrichtungen, deren Platzzahl gemäß Betriebserlaubnis erhöht wird, sind die Zuschüsse einmalig, abweichend von Absatz 2, auf der Grundlage der am ersten Tag des Zahlungsquartals vertraglich belegten Plätze zu ermitteln. [2]Ein Vorschuss kann gewährt werden, wenn der Träger aus eigenen Mitteln die Aufnahme oder Erweiterung des Betriebes nicht gewährleisten kann.

(5) Die Zuschüsse sind bis zum 1. Februar für das erste Quartal, bis zum 1. Mai für das zweite Quartal, bis zum 1. August für das dritte Quartal und bis zum 1. November für das vierte Quartal des jeweiligen Jahres an die Träger der Einrichtungen zu überweisen.

(6) Art und Weise des Nachweises der Anspruchsberechtigung legt der örtliche Träger der öffentlichen Jugendhilfe im Benehmen mit den Trägern der Einrichtungen fest.

(7) Soweit andere Vereinbarungen zwischen dem örtlichen Träger der öffentlichen Jugendhilfe und dem Träger der Einrichtung getroffen werden, kommen die entsprechenden Regelungen der Absätze 1 bis 5 nicht zur Anwendung.

(8) [1]Soweit kreisangehörige Gemeinden, Ämter oder Verbandsgemeinden die Aufgabe, die Kindertagesbetreuung zu gewährleisten, entsprechend § 12 Absatz 1 Satz 2 des Kindertagesstättengesetzes durchführen, treten die Gemeinden, Ämter oder Verbandsgemeinden in den Fällen der Absätze 1 bis 7 an die Stelle der örtlichen Träger der öffentlichen Jugendhilfe, wenn gemäß dem öffentlich-rechtlichen Vertrag nach § 12 Absatz 1 Satz 2 des Kindertagesstättengesetzes

die Finanzierungsverantwortung nach § 16 Absatz 2 des Kindertagesstättengesetzes durch die kreisangehörige Gemeinde oder das Amt wahrgenommen wird. [2]Die Gemeinden, Ämter oder Verbandsgemeinden stellen die Durchschnittssätze der jeweils gültigen Vergütungsregelung nach § 16 Absatz 2 Satz 4 des Kindertagesstättengesetzes nach Anhörung der Träger der Einrichtungen fest.

§ 4 Zuschüsse der Gemeinden an die Träger der Einrichtungen gemäß § 16 Absatz 3 des Kindertagesstättengesetzes

(1) Die Verpflichtung der Gemeinde oder Verbandsgemeinde gemäß § 16 Absatz 3 Satz 1 des Kindertagesstättengesetzes kann auch durch Zahlung der ortsüblichen Kaltmiete erfüllt werden, wenn der Träger einer nach § 12 Absatz 3 des Kindertagesstättengesetzes erforderlichen Einrichtung Grundstück und Gebäude selbst zur Verfügung stellt oder anmietet.

(2) Das Zahlungsverfahren für die Zuschüsse nach § 16 Absatz 3 des Kindertagesstättengesetzes sowie den Nachweis der Anspruchsberechtigung und der Verwendung der Zuschüsse legt die Gemeinde oder Verbandsgemeinde fest.

§ 5 Zuschüsse des Landes gemäß § 16 Absatz 6 und § 16a des Kindertagesstättengesetzes

(1) [1]Die oberste Landesjugendbehörde stellt die Höhe der Zuschüsse des Landes auf der Grundlage des § 16 Absatz 6 und des § 16a des Kindertagesstättengesetzes für die örtlichen Träger der öffentlichen Jugendhilfe fest. [2]Sie werden bis zum 1. Februar für das erste Quartal, bis zum 1. Mai für das zweite Quartal, bis zum 1. August für das dritte Quartal und bis zum 1. November für das vierte Quartal des jeweiligen Jahres an die örtlichen Träger der öffentlichen Jugendhilfe überwiesen.

(2) [1]Die der Verteilung der Mittel zu Grunde liegenden Kinderzahlen werden auf den am 1. Januar des jeweiligen Auszahlungsjahres aktuellen Gebietsstand bezogen. [2]Für die Verteilung der Landeszuschüsse werden die Kinderzahlen der Bevölkerungsfortschreibung auf Basis der Daten des Zensus 2011 zugrunde gelegt, für das Jahr 2014 gilt die Fortschreibung auf Basis der Daten vom 3. Oktober 1990.

(3) [1]Als erforderliche Personalkosten gemäß § 10 Absatz 1 Satz 2 und 3 des Kindertagesstättengesetzes gelten die unmittelbar entgeltbezogenen Aufwendungen des Arbeitgebers für eine Erzieherstelle der fünften Entwicklungsstufe des Tätigkeitsmerkmals S 8a der Entgeltordnung für den Sozial- und Erziehungsdienst

des Tarifvertrags für den öffentlichen Dienst (Bund und Kommunen) einschließlich aller vom Arbeitgeber zu tragenden Entgeltbestandteile und Nebenkosten (Arbeitgeberbrutto). [2]Dabei werden die zum Zeitpunkt der Meldung nach § 6 Absatz 1 Satz 6 geltenden Tarifstände sowie die zu diesem Zeitpunkt für das folgende Kalenderjahr feststehenden Tarifveränderungen berücksichtigt. [3]Höhere Personalkosten einer Fachkraftstelle können von der obersten Landesjugendbehörde als erforderlich anerkannt werden, wenn der örtliche Träger der öffentlichen Jugendhilfe dies innerhalb der Frist nach § 6 Absatz 1 Satz 6 unter Mitteilung der Gründe, insbesondere der zugrunde liegenden Vergütungsregelungen, beantragt. [4]Der örtliche Träger hat dafür das gewichtete Mittel der gemäß § 3 Absatz 3 und 8 festgestellten Durchschnittssätze zugrunde zu legen. [5]Das gewichtete Mittel wird gebildet aus der Anzahl der auf Grundlage der jeweiligen Vergütungsregelung bezuschussten Stellen ohne Berücksichtigung der Leitungsstellen.

Abschnitt 3
Nachweis der Verwendung der Zuschüsse gemäß § 16 Absatz 6 des Kindertagesstättengesetzes und Schlussbestimmungen

§ 6 Nachweis der Verwendung der Zuschüsse gemäß § 16 Absatz 6 des Kindertagesstättengesetzes, der Kita-Leitungsausgleichsverordnung und Grundlage der Bezuschussung gemäß den §§ 16a und 17 Absatz 1a sowie gemäß den §§ 17c und 17d des Kindertagesstättengesetzes

(1) [1]Der örtliche Träger der öffentlichen Jugendhilfe ist verpflichtet, gegenüber der obersten Landesjugendbehörde die Zahl der belegten und finanzierten Plätze der Kindertagesbetreuung nach Art, betreuten Altersgruppen und zeitlichem Umfang zu den Stichtagen nach § 3 Absatz 2 Satz 4 und Absatz 4 Satz 1 oder Absatz 7 des jeweiligen Jahres zu melden. [2]Zu diesen Stichtagen ist auch die Anzahl der Kinder im letzten Kita-Jahr vor der Einschulung zu melden, die in Kindertagesstätten und in Kindertagespflege gefördert werden. [3]Zusätzlich ist zu diesen Stichtagen auch die Anzahl der Kinder nach betreuten Altersgruppen zu melden, die in Kindertagesstätten und in Kindertagespflege gefördert werden und deren Eltern der Kostenbeitrag nach § 2 Absatz 1 der Kita-Beitragsbefreiungsverordnung nicht zugemutet werden kann. [4]Wird ein Antrag nach § 5 Absatz 3 Satz 3 gestellt, sind das angewandte Verfahren zur Ermittlung und

Festlegung der Durchschnittssätze, die zugrunde gelegten Vergütungsregelungen sowie deren Geltungsbereich gemäß § 3 Absatz 3 und Absatz 8 Satz 2 zu melden. [5]Für den Ausgleich des Verwaltungsaufwands gemäß § 17d des Kindertagesstättengesetzes ist auch die Anzahl der Kindertageseinrichtungen im Zuständigkeitsbereich des örtlichen Trägers der öffentlichen Jugendhilfe zu melden, in denen Kinder im Alter von drei Jahren bis zur Einschulung betreut werden. [6]Für den Ausgleich des Verwaltungsaufwands gemäß § 7 der Kita-Beitragsbefreiungsverordnung ist auch die Anzahl der Kindertageseinrichtungen im Zuständigkeitsbereich des örtlichen Trägers der öffentlichen Jugendhilfe zu melden, in denen Kinder betreut werden, deren Eltern von den Elternbeiträgen nach § 17 Absatz 1a des Kindertagesstättengesetzes und § 2 Absatz 1 der Kita-Beitragsbefreiungsverordnung von den Elternbeiträgen befreit sind. [7]Ferner ist ein Nachweis über die Verwendung der Landeszuschüsse gemäß § 16 Absatz 6 Satz 4 des Kindertagesstättengesetzes zu erbringen. [8]Die Meldungen erfolgen einmal jährlich bis zum 1. November. [9]Verspätet eingehende Meldungen können grundsätzlich nur berücksichtigt werden, wenn dem Träger der öffentlichen Jugendhilfe Wiedereinsetzung in den vorigen Stand zu gewähren ist.

(2) [1]Der örtliche Träger der öffentlichen Jugendhilfe ist ferner verpflichtet, gegenüber der obersten Landesjugendbehörde die Anzahl der Kindertageseinrichtungen in seinem Zuständigkeitsbereich, die belegten Plätze je Einrichtung und die geleisteten Ausgleichszahlungen gemäß Kita-Leitungsausgleichsverordnung je Einrichtung zu melden. [2]Zu melden sind auch die gemäß § 17b des Kindertagesstättengesetzes geleisteten Ausgleichszahlungen je Einrichtung unter Angabe der gemeldeten belegten Plätze durch Kinder, die gemäß § 17a Absatz 1 des Kindertagesstättengesetzes beitragsfrei die Einrichtung besuchen, sowie die Anzahl der Kinder, die im letzten Kita-Jahr vor der Einschulung beitragsfrei in Kindertagespflege gefördert werden. [3]Zu melden sind zusätzlich die gemäß § 5 der Kita-Beitragsbefreiungsverordnung geleisteten Ausgleichszahlungen je Einrichtung unter Angabe der gemeldeten belegten Plätze durch Kinder, die gemäß § 17 Absatz 1a des Kindertagesstättengesetzes und § 2 Absatz 1 der Kita-Beitragsbefreiungsverordnung beitragsfrei die Einrichtung besuchen, sowie die Anzahl der Kinder, die nach diesen Vorschriften beitragsfrei in Kindertagespflege gefördert werden.

(3) Die oberste Landesjugendbehörde kann Verfahren und Muster für die Meldung nach Absatz 1 für verbindlich erklären sowie die Angaben des örtlichen Trägers der öffentlichen Jugendhilfe zur Begründung der Ausgleichsbeträge nach § 16a des Kindertagesstättengesetzes, insbesondere im Hinblick auf Rechtmäßigkeit und Erforderlichkeit der Höhe der Durchschnittssätze der Vergütungsregelung gemäß § 3 Absatz 3 und 8, überprüfen.

(4) Bei nicht zweckgemäßer Verwendung des Zuschusses nach § 16 Abs. 6 des Kindertagesstättengesetzes fordert die oberste Landesjugendbehörde die nicht zweckentsprechend verwendeten Mittel zurück.

(5) Kinder im letzten Kita-Jahr vor der Einschulung sind Kinder, die zwischen dem 1. Oktober des aktuellen Jahres und dem 30. September des darauffolgenden Jahres das sechste Lebensjahr vollendet haben und für die am 1. August des letztgenannten Jahres die Schulpflicht beginnt sowie Kinder, die aufgrund von § 51 Absatz 2 Satz 1 des Brandenburgischen Schulgesetzes für ein Schuljahr zurückgestellt wurden.

§ 7 Inkrafttreten, Außerkrafttreten

Diese Verordnung tritt mit Wirkung vom 1. Januar 2004 in Kraft. Gleichzeitig tritt die Kindertagesstätten-Betriebskosten- und Nachweisverordnung vom 22. Januar 2001 (GVBl. II S. 19) außer Kraft.

Potsdam, den 1. Juni 2004
Der Minister für Bildung, Jugend und Sport
Steffen Reiche

Steht hier auch drin, dass ich bei meiner Tagesmutter genauso viele Schokobrote kriege wie bei Mama?

Verordnung über die

Eignung des Angebotes
von Kindertagespflege, insbesondere die Qualifikation
der Tagespflegeperson und die räumlichen Voraussetzungen

Kindertagespflegeeignungsverordnung
(TagpflegEV)

(GVBl. II/09 Nr. 23)

Auf Grund des § 23 Absatz 1 Nummer 5 des Kindertagesstättengesetzes in der Fassung der Bekanntmachung vom 27. Juni 2004 (GVBl. I S. 384), der durch Gesetz vom 21. Juni 2007 (GVBl. I S. 110) geändert worden ist, verordnet der Minister für Bildung, Jugend und Sport im Einvernehmen mit dem Landtagsausschuss für Bildung, Jugend und Sport und im Einvernehmen mit dem Minister der Finanzen, dem Minister des Innern und der Ministerin für Arbeit, Soziales, Gesundheit und Familie:

§ 1 Geltungsbereich

Die Verordnung gilt für Kindertagespflege im Sinne des Kindertagesstättengesetzes. Kindertagespflege beruht auf einem persönlichen Betreuungsverhältnis zwischen der Tagespflegeperson und dem Kind. Sie gilt auch für die Kooperation mehrerer Tagespflegepersonen, soweit im Regelfall ausschließlich die vermittelte oder anerkannte Tagespflegeperson das jeweilige Kind betreut. Von dieser Verordnung unberührt bleibt eine von Eltern selbstorganisierte, zum Beispiel auf Nachbarschaftshilfe oder familiärer Unterstützung beruhende Betreuung von Kindern, die nicht durch den örtlichen Träger der öffentlichen Jugendhilfe anerkannt oder durch den Leistungsverpflichteten nach § 12 Absatz 1 des Kindertagesstättengesetzes oder in dessen Auftrag vermittelt wird.

§ 2 Eignung und Qualifikation der Tagespflegeperson

(1) Die Tagespflegeperson muss über die gesundheitlichen Voraussetzungen verfügen und geeignet im Sinne von § 23 Absatz 3 des Achten Buches Sozialgesetzbuch sein. Für die Feststellung der gesundheitlichen Voraussetzungen kann die Vorlage eines Gesundheitszeugnisses verlangt werden. Für die Feststellung der persönlichen Eignung soll das Jugendamt des örtlichen Trägers der öffentlichen Jugendhilfe bei der Vermittlung und in regelmäßigen Abständen verlangen, dass die Tagespflegeperson ein Führungszeugnis vorlegt. Die erforderliche Sachkompetenz richtet sich nach der Anzahl der zu betreuenden Kinder und gegebenenfalls besonderen Anforderungen aus der Art der Aufgabe. Die Qualifizierung zur Erlangung der Sachkompetenz hat sich am Curriculum des Deutschen Jugendinstituts »Qualifizierung in der Kindertagespflege«, einschließlich der landesspezifischen Konkretisierungen, die in den Anlagen 1 und 2 dargestellt sind, zu orientieren.

(2) Vor der Aufnahme des ersten Kindes in die Kindertagespflege muss die Tagespflegeperson an einem Vorbereitungslehrgang im Umfang von mindestens

30 Stunden eines durch das Land anerkannten Trägers erfolgreich teilgenommen haben. Die Vorbereitung kann auch durch eine vom Jugendamt des örtlichen Trägers der öffentlichen Jugendhilfe durchgeführte oder vermittelte Praxisberatung erfolgen. Zusätzlich ist ein Kurs »Erste-Hilfe bei Säuglingen und Kleinkindern« zu absolvieren.

(3) Wer zwei oder mehr fremde Kinder betreut und keine pädagogische Ausbildung hat, muss zusätzlich an einer mindestens 130 Stunden umfassenden Grundqualifizierung erfolgreich teilgenommen haben. Diese Grundqualifizierung soll möglichst tätigkeitsbegleitend erfolgen. Das Jugendamt kann der Tagespflegeperson erlauben, während dieser Zeit zwei, bei besonderer Eignung drei fremde Kinder zu betreuen.

(4) Tagespflegepersonen, die Kinder mit einem besonderen gesundheitlichen oder pädagogischen Bedarf oder Kinder über Nacht betreuen, müssen auf diese besonderen Anforderungen aus der Art der Aufgabe durch Teilnahme an zusätzlichen entsprechenden Qualifizierungsmaßnahmen vorbereitet sein.

(5) Tagespflegepersonen, die über eine Qualifikation gemäß Tagespflegeeignungsverordnung vom 22. Januar 2001 (GVBl. II S. 21) verfügen, müssen spätestens bei der nächsten Erteilung der Erlaubnis zur Kindertagespflege gemäß § 43 des Achten Buches Sozialgesetzbuch über die Voraussetzungen nach den Absätzen 1 bis 4 verfügen.

§ 3 Räumliche Voraussetzungen

Die Räumlichkeiten einschließlich deren Ausstattung müssen die Wahrnehmung der Aufgaben gemäß § 3 des Kindertagesstättengesetzes ermöglichen und die Sicherheit der Kinder gewährleisten. Die Räumlichkeiten und die Ausstattung sollen anregungsreich und kindgemäß sein.

§ 4 Gesundheitsvorsorge

Die Tagespflegeperson meldet dem Gesundheitsamt Name und Alter jedes von ihr betreuten Kindes sofort, spätestens jeweils zum 31. Oktober eines Jahres, um zu gewährleisten, dass der Kinder- und Jugendgesundheitsdienst seinen Aufgaben nach dem Brandenburgischen Gesundheitsdienstgesetz vom 23. April 2008 (GVBl. I S. 95) in der jeweils geltenden Fassung nachkommen kann.

§ 5 Inkrafttreten, Außerkrafttreten

Diese Verordnung tritt am Tag nach der Verkündung in Kraft. Gleichzeitig tritt die Tagespflegeeignungsverordnung vom 22. Januar 2001 (GVBl. II S. 21) außer Kraft.

Potsdam, den 13. Juli 2009

Der Minister für Bildung, Jugend und Sport
Holger Rupprecht

Anlage 1 (zu § 2 Absatz 1)

Vorbereitung für Tagespflegebewerberinnen und -bewerber (30 Unterrichtsstunden)

Die Vorbereitung findet nach einer ausführlichen Information in der Regel durch die zuständige Fachkraft beim örtlichen Träger der öffentlichen Jugendhilfe (Jugendamt) statt, in der die Tagespflegebewerberinnen und -bewerber über die rechtlichen, finanziellen und organisatorischen Rahmenbedingungen der Kindertagespflege informiert wurden. Im Rahmen der Vorbereitung werden die Teilnehmerinnen und Teilnehmer auf die Tätigkeit als Tagespflegepersonen, insbesondere die Situation in häuslicher Umgebung beziehungsweise im eigenen Haushalt fremde Kinder zu betreuen, vorbereitet. Die Vorbereitung richtet sich an pädagogisch ausgebildete und nicht ausgebildete Personen, die über unterschiedliche Vorkenntnisse, Lernerfahrungen, Lebensentwürfe und Biografien verfügen. Das inhaltliche und methodisch-didaktische Konzept der Vorbereitung soll dieser möglicherweise heterogenen Gruppenzusammensetzung Rechnung tragen. Die bisherigen Lernerfahrungen und der Kenntnisstand der Teilnehmerinnen und Teilnehmer sollen angemessen berücksichtigt werden, um den Selbstbildungsprozess und das selbstorganisierte Lernen zu fördern.

Die Dozentinnen und Dozenten müssen in der Lage sein, das Kursangebot entsprechend den oben genannten Erfordernissen und den Inhalten der nachfolgenden Themenkomplexe auszugestalten. Sie müssen mit der Kindertagespflege als Form der Kindertagesbetreuung vertraut sein. Als grobe Orientierung empfiehlt es sich, für jedes Thema etwa drei bis vier Unterrichtsstunden vorzusehen. Die Vorbereitungskurse sind mit in der Regel 15 Teilnehmerinnen und Teilnehmern durchzuführen.

a) Voraussetzungen der Aufnahme von Tagespflegekindern
- Kindertagespflege als berufliche Perspektive
- Entwicklung von Vorstellungen zur Ausgestaltung der Tätigkeit als Tagespflegeperson (Alltagsplanung, Organisation und Management)
- Aufbau einer regionalen Vernetzung unter Tagespflegepersonen
- Zusammenarbeit mit dem örtlichen Träger der öffentlichen Jugendhilfe (Jugendamt, Praxisberatung) und der Gemeinde oder dem Amt
- Aufsichtspflicht in der Kindertagespflegestelle

b) Besonderheit von Kindertagespflege
- Mitleben von fremden Kindern im eigenen Familienrahmen
- Analyse der Lebenssituation der anderen Familienmitglieder (eigene Kinder, Partner)
- Auswirkung der Betreuung auf die Familie der Tagespflegeperson
- Mögliche Konsequenzen für die eigene Familie, besonders für die eigenen Kinder
- Möglichkeiten der Gestaltung des Kindertagespflegealltags

c) Eingewöhnung in Kindertagespflege
- Bedeutung der Eingewöhnung für das Kind
- Kurze Einführung in die Bindungstheorie
- Eingewöhnungszeit als Gelegenheit der Kontaktaufnahme zwischen den Erwachsenen
- Abschied von der Tagespflegeperson (Beendigung des Betreuungsverhältnisses)

d) Zusammenarbeit mit Eltern
- Erstgespräche
- Elterngespräche
- Entwicklungsgespräche
- Kommunikation und Kooperation zwischen Tagespflegeperson und Eltern
- Entwicklung von Empathie für die Situation der Eltern und des Lebensumfeldes des Kindes
- Einführung in die Grenzsteine der Entwicklung als Frühwarnsystem, um Entwicklungsverzögerungen festzustellen, und als eine Grundlage für Gespräche mit Eltern

e) Pädagogische Angebote für Kleinkinder im häuslichen Rahmen
- Wie lernen kleine Kinder?
  Pädagogische Angebote für kleine Kinder auf der Grundlage der Grundsätze elementarer Bildung

f) Ernährung für Säuglinge und Kleinkinder
- Einführung in die Grundlagen gesunder Ernährung,
  Entwicklung von selbstständigem und selbstbestimmtem Essverhalten
- Tipps zur praktischen Umsetzung im Kindertagespflegealltag,
  Hygiene in der Tagespflegestelle

Anlage 2 (zu § 2 Absatz 1)

Grundqualifizierung für Kindertagespflegepersonen (130 Unterrichtsstunden)

Die Grundqualifizierung wird als tätigkeitsbegleitende Maßnahme für Kindertagespflegepersonen angeboten. Im Mittelpunkt der Qualifizierung stehen die Vermittlung von Fachwissen, praxisbezogenen Handlungskompetenzen sowie ein systematischer Erfahrungsaustausch. Die Grundqualifizierung dient der Vertiefung von Kenntnissen und Kompetenzen von Kindertagespflegepersonen, die keine pädagogische Ausbildung besitzen. Die Auswahl der Seminarmethoden soll teilnehmerorientiert sein. Die bisherigen Lernerfahrungen und der Kenntnisstand der Teilnehmerinnen und Teilnehmer sollen angemessen berücksichtigt werden, um den Selbstbildungsprozess und das selbstorganisierte Lernen zu fördern.

Die Dozentinnen und Dozenten müssen in der Lage sein, das Kursangebot entsprechend den oben genannten Erfordernissen und den Inhalten der nachfolgenden Themenkomplexe auszugestalten. Sie müssen mit der Kindertagespflege als Form der Kindertagesbetreuung vertraut sein. Die nachfolgend benannten Themenkomplexe von 16 beziehungsweise 24 Unterrichtsstunden sollen möglichst als zwei- bis dreitägige Blockveranstaltungen oder als ganztägige Seminareinheiten durchgeführt werden. Die Grundqualifizierungskurse sind in der Regel mit 15 Teilnehmerinnen oder Teilnehmern durchzuführen.

Die Kurse schließen mit einem Abschlusskolloquium in Form eines Fachgesprächs ab.

a) Entwicklungspsychologie von Kleinkindern (16 Unterrichtsstunden)
- Überblick über die Phasen kindlicher Entwicklung und deren Besonderheiten vor allem im Kleinkindalter (0 bis 3 Jahre)
- Ich-Entwicklung kleiner Kinder (das Bindungsverhalten, das Trotzalter, die Sauberkeitserziehung, ...)
- Erarbeiten von pädagogischen Handlungsmöglichkeiten, um auf das jeweils entwicklungsbedingte Verhalten der Kinder einzugehen
- Erkennen von entwicklungsfördernden und entwicklungshemmenden Verhaltensweisen Erwachsener sowie sonstiger äußerer Faktoren und ihre Wirkung
- Sensibilisierung für Störungen im Entwicklungsverlauf
- Kennenlernen des Instruments »Grenzsteine der Entwicklung« und Anwendung
- Fallarbeit

b) Pädagogik (16 Unterrichtsstunden)
- Erziehungsziele und -verhalten, das einzelne Kind und die Gruppe
- Unterschiedliche pädagogische Ansätze, zum Beispiel Montessori, Waldorf und andere
- Umgang mit Freiräumen, Regeln und Grenzen
- Gezieltes systematische Beobachten als Handwerkszeug für die pädagogische Arbeit
- Übergänge gestalten
- Profil zeigen: Anforderungen an das pädagogische Konzept einer Kindertagespflegestelle

c) Erziehungspartnerschaft mit Eltern zum Wohle des Kindes (24 Unterrichtsstunden)
- Entwicklung von Empathie für die Situation der Eltern und das Lebensumfeld des Kindes
- Kommunikation und Kooperation zwischen Tagespflegeperson und Eltern
- Abgrenzung gegenüber den Eltern
- Erstgespräche, Elterngespräche, Elternabende, Entwicklungsgespräch
- Umgang mit Konflikten, Fallarbeit

d) Kooperation und Zusammenarbeit (8 Unterrichtsstunden)
- Aufgaben und Angebote des örtlichen Trägers der öffentlichen Jugendhilfe
- Möglichkeiten und Angebote der Vernetzung mit regionalen Einrichtungen und Beratungsstellen
- Kooperation mit anderen Tagespflegepersonen, Arbeitskreisen, Vereinen, Initiativen der Kindertagespflege
- Aufbau eigener Netzwerkstrukturen
- Kooperation mit Kindertagesstätten und Grundschulen
- Fortbildungen für Tagespflegepersonen

e) Pädagogische Angebote, Spielpädagogik (10 Unterrichtsstunden)
- Pädagogische und entwicklungsfördernde Angebote und Möglichkeiten, besonders für Kleinkinder in der häuslichen Umgebung
- Spiel als Methode, Lern- und Gruppenprozesse anzuregen und zu fördern
- Spielzeugauswahl und Raumgestaltung

f) Umgang mit dem Thema Kinderschutz (8 Unterrichtsstunden)
- Kennenlernen der Verfahrenswege und Zuständigkeiten

- Die Aufgaben nach § 8a SGB VIII
- Anzeichen für die Gefährdung des Kindeswohls
- Klärung der eigenen Rolle und Aufgaben – Wer und wo sind meine Ansprechpartner?

g) Förderung von Kleinkindern und der Bildungsauftrag in der Kindertagespflege (8 Unterrichtsstunden)
- Die Bedeutung von Bildungsplänen in der frühen Kindheit
- Grundsätze der elementaren Bildung als Grundlage der Arbeit
- Angebote versus Selbstbildung
- Die Bildungsbereiche und ihre praktische Umsetzung in der Kindertagespflege

h) Die Instrumente der Beobachtung aus den Grundsätzen elementarer Bildung (8 Unterrichtsstunden)
- Selbstbildungsprozesse beobachten und dokumentieren
- Der positive Blick auf das Kind
- Kindzentrierte Instrumente der Beobachtung
- Bildungs- und Lerngeschichten und die Arbeit mit Portfolios als Formen der Dokumentation

i) Selbstreflexion (24 Unterrichtsstunden)
- Analyse der Zusammenhänge von pädagogischem Handeln und eigener Sozialisation
- Umgang mit Respekt – Das Recht der Kinder auf gewaltfreie Erziehung in der Kindertagespflege
- Umgang mit Stress, Strategien für den Alltag, eigene Ressourcen finden und erhalten
- Entwicklung und Definition eigener Erziehungsziele und Überprüfung der pädagogischen Konzeption
- Berufsbezogene Selbsterfahrung und Selbstreflexion
- Entwicklung von Perspektiven und persönlichen Zielen in der Tätigkeit als Tagespflegeperson

j) Kursabschluss und Rückschau (8 Unterrichtsstunden)
- Wo stehe ich, was brauche ich noch?
- Vorbereitung des Abschlusskolloquiums

1 Weiß/Stempinski/Schumann/Keimeleder, DJI-Curriculum »Qualifizierung in der Kindertagespflege«, Kallmeyer 2008 (2. Auflage)

Wegen der Mehrbelastung
verordne ich zum Ausgleich
3 Wochen Extra-Urlaub!

Verordnung zum

Ausgleich der Mehrbelastungen
der Kommunen infolge des erweiterten Rechtsanspruchs
auf Kindertagesbetreuung nach § 24 Absatz 2
des Achten Buches Sozialgesetzbuch

Kita-Mehrbelastungsausgleichsverordnung (Kita-MBAV)

vom 14. September 2016
(GVBl.II/16, [Nr. 43])

Auf Grund des § 25 Absatz 4 des Ersten Gesetzes zur Ausführung des Achten Buches Sozialgesetzbuch – Kinder und Jugendhilfe in der Fassung der Bekanntmachung vom 26. Juni 1997 (GVBl. I S. 87), der durch das Gesetz vom 5. Dezember 2013 (GVBl. I Nr. 43) eingefügt worden ist, und des § 16a Absatz 2 des Kindertagesstättengesetzes in der Fassung der Bekanntmachung vom 27. Juni 2004 (GVBl. I S. 384), der durch das Gesetz vom 27. Juli 2015 (GVBl. I Nr. 21) neu gefasst worden ist, verordnet die Landesregierung:

§ 1 Anwendungsbereich

Diese Verordnung regelt den Ausgleich der Mehrbelastungen, die bei den Kommunen infolge der Erweiterung des Rechtsanspruchs auf Kindertagesbetreuung von Kindern nach vollendetem ersten bis zur Vollendung des dritten Lebensjahres zum 1. August 2013 gemäß § 24 Absatz 2 des Achten Buches Sozialgesetzbuch in der am 1. August 2013 geltenden Fassung in Verbindung mit § 1 Absatz 2 des Kindertagesstättengesetzes in der Fassung der Bekanntmachung vom 27. Juni 2004 (GVBl. I S. 384), das zuletzt durch das Gesetz vom 27. Juli 2015 (GVBl. I Nr. 21) geändert worden ist, entstehen und durch das Land auszugleichen sind (auszugleichende Plätze) sowie das Verfahren, in welcher Weise der Ausgleich erfolgt.

§ 2 Grundlagen des Ausgleichsbetrags

Der Ausgleichsbetrag jedes örtlichen Trägers der öffentlichen Jugendhilfe wird berechnet auf Grundlage der Zahl der auszugleichenden Plätze sowie der Kosten eines Platzes für Kinder bis zum vollendeten dritten Lebensjahr im zeitlichen Mindestrechtsanspruch gemäß § 1 Absatz 2 des Kindertagesstättengesetzes in Verbindung mit § 1 Absatz 3 Satz 1 des Kindertagesstättengesetzes.

§ 3 Bemessung der Ausgleichsquoten und der auszugleichenden Plätze

(1) [1]Zur Ermittlung der Zahl der auszugleichenden Plätze wird die Differenz der Zahl der belegten Plätze vor und nach Erweiterung des Rechtsanspruchs nach § 1 für Kinder bis zum vollendeten dritten Lebensjahr im zeitlichen Mindestrechtsanspruch gemäß § 1 Absatz 2 des Kindertagesstättengesetzes in Verbindung mit § 1 Absatz 3 Satz 1 des Kindertagesstättengesetzes gebildet. [2]In der Kindertagespflege belegte Plätze werden dabei mit dem Faktor 0,65 gewichtet. [3]Maßgeblich ist jeweils das Mittel der Zahl der belegten Plätze für das Jahr vor

der Erweiterung des Rechtsanspruchs nach § 1 an den Stichtagen 1. September 2012, 1. Dezember 2012, 1. März 2013 sowie 1. Juni 2013 und für das Jahr nach der Erweiterung des Rechtsanspruchs nach § 1 an den Stichtagen 1. September 2013, 1. Dezember 2013, 1. März 2014 sowie 1. Juni 2014.

(2) [1]Die Differenz der Zahl der belegten Plätze nach Absatz 1 wird zum Mittel der Zahl aller belegten Plätze für Kinder bis zum vollendeten dritten Lebensjahr im zeitlichen Mindestrechtsanspruch an den vier in Absatz 1 Satz 3 genannten Stichtagen nach der Erweiterung des Rechtsanspruchs ins Verhältnis gesetzt (Ausgleichsquote auf Landesebene). [2]Die so ermittelte Quote beträgt 25 Prozent. [3]Die Ausgleichsquote des örtlichen Trägers der öffentlichen Jugendhilfe entspricht dem Produkt aus der Ausgleichsquote auf Landesebene und dem Quotienten aus der Frauenerwerbsquote auf Landesebene und der Frauenerwerbsquote des jeweiligen örtlichen Trägers der öffentlichen Jugendhilfe. [4]Maßgeblich für die Frauenerwerbsquoten sind die jeweils aktuellsten durch das Amt für Statistik Berlin-Brandenburg veröffentlichten Daten.

(3) [1]Das Produkt aus der Ausgleichsquote des örtlichen Trägers der öffentlichen Jugendhilfe und der gewichteten Zahl der durch Kinder bis zum vollendeten dritten Lebensjahr im zeitlichen Mindestrechtsanspruch belegten Plätze des jeweils vorangegangenen Jahres (Basisplätze) ergibt die Zahl der auszugleichenden Plätze des Ausgleichsjahres. [2]Die maßgeblichen Stichtage für die Ermittlung der Zahl der Basisplätze sind der 1. Dezember des Vorjahres, der 1. März, der 1. Juni und der 1. September des jeweiligen Jahres.

(4) Die Ausgleichsquoten können auf Verlangen eines örtlichen Trägers der öffentlichen Jugendhilfe oder des Landes erstmals im Jahr 2018 und danach alle drei Jahre daraufhin überprüft werden, ob die sozialräumliche und sozialstrukturelle Situation der Familien mit Kindern der betreffenden Altersgruppe die Annahme begründet, dass die Ausgleichsquoten verändert werden müssen. Der Umfang der Berücksichtigung der Kindertagespflege kann auf Verlangen eines örtlichen Trägers der öffentlichen Jugendhilfe oder des Landes erstmals im Jahr 2018 und danach alle drei Jahre daraufhin überprüft werden, ob er die aktuelle Kostenrelation abbildet.

§ 4 Bemessung der Platzkosten

(1) Die Platzkosten werden bemessen auf der Grundlage der Kosten des pädagogischen Personals unter Berücksichtigung eines Anteils für zusätzlich erforderliche Leitungskräfte, eines zusätzlichen Anteils für die übrigen Platzkosten (Bewirtschaftungskosten) und der erhobenen Elternbeiträge.

(2) [1]Zur Ermittlung der Kosten für das notwendige pädagogische Personal werden die Personalkosten einer Fachkraftstelle gemäß § 5 Absatz 3 Satz 1 und 2 der Kindertagesstätten-Betriebskosten- und Nachweisverordnung mit dem Personalschlüssel gemäß § 10 Absatz 1 Satz 2 und 3 des Kindertagesstättengesetzes in der am 30. September 2010 geltenden Fassung von 0,8 Stellen für je sieben Kinder multipliziert. [2]Zum Ausgleich der Kosten der zusätzlichen Stellen für Leitungskräfte gemäß § 5 der Kita-Personalverordnung wird das Produkt nach Satz 1 um 3 Prozent erhöht.

(3) [1]Zum Ausgleich der Bewirtschaftungskosten nach Absatz 1 wird der Betrag für die Personalkosten nach Absatz 2 um eine Bewirtschaftungskostenpauschale von 36 Prozent erhöht. [2]Von dem sich ergebenden Betrag werden 16 Prozent zur Berücksichtigung der Einnahmen aus Elternbeiträgen in Abzug gebracht.

(4) [1]Höhere Platzkosten können von der Obersten Landesjugendbehörde anerkannt und ausgeglichen werden, wenn eine kreisangehörige Gemeinde dies innerhalb von drei Monaten nach Bekanntgabe der ermittelten Platzkosten im Leistungsbescheid unter Beifügung entsprechender Belege beantragt. [2]Für den Nachweis höherer Platzkosten und ihrer Erforderlichkeit kann die Oberste Landesjugendbehörde verbindliche Vorgaben machen.

(5) Die Ermittlung der Platzkosten kann auf Verlangen eines örtlichen Trägers der öffentlichen Jugendhilfe oder des Landes erstmals im Jahr 2018 und danach alle drei Jahre daraufhin überprüft werden, ob die in Absatz 1 bis 3 bestimmten Parameter die aktuelle Platzkostensituation abbilden.

§ 5 Ausgleichsbetrag

(1) Zur Ermittlung des Ausgleichsbetrags eines örtlichen Trägers der öffentlichen Jugendhilfe wird die gemäß § 3 Absatz 3 ermittelte Zahl der auszugleichenden Plätze in seinem Zuständigkeitsbereich multipliziert mit den gemäß § 4 ermittelten Platzkosten.

(2) Für die Monate August bis Dezember des Jahres 2013 werden fünf Zwölftel des Ausgleichsbetrags für das Jahr 2014 angesetzt.

(3) Die Auszahlung der Ausgleichsbeträge an die örtlichen Träger der öffentlichen Jugendhilfe durch das Land erfolgt grundsätzlich gemeinsam mit der Auszahlung der Landeszuschüsse gemäß § 16 Absatz 6 und § 16a Absatz 1 des Kindertagesstättengesetzes zu den in § 5 Absatz 1 Satz 2 der Kindertagesstätten-Betriebskosten- und Nachweisverordnung genannten Terminen.

§ 6 Verteilung des Ausgleichsbetrags in Landkreisen

(1) [1]Von dem Ausgleichsbetrag gemäß § 5 Absatz 1 steht dem Landkreis als örtlichem Träger der öffentlichen Jugendhilfe ein Anteil zum Ausgleich seiner Finanzierung gemäß § 16 Absatz 2 Satz 1 bis 4 des Kindertagesstättengesetzes zu. [2]Sein Anteil an den Platzkosten gemäß § 4 entspricht seinem Zuschussbetrag für ein betreutes Kind bis zum vollendeten dritten Lebensjahr im zeitlichen Mindestrechtsanspruch gemäß § 16 Absatz 2 Satz 2 des Kindertagesstättengesetzes in Verbindung mit § 3 der Kindertagesstätten-Betriebskosten- und Nachweisverordnung. [3]Dabei sind eine Personalausstattung für den Platz von 0,8 Stellen einer pädagogischen Fachkraft für jeweils sieben Kinder und ein Zuschusssatz von 84 Prozent der Kosten des hierfür notwendigen pädagogischen Personals anzusetzen. [4]Zusätzlich steht dem örtlichen Träger der öffentlichen Jugendhilfe ein Ausgleich für geleistete Zahlungen gemäß § 16 Absatz 4 des Kindertagesstättengesetzes an Tagespflegepersonen zu.

(2) [1]Der Ausgleichsbetrag für jede kreisangehörige Gemeinde ergibt sich, indem von den ermittelten Platzkosten gemäß § 4 der Eigenanteil des örtlichen Trägers der öffentlichen Jugendhilfe pro Platz gemäß Absatz 1 Satz 1 bis 3 subtrahiert und die Differenz mit der Zahl der auszugleichenden Plätze der Gemeinde multipliziert wird. [2]Die auszugleichenden Plätze ergeben sich aus dem Produkt der jeweiligen Ausgleichsquote gemäß § 3 Absatz 2 und der durch Kinder bis zum vollendeten dritten Lebensjahr im zeitlichen Mindestrechtsanspruch belegten Plätze in Kindertagesstätten, für die Zuschüsse gemäß § 16 Absatz 3 oder Absatz 5 des Kindertagesstättengesetzes gezahlt werden und kein Kostenausgleich gemäß § 16 Absatz 5 des Kindertagesstättengesetzes erfolgt. [3]Die Zahlung an die kreisangehörigen Gemeinden erfolgt zu den in § 3 Absatz 5 der Kindertagesstätten-Betriebskosten- und Nachweisverordnung bestimmten Terminen.

(3) Soweit abweichende Vereinbarungen zwischen dem Landkreis und kreisangehörigen Gemeinden und Ämtern über die Finanzierung gemäß § 12 Absatz 1 Satz 3 des Kindertagesstättengesetzes in Verbindung mit § 3 Absatz 8 der Kindertagesstätten-Betriebskosten- und Nachweisverordnung oder gemäß § 3 Absatz 7 der Kindertagesstätten-Betriebskosten- und Nachweisverordnung getroffen wurden, sind die Bestimmungen der Absätze 1 und 2 sinngemäß anzuwenden.

(4) [1]Zum Ausgleich des Verwaltungsaufwands für die Aufteilung und Zahlung des Ausgleichs an die Gemeinden erhalten die Landkreise einen Kostenausgleich. [2]Die Höhe des Ausgleichs ergibt sich aus dem Aufwand zur Ermittlung und Aus-

zahlung der Beträge, die gemäß Absatz 2 an die kreisangehörigen Gemeinden auszureichen sind. [3]Für den Aufwand werden ab dem Jahr 2016 jährlich 100 Arbeitsstunden einer Kraft im gehobenen nichttechnischen Verwaltungsdienst der Entgeltgruppe E 9 des Tarifvertrags für den öffentlichen Dienst (TVöD) im Bereich der Vereinigung der kommunalen Arbeitgeberverbände (VKA) und ein zusätzlicher Gemeinkostenanteil von 20 Prozent angesetzt. [4]Die Mittel werden mit den Zahlungen nach § 5 Absatz 3 durch das Land ausgereicht. [5]Kosten, die trotz ordnungsgemäßer Anwendung der Verordnung durch Klageverfahren gegen die Verteilung des Ausgleichsbetrags in Landkreisen entstehen sowie verwaltungsgerichtlich anerkannte höhere Ausgleichsbeträge für Gemeinden, werden vom Land ausgeglichen.

§ 7 Übergangsvorschriften

(1) Die Platzkosten für die Jahre 2013 und 2014 betragen 6 430 Euro; für das Jahr 2015 betragen sie 6 592 Euro.

(2) Zum Ausgleich des Verwaltungsaufwands, der bei den Landkreisen für die Weiterreichung der Platzkostenanteile an die kreisangehörigen Gemeinden für die Jahre 2013 bis 2015 entsteht, werden mit der ersten Auszahlung gemäß § 5 Absatz 3 einmalig 100 Arbeitsstunden und der Gemeinkostenanteil von 20 Prozent ausgeglichen.

(3) Die Auszahlung der Ausgleichsbeträge für die Jahre 2013, 2014, 2015 und die bereits in der Vergangenheit liegenden Quartale des Jahres 2016 erfolgt zum 15. September 2016.

§ 8 Inkrafttreten

Diese Verordnung tritt am Tag nach der Verkündung in Kraft.

Potsdam, den 14. September 2016
Die Landesregierung des Landes Brandenburg

Der Ministerpräsident
Dr. Dietmar Woidke

Der Minister für Bildung, Jugend und Sport
Günter Baaske

PASST!
KOMMUNE
BÄRENTAL
LANDES
ZU
SCHUSS

Verordnung über die

Anpassung der Landeszuschüsse
nach § 16 Absatz 6 des Kindertagesstättengesetzes

Landeszuschussanpassungsverordnung (LAZAV)

vom 3. November 2015
(GVBl. II/15, [Nr. 55])

Auf Grund des § 23 Absatz 1 Nummer 4 des Kindertagesstättengesetzes in der Fassung der Bekanntmachung vom 27. Juni 2004 (GVBl. I S. 384) verordnet der Minister für Bildung, Jugend und Sport im Einvernehmen mit dem Ausschuss für Bildung, Jugend und Sport des Landes Brandenburg, mit dem Minister der Finanzen und dem Minister des Inneren und für Kommunales:

§ 1 Grundsätze der Berechnung

[1]Die Landeszuschüsse gemäß § 16 Absatz 6 Satz 2 und 4 des Kindertagesstättengesetzes für eine zweijährige Zuschussperiode – beginnend mit der Zuschussperiode 2015 und 2016 – werden ermittelt, indem die Landeszuschüsse der vorangegangenen zweijährigen Zuschussperiode mit den Anpassungsfaktoren multipliziert werden, die sich aus den §§ 2, 3 und 4 ergeben. [2]Ausgangspunkt für die Anpassungen sind die Zuschüsse des Landes im Jahr 2014 in Höhe von 174 165 000 Euro zur Finanzierung der Kindertagesbetreuung und die zusätzlichen zweckgebundenen 5 243 000 Euro zum Ausgleich der Aufgaben gemäß § 1 Absatz 2 Satz 3 und § 3 Absatz 1 Satz 6 und 7 des Kindertagesstättengesetzes.

§ 2 Anpassungsfaktor »Kinderzahlentwicklung«

(1) Der Anpassungsfaktor »Kinderzahlentwicklung« für die Landeszuschüsse einer Zuschussperiode nach § 16 Absatz 6 Satz 2 des Kindertagesstättengesetzes entspricht dem Verhältnis der Anzahl der Kinder im Alter bis zur Vollendung des zwölften Lebensjahres im ersten Jahr der vorangegangenen Zuschussperiode zu der Anzahl im ersten Jahr der davor liegenden Zuschussperiode.
(2) [1]Maßgeblich sind die jeweiligen Kinderzahlen der amtlichen Statistik des Amtes für Statistik Berlin-Brandenburg zum Stichtag 31. Dezember. [2]Liegen zum Zeitpunkt der Ermittlung der Landeszuschüsse lediglich vorläufige Zahlen der amtlichen Statistik des Amtes für Statistik Berlin-Brandenburg für die relevanten Stichtage vor, sind diese maßgeblich.

§ 3 Anpassungsfaktor »Personalkostenentwicklung«

Der Anpassungsfaktor »Personalkostenentwicklung« für die Landeszuschüsse einer Zuschussperiode ergibt sich aus der Multiplikation der jährlichen prozentualen Tarifänderung nach dem Tarifvertrag für den Öffentlichen Dienst (Bund und Kommunen) für die Tarifstelle gemäß § 5 Absatz 3 Satz 1 der Kindertagesstätten-Betriebskosten- und Nachweisverordnung für das erste Jahr der vorangegangenen Zuschussperiode und für das Jahr davor.

§ 4 Anpassungsfaktor »Umfang des Tagesbetreuungsangebotes«

(1) [1]Der Anpassungsfaktor »Umfang des Tagesbetreuungsangebotes« für eine Zuschussperiode wird aus der Betreuungsquote als Maß der relativen Inanspruchnahme und dem Differenzierungsgrad als Maß des Zeitumfangs der Platzbelegung gebildet. [2]Er basiert auf dem Verhältnis der Betreuungsquote im ersten Jahr der vorangegangenen Zuschussperiode zur Betreuungsquote im ersten Jahr der davor liegenden Zuschussperiode sowie dem Verhältnis der Differenzierungsgrade in den entsprechenden Jahren. [3]Der Durchschnitt beider Verhältnisse bildet den Anpassungsfaktor »Umfang des Tagesbetreuungsangebotes«. [4]Maßgeblich sind die der obersten Landesjugendbehörde gemäß Kindertagesstätten-Betriebskosten- und Nachweisverordnung gemeldeten belegten Plätze im Jahresmittel sowie die jeweiligen Kinderzahlen der amtlichen Statistik des Amtes für Statistik Berlin-Brandenburg.

(2) Die Betreuungsquote des jeweiligen Jahres entspricht dem Verhältnis der Anzahl der belegten Plätze in der Kindertagesbetreuung zur Anzahl der Kinder im Alter bis zur Vollendung des zwölften Lebensjahres der amtlichen Statistik des Amtes für Statistik Berlin-Brandenburg zum Stichtag 31. Dezember des Vorjahres.

(3) [1]Der Differenzierungsgrad des jeweiligen Jahres ergibt sich aus dem Personalbedarf der tatsächlich belegten Plätze in Kindertagesstätten im Jahresmittel im Verhältnis zu dem Personalbedarf, der sich ergäbe, wenn für alle belegten Plätze verlängerte Betreuungszeiten gewährt würden. [2]Der jeweilige Personalbedarf bemisst sich nach § 10 Absatz 1 des Kindertagesstättengesetzes.

§ 5 Veröffentlichung der Ergebnisse der Berechnung

Das für Jugend zuständige Mitglied der Landesregierung veröffentlicht im Amtsblatt des Ministeriums für Bildung, Jugend und Sport

(1) für jede Zuschussperiode die Anpassungsfaktoren gemäß den §§ 2, 3 und 4 und die Höhe der Landeszuschüsse und

(2) für jedes Jahr die Verteilung des Zuschusses an die Landkreise gemäß § 16 Absatz 6 Satz 4 des Kindertagesstättengesetzes.

§ 6 Inkrafttreten

Diese Verordnung tritt mit Wirkung vom 1. Januar 2015 in Kraft.

Potsdam, den 3. November 2015

Der Minister für Bildung, Jugend und Sport

Günter Baaske

Papa, sag mal:
"Sprachfest Förder Verordnung"!

Sprafi ... Spraz ...
Fröz ... Spaufraz ...
Sprfzgrz ...

Ab in die KISTE!

Erste Verordnung zur

Änderung der Verordnung
zur Durchführung der Sprachstandsfeststellung
und kompensatorischen Sprachförderung

SprachfestFörderverordnung
(SfFV)

Vom 3. August 2009
zuletzt geändert durch Verordnung
vom 27. Juli 2018
(GVBl. II/18, [Nr. 49])

Auf Grund des § 37 Absatz 2 des Brandenburgischen Schulgesetzes in der Fassung der Bekanntmachung vom 2. August 2002 (GVBl. I S. 78), der durch Artikel 1 Nr. 28 Buchstabe b des Gesetzes vom 8. Januar 2007 (GVBl. I S. 2, 10) geändert worden ist, verordnet der Minister für Bildung, Jugend und Sport:

§ 1 Geltungsbereich

Diese Verordnung gilt für das Verfahren der Sprachstandsfeststellung und der kompensatorischen Sprachförderung im Jahr vor der Einschulung.

§ 2 Grundsatz zur Zusammenarbeit

Das Verfahren zur Sprachstandsfeststellung und kompensatorischen Sprachförderung für die Kinder, die sich im Jahr vor der Einschulung befinden, erfolgt auf der Grundlage einer engen Kooperation zwischen der Kindertagesstätte und den für ihre Kinder nach Schulbezirkssatzung zuständigen Schulen sowie dem staatlichen Schulamt.

§ 3 Teilnahmeverpflichtung

(1) Kinder, die für das folgende Schuljahr in der Schule anzumelden sind und deren Wohnung oder gewöhnlicher Aufenthaltsort sich bis zum 31. Oktober im Jahr vor der Einschulung im Land Brandenburg befindet, sind verpflichtet, an dem Verfahren zur Sprachstandsfeststellung teilzunehmen. Die Sprachstandsfeststellung findet im Jahr vor der Einschulung statt. Bei festgestelltem Sprachförderbedarf besteht die Pflicht, an einer geeigneten Sprachförderung in einer Kindertagesstätte teilzunehmen.

(2) Kinder, die im Jahr vor der Einschulung über den 31. Oktober hinaus eine Kindertagesstätte außerhalb des Landes Brandenburg besuchen, sind vom Verfahren der Sprachstandsfeststellung und kompensatorischen Sprachförderung befreit. Ihnen kann die Teilnahme an der Sprachstandsfeststellung sowie die mögliche Teilnahme an der Sprachförderung von der Kindertagesstätte im Einzelfall gestattet werden. Bei Teilnahme an der Sprachstandsfeststellung besteht die Verpflichtung, an der Sprachförderung teilzunehmen, wenn ein Sprachförderbedarf festgestellt wurde.

(3) Kinder, die sich in sprachtherapeutischer Behandlung befinden, und Kinder, bei denen aufgrund der Art und Schwere ihrer Behinderung eine Sprachförde-

rung gemäß § 5 nicht durchgeführt werden kann, werden von der Verpflichtung zur Teilnahme gemäß Absatz 1 befreit.

(4) Die Teilnahme an der Sprachstandsfeststellung und der Sprachförderung begründet kein zusätzliches oder sonst selbstständiges Betreuungsverhältnis mit einer Kindertagesstätte. Die Aufsicht gemäß § 5 Absatz 5 bleibt unberührt.

§ 4 Sprachstandsfeststellung

(1) Zeitpunkt und Ort des Verfahrens zur Sprachstandsfeststellung werden von dem Schulträger öffentlich bekannt gemacht.

(2) Die Sprachstandsfeststellung erfolgt mit dem »Kindersprachtest für das Vorschulalter – KISTE« oder einem anderen vom für Schule zuständigen Ministerium anerkannten Sprachtest. Die Kindertagesstätten teilen den Eltern die Ergebnisse des Sprachtests mit.

(3) Für Kinder, bei denen die pädagogischen Fachkräfte der Kindertagesstätte durch allgemeine Entwicklungsbeobachtungen oder mit Hilfe systematischer Verfahren keine Hinweise auf Sprachförderbedarfe festgestellt und dokumentiert haben, besteht keine Verpflichtung zur Teilnahme an der Sprachstandsfeststellung mit einem Sprachtest.

(4) Eltern, deren Kinder sich am Verfahren zur Sprachstandsfeststellung beteiligt haben, erhalten eine Teilnahmebestätigung. Die Teilnahmebestätigung ist bei der Anmeldung gemäß § 4 Absatz 1 Grundschulverordnung in der zuständigen Schule vorzulegen.

(5) Die Schulen erheben auf der Basis der Teilnahmebestätigungen im Anmeldezeitraum, wie viele Kinder am Verfahren zur Sprachstandsfeststellung teilgenommen haben, bei wie vielen Kindern der Sprachtest angewandt und bei wie vielen Kindern ein Sprachförderbedarf festgestellt wurde.

§ 5 Sprachförderkurse

(1) An einem Sprachförderkurs müssen alle Kinder teilnehmen, die bei der Sprachstandsfeststellung mit dem »Kindersprachtest für das Vorschulalter – KISTE« in mindestens einer der Testskalen Wortschatz (WO), Erkennen semantischer und grammatikalischer Inkonsistenzen (IKO) oder Satzbildung (SB) den C-Wert von 4 nicht erreicht haben. Sofern durch das für Schule zuständige Ministerium ein anderer Sprachtest anerkannt wurde, werden die für die Bestimmung des Förderbedarfs relevanten Grenzwerte im Anerkennungsbescheid bestimmt.

(2) Die Kindertagesstätten teilen dem zuständigen staatlichen Schulamt die Kinder mit einem festgestellten Sprachförderbedarf mit. Das staatliche Schulamt fordert die Eltern der Kinder mit einem festgestellten Sprachförderbedarf auf, für die Teilnahme an einer geeigneten Sprachförderung zu sorgen. Die Eltern sind verpflichtet, die Teilnahme ihres Kindes an der Sprachförderung zu gewährleisten.

(3) Abweichend von Absatz 2 werden Kinder mit festgestelltem Sprachförderbedarf dem staatlichen Schulamt nicht mitgeteilt, wenn deren Eltern verbindlich erklären, dass ihr Kind an der Sprachförderung teilnimmt (Anlage).

(4) Die Sprachförderung muss sich auf den festgestellten Sprachförderbedarf beziehen. Sie erfolgt durch dafür besonders qualifizierte Fachkräfte und findet in der Regel in Kleingruppen oder durch besondere Angebote im Alltag der Kindertagesstätte statt. Der Förderzeitraum soll mindestens zwölf Wochen umfassen. Für Kinder, die nicht in einem Betreuungsverhältnis zur Kindertagesstätte stehen, werden die Förderzeiten in der Anlage ausgewiesen.

(5) Die Organisation und Durchführung der Sprachförderung sowie die Beaufsichtigung der Kinder in dieser Zeit erfolgt durch die Kindertagesstätten. Über Freistellungen von der Teilnahme an der Sprachförderung entscheiden die Kindertagesstätten unter der Voraussetzung, dass der Erfolg der Sprachförderung nicht gefährdet wird.

(6) In Absprache mit den behandelnden Fachkräften kann Kindern, die sich in sprachtherapeutischer Behandlung befinden, die Teilnahme an der Sprachförderung ermöglicht werden.

(7) Kommen Eltern ihrer Verpflichtung zur Sicherstellung der Teilnahme ihres Kindes an der Sprachförderung nicht nach, unterrichtet die Kindertagesstätte unverzüglich das regional zuständige staatliche Schulamt.

(8) Werden dem zuständigen staatlichen Schulamt Kinder gemeldet, deren Teilnahme an der Sprachförderung ganz oder teilweise nicht ordnungsgemäß erfolgt, fordert das zuständige staatliche Schulamt durch Bescheid und mit der Anordnung der sofortigen Vollziehung die Eltern unverzüglich auf, die ordnungsgemäße Teilnahme an der Sprachförderung zu gewährleisten. Gleichfalls wird in diesem Zusammenhang im Bescheid auf die Möglichkeit der Beratung durch die Kindertagesstätte oder zuständige Schule verwiesen. Erfolgt auch nach der Aufforderung durch Bescheid keine ordnungsgemäße Teilnahme, leitet das staatliche Schulamt Maßnahmen gemäß § 41 Absatz 3 und § 42 des Brandenburgischen Schulgesetzes ein.

§ 6 Verfahren bei der Anmeldung in der Schule

Stellt die Schule bei der Anmeldung fest, dass Kinder nicht an einer Sprachstandsfeststellung teilgenommen haben und nicht von der Verpflichtung zur Teilnahme gemäß § 3 Absatz 3 befreit waren, fordert die Schule unverzüglich die Eltern auf, ihrer Verpflichtung gemäß § 3 Absatz 1 und § 5 Absatz 2 zur Teilnahme an der jeweiligen Maßnahme nachzukommen. Die Eltern sind verpflichtet der Schule eine Teilnahmebestätigung entsprechend § 4 Absatz 4 für die Sprachstandsfeststellung vorzulegen. Im Übrigen gilt § 5 Absatz 7 und 8 entsprechend.

§ 7 Inkrafttreten

Diese Verordnung tritt mit Wirkung vom 1. August 2009 in Kraft.

Potsdam, den 3. August 2009

Der Minister für Bildung, Jugend und Sport

Holger Rupprecht

Anlage

Erklärung zur Teilnahme an der Sprachförderung nach § 5 Absatz 3 der SprachfestFörderverordnung in Verbindung mit § 37 Absatz 2 des Brandenburgischen Schulgesetzes

(Bei festgestelltem Sprachförderbedarf wird diese Erklärung von den Eltern unterschrieben und verbleibt in der Kindertagesstätte.)

Kindertagesstätte ....

Straße/PLZ ....

Ansprechpartner/in ....

Im Rahmen der Sprachstandsfeststellung im Jahr vor der Einschulung wurde bei meinem Kind (Vorname/Nachname) ....
ein Sprachförderbedarf festgestellt. Um seine Sprachentwicklung gezielt zu unterstützen und seine Startchancen bei der Einschulung zu verbessern, nimmt mein Kind im Zeitraum vom .... bis .... an der Sprachförderung in der Regel in einer Kleingruppe oder durch besondere Angebote im Alltag der Kindertagesstätte teil.

Für Kinder, die nicht in einem Betreuungsverhältnis zur Kindertagesstätte stehen, findet die Förderung an den Wochentagen .... von .... Uhr bis .... Uhr statt.

Mir ist bekannt, dass bei unentschuldigtem Fehlen das zuständige staatliche Schulamt informiert wird und gegebenenfalls weitere Schritte einleitet.

....

Datum/Unterschrift Personensorgeberechtigte/r

Auszüge aus dem Brandenburgischen Schulgesetz (BbgSchulG)

§ 37 BbgSchulG
Beginn der Schulpflicht

(1) Vor Beginn der Schulpflicht besteht für alle Kinder die Pflicht, an einer schulärztlichen Untersuchung durch die Gesundheitsämter und zum Beginn des der Einschulung vorhergehenden Schuljahres an einer Sprachstandsfeststellung teilzunehmen. Kinder und junge Menschen, deren erstmaliger Schulbesuch in einer anderen als der ersten Jahrgangsstufe erfolgen soll, sind nur dann verpflichtet, an einer schulärztlichen Untersuchung und einer Sprachstandsfeststellung teilzunehmen, wenn sie noch keine Schule in öffentlicher oder freier Trägerschaft in der Bundesrepublik Deutschland besucht haben.

(2) Kinder, bei denen aufgrund nicht hinreichender Kenntnisse der deutschen Sprache zu erwarten ist, dass sie dem Anfangsunterricht nicht folgen können, werden durch das staatliche Schulamt verpflichtet, an geeigneten Sprachförderkursen teilzunehmen. Das für Schule zuständige Mitglied der Landesregierung wird ermächtigt, das Nähere zur Einführung der Sprachstandsfeststellungen und Sprachförderkurse, zur Teilnahmepflicht, zum Verfahren, zur Anerkennung von Sprachstandsfeststellungen und Sprachförderkursen sowie zum Inhalt und Umfang der Sprachförderkurse durch Rechtsverordnung zu regeln.

§ 41 BbgSchulG
Verantwortung für die Einhaltung und Durchsetzung der Schulpflicht

(1) ... Die Eltern müssen ferner dafür sorgen, dass ihr Kind der Verpflichtung zur Teilnahme an einer Sprachstandsfeststellung und einem Sprachförderkurs nachkommt.

Dies ist die Einführung eines Sockels für die Wahrnehmung pädagogischer Leitungsaufgaben! Garantiert rutschfest und trittsicher!!

Verordnung zum

Ausgleich der Mehrbelastungen
der Träger von Kindertagesstätten und
der örtlichen Träger der öffentlichen Jugendhilfe
infolge der Einführung eines Sockels für die Wahrnehmung
pädagogischer Leitungsaufgaben in Kindertagesstätten

Kita-Leitungsausgleichsverordnung (KitaLAV)

Vom 30. Oktober 2017
(GVBl.II/17, [Nr. 57])

Auf Grund des § 23 Absatz 1 Nummer 9 des Kindertagesstättengesetzes in der Fassung der Bekanntmachung vom 27. Juni 2004 (GVBl. I S. 384), der durch Artikel 1 des Gesetzes vom 10. Juli 2017 (GVBl. I Nr. 17) eingefügt worden ist, verordnet die Ministerin für Bildung, Jugend und Sport im Einvernehmen mit dem Ausschuss für Bildung, Jugend und Sport des Landtags Brandenburg, mit dem Minister der Finanzen und dem Minister des Innern und für Kommunales:

§ 1 Anwendungsbereich

Diese Verordnung regelt den Ausgleich der Mehrbelastungen, die bei den Trägern von Kindertagesstätten und den örtlichen Trägern der öffentlichen Jugendhilfe infolge der Zumessung eines Sockels für die Wahrnehmung pädagogischer Leitungsaufgaben aufgrund von § 5 Absatz 2 Satz 1 der Kita-Personalverordnung entstehen, sowie das Ausgleichsverfahren.

§ 2 Kostenausgleich

(1) Die örtlichen Träger der öffentlichen Jugendhilfe gleichen die Kosten aus, die in ihrem Gebiet den Trägern von Kindertagesstätten für die Bereitstellung eines Sockels für die Wahrnehmung pädagogischer Leitungsaufgaben aufgrund von § 5 Absatz 2 Satz 1 der Kita-Personalverordnung entstehen.

(2) Das Land gewährt den örtlichen Trägern der öffentlichen Jugendhilfe die erforderlichen Mittel zum Ausgleich der nach Absatz 1 entstehenden Kosten. Der Ausgleichsbetrag jedes örtlichen Trägers der öffentlichen Jugendhilfe wird auf der Grundlage der Anzahl der Kindertagesstätten in seinem Zuständigkeitsbereich, des Stellenanteils des Sockels für pädagogische Leitungsaufgaben gemäß § 5 Absatz 2 Satz 1 der Kita-Personalverordnung und der erforderlichen Personalkosten für eine Leitungskraft ermittelt. Dazu wird die aus der Anzahl der Kindertagesstätten und dem Stellenumfang des Sockels für pädagogische Leitungsaufgaben ermittelte Anzahl an Leitungsstellen mit den erforderlichen Personalkosten der Leitungsstellen multipliziert.

(3) Für die Ermittlung des Ausgleichsbetrags ist die Anzahl der am 1. Januar des jeweiligen Jahres erfassten Kindertagesstätten mit einer Betriebserlaubnis maßgeblich.

§ 3 Erstattungsfähige Personalkosten

(1) Die den Trägern der Kindertagesstätten durch die Träger der öffentlichen

Jugendhilfe zu gewährenden Ausgleichsbeträge richten sich nach den anteiligen unmittelbar entgeltbezogenen Aufwendungen des Arbeitgebers für eine Leitungskraft der fünften Entwicklungsstufe des zutreffenden Tätigkeitsmerkmals der Entgeltordnung für den Sozial- und Erziehungsdienst des Tarifvertrags für den öffentlichen Dienst (Kommunen) einschließlich aller vom Arbeitgeber zu tragenden Entgeltbestandteile und Nebenkosten. Maßgeblich für die jährliche Ermittlung des zutreffenden Tätigkeitsmerkmals nach Satz 1 ist das Jahresmittel der belegten Plätze der jeweiligen Kindertagesstätte im Vorjahr, ausgehend von den Stichtagen nach § 3 Absatz 1 und 4 oder Absatz 7 der Kindertagesstätten-Betriebskosten- und Nachweisverordnung. Die der Anzahl der belegten Plätze entsprechenden Ausgleichsbeträge werden im Amtsblatt des Ministeriums für Bildung, Jugend und Sport veröffentlicht.

(2) Für die Bemessung der den örtlichen Trägern der öffentlichen Jugendhilfe vom Land zu gewährenden Ausgleichsbeträge sind die unmittelbar entgeltbezogenen Aufwendungen des Arbeitgebers für eine Leitungskraft der fünften Entwicklungsstufe des Tätigkeitsmerkmals S15 der Entgeltordnung für den Sozial- und Erziehungsdienst des Tarifvertrags für den öffentlichen Dienst (Kommunen) einschließlich aller vom Arbeitgeber zu tragenden Entgeltbestandteile und Nebenkosten maßgeblich. Dabei werden die am 1. November des Vorjahres geltenden Tarifstände sowie die zu diesem Zeitpunkt für dieses Kalenderjahr feststehenden Tarifänderungen berücksichtigt. Für das Jahr 2017 gelten die am 1. Oktober 2017 feststehenden Daten.

(3) Die oberste Landesjugendbehörde erstattet den örtlichen Trägern der öffentlichen Jugendhilfe auf Antrag nachgewiesene höhere Personalkosten. Der Antrag ist innerhalb von drei Monaten nach Bekanntgabe des Leistungsbescheids der obersten Landesjugendbehörde gemäß § 5 zu stellen. Mit dem Antrag sind die in dem Zuständigkeitsbereich des jeweiligen örtlichen Trägers der öffentlichen Jugendhilfe für die Leitungskräfte der Kindertagesstätten geltenden Vergütungsregelungen, die Kindertagesstätten, in denen die Vergütungsregelungen jeweils zum Tragen kommen, sowie die Anzahl der im Jahresmittel des Vorjahres in den einzelnen Kindertagesstätten belegten Plätze nachzuweisen. Verspätet eingehende Anträge und Nachweise können berücksichtigt werden, wenn dem örtlichen Träger der öffentlichen Jugendhilfe Wiedereinsetzung in den vorigen Stand zu gewähren ist. Für den Nachweis höherer Personalkosten kann die oberste Landesjugendbehörde verbindliche Vorgaben machen; sie kann ein elektronisches Antrags- und Nachweisverfahren vorgeben.

§ 4 Auszahlung der Ausgleichsbeträge an die örtlichen Träger der öffentlichen Jugendhilfe

Die Auszahlung der Ausgleichsbeträge an die örtlichen Träger der öffentlichen Jugendhilfe erfolgt zu den in § 5 Absatz 1 Satz 2 der Kindertagesstätten-Betriebskosten- und Nachweisverordnung genannten Terminen.

§ 5 Verteilung der Ausgleichsbeträge durch die örtlichen Träger der öffentlichen Jugendhilfe

(1) Die örtlichen Träger der öffentlichen Jugendhilfe reichen die den Trägern der Kindertagesstätten zustehenden Ausgleichsbeträge entsprechend den jeweils geltenden Vergütungsregelungen zweckgebunden zu den Zahlungsterminen gemäß § 3 Absatz 5 der Kindertagesstätten-Betriebskosten- und Nachweisver ordnung aus.

(2) Zum Ausgleich des Verwaltungsaufwands für die Weiterleitung des Ausgleichsbetrags an die Träger von Kindertagesstätten erhalten die örtlichen Träger der öffentlichen Jugendhilfe einen Kostenausgleich. Die Höhe des Ausgleichs ergibt sich aus dem Aufwand zur Auszahlung der Beträge. Für den Aufwand werden jährlich eine Arbeitsstunde einer Kraft im gehobenen nichttechnischen Verwaltungsdienst der fünften Entwicklungsstufe der Entgeltgruppe E9b des Tarifvertrags für den öffentlichen Dienst (Kommunen) einschließlich aller vom Arbeitgeber zu tragenden Entgeltbestandteile und Nebenkosten für je fünf zu bezuschussende Kindertagesstätten und ein zusätzlicher Gemeinkostenanteil von 20 Prozent angesetzt. Die Mittel werden mit den Zahlungen nach § 4 ausgereicht.

(3) Übernimmt eine Gemeinde oder ein Amt für den Landkreis die Ausreichung der Ausgleichsbeträge gemäß Absatz 1 an die Träger der Kindertagesstätten, so ist § 12 Absatz 1 des Kindertagesstättengesetzes entsprechend anzuwenden. § 3 Absatz 3 bleibt unberührt.

§ 6 Inkrafttreten

Diese Verordnung tritt mit Wirkung vom 1. Oktober 2017 in Kraft.

Potsdam, den 30. Oktober 2017
Die Ministerin für Bildung, Jugend und Sport
In Vertretung Dr. Thomas Drescher

Toll, das Übernachtungsgeld,
die Verpflegungspauschale und
die Fahrtkostenerstattung!
Will noch jemand Chips??

Chips

Hier tagt der Landes-
Kita-Elternbeirat

CRACKER

TASCHE

Kitaelternbeiratsverordnung
(KitaEBV)

Vom 16. August 2019
(GVBl.II/19, [Nr. 62])

Auf Grund des § 23 Absatz 1 Nummer 8 und 13 des Kindertagesstättengesetzes in der Fassung der Bekanntmachung vom 27. Juni 2004 (GVBl. I S. 384), der zuletzt durch Artikel 1 des Gesetzes vom 1. April 2019 (GVBl. I Nr. 8) geändert worden ist, verordnet die Ministerin für Bildung, Jugend und Sport im Einvernehmen mit dem Minister der Finanzen, dem Minister des Innern und dem Ausschuss für Bildung, Jugend und Sport des Landtags:

Abschnitt 1
Allgemeine Vorschriften

§ 1 Anwendungsbereich

Diese Verordnung regelt die Zusammensetzung, den Rahmen für die Arbeitsweise, die Beteiligungsrechte sowie die Bereitstellung der erforderlichen Mittel zur Wahrnehmung der gesetzlichen Aufgaben des Landeskitaelternbeirates nach § 6a Absatz 4 des Kindertagesstättengesetzes. Daneben regelt diese Verordnung den Ausgleich der Mehraufwendungen der Landkreise und kreisfreien Städte aufgrund der Änderung des § 6a des Kindertagesstättengesetzes durch das Brandenburgische Gute-KiTa-Gesetz vom 1. April 2019 (GVBl. I Nr. 8).

Abschnitt 2
Landeskitaelternbeirat

§ 2 Zusammensetzung

Der Landeskitaelternbeirat besteht aus den nach § 6a Absatz 4 Satz 2 des Kindertagesstättengesetzes von den Kreiskitaelternbeiräten der Landkreise und kreisfreien Städten gewählten Elternvertretungen. Jeder vom Landkreis oder von der kreisfreien Stadt anerkannte Kreiskitaelternbeirat des Landkreises oder der kreisfreien Stadt kann eine Elternvertretung und eine Stellvertretung in den Landeskitaelternbeirat entsenden.

§ 3 Ehrenamtliche Aufgabenwahrnehmung

Die Mitglieder des Landeskitaelternbeirates sind ehrenamtlich tätig.

§ 4 Mitgliederversammlung

(1) Die in den Landeskitaelternbeirat gewählten Elternvertretungen bilden die Mitgliederversammlung.
(2) Die Mitgliederversammlung wählt bei seiner ersten Sitzung einen Vorstand. Bei der Wahl entscheidet die einfache Mehrheit der abgegebenen Stimmen. Die Mitgliederversammlung kann den Vorstand jederzeit durch Beschluss abberufen. Der Beschluss über die Abberufung des Vorstands erfordert drei Viertel der Stimmen der Mitglieder. Bei Abberufung des Vorstands ist umgehend ein neuer Vorstand zu wählen.
(3) Der Landeskitaelternbeirat gibt sich eine Geschäftsordnung, über die die Mitgliederversammlung beschließt. Änderungen der Geschäftsordnung erfordern eine Zweidrittelmehrheit der anwesenden stimmberechtigten Mitglieder.
(4) Die Mitgliederversammlung tritt mindestens einmal im Jahr zusammen. Sie ist ohne Rücksicht auf die Zahl der erschienenen Mitglieder beschlussfähig. Der Vorstand ist zur Einberufung einer außerordentlichen Mitgliederversammlung verpflichtet, wenn mindestens ein Drittel der Mitglieder dies verlangt.
(5) Zu Beginn der Mitgliederversammlung wird eine Schriftführerin oder ein Schriftführer gewählt.
(6) Jede gewählte Elternvertretung des Landeskitaelternbeirates hat eine Stimme. Das Stimmrecht kann nur persönlich ausgeübt werden. Ist die gewählte Elternvertretung verhindert, so übt die nach § 2 Satz 2 in den Landeskitaelternbeirat entsandte Stellvertretung das Stimmrecht für die gewählte Elternvertretung aus.
(7) Bei Abstimmungen und Wahlen entscheidet grundsätzlich die einfache Mehrheit der abgegebenen Stimmen, soweit diese Verordnung nichts anderes bestimmt.
(8) Über die Beschlüsse der Mitgliederversammlung ist ein Protokoll anzufertigen.

§ 5 Vorstand

(1) Der Vorstand wird von der Mitgliederversammlung gewählt und besteht aus mindestens drei Elternvertretungen und bis zu zwei Stellvertretungen. Ihm können nur gewählte Elternvertretungen der Mitgliederversammlung angehören.
(2) Dem Vorstand obliegt die Einberufung der Mitgliederversammlung. Er bereitet die Tagesordnung und die zu fassenden Beschlüsse vor. Die Mitgliederversammlung wird von einem Mitglied des Vorstands geleitet.
(3) Bei Abstimmungen und Wahlen gelten die Vorschriften für die Mitgliederversammlung entsprechend.

(4) Der Vorstand wählt aus seiner Mitte eine Sprecherin oder einen Sprecher, die oder der den Landeskitaelternbeirat nach außen vertritt, sowie eine Stellvertretung. Der Vorstand kann jederzeit eine neue Sprecherin oder einen neuen Sprecher und deren oder dessen Stellvertretung wählen. Die Wahl der Sprecherin oder des Sprechers und deren oder dessen Stellvertretung wird der obersten Landesjugendbehörde bekanntgegeben.

(5) Endet die Mitgliedschaft im Landeskitaelternbeirat, so endet auch das Amt als Vorstand.

(6) Scheidet ein Vorstandsmitglied aus, so findet umgehend eine Nachwahl des Vorstandsmitglieds statt.

§ 6 Beteiligung

(1) Der Landeskitaelternbeirat für Kindertagesbetreuung wird gemäß § 6a Absatz 4 Satz 4 bis 6 des Kindertagesstättengesetzes von den für Kindertagesbetreuung und Schulangelegenheiten zuständigen Ministerien in allen wesentlichen, die Kindertagesbetreuung betreffenden Fragen, insbesondere zu den in § 6a Absatz 4 Satz 5 und 6 des Kindertagesstättengesetzes genannten Themengebieten, angehört. Er gibt gemäß § 6a Absatz 4 Satz 7 des Kindertagesstättengesetzes seine Stellungnahmen gegenüber den für Kindertagesbetreuung und Schulangelegenheiten zuständigen Ministerien ab.

(2) Die für Kindertagesbetreuung und Schulangelegenheiten zuständigen Ministerien informieren die Sprecherin oder den Sprecher des Landeskitaelternbeirates über alle die Kindertagesbetreuung betreffenden Angelegenheiten, die zur Erfüllung der Aufgaben des Landeskitaelternbeirates nach § 6a Absatz 4 des Kindertagesstättengesetzes erforderlich sind, und übersendet ihr oder ihm die für die Aufgabenwahrnehmung benötigten Dokumente. Dies umfasst insbesondere Entwürfe von Gesetzen, Rechtsverordnungen und Berichten der Landesregierung für den Landtag, die in diesem Zusammenhang stehen. Die Sprecherin oder der Sprecher des Landeskitaelternbeirates leitet die nach Satz 1 erhaltenen Dokumente an den Vorstand und die Mitgliederversammlung weiter.

§ 7 Unterstützung durch das Land

(1) Die oberste Landesjugendbehörde stellt dem Landeskitaelternbeirat die zur Wahrnehmung seiner Aufgaben nach § 6a Absatz 4 des Kindertagesstättengesetzes erforderlichen

1. Räume,

2. Sachmittel und
3. Verwaltungsmittel, insbesondere für einen Internetauftritt sowie für ein E-Mailfunktionspostfach

bereit. Die Bereitstellung erfolgt als Verwaltungs- und Sachleistung, soweit sich aus den nachfolgenden Bestimmungen nichts anderes ergibt.

(2) Die Mitglieder des Landeskitaelternbeirates erhalten für die mit ihrer Tätigkeit im Landeskitaelternbeirat verbundenen Aufwendungen eine angemessene Entschädigung, wenn ihnen nicht eine Entschädigung nach anderen Rechtsvorschriften gewährt wird oder zusteht.

(3) Aufwendungen im Sinne des Absatzes 2 sind Fahrtkosten, Wegstreckenentschädigungen, Übernachtungsgeld, Nebenkosten und die Kosten für Verpflegungsmehraufwendungen. Sie werden erstattet für die Teilnahme an

1. Beratungen des Landeskitaelternbeirates,
2. Beratungen des Vorstands des Landeskitaelternbeirates,
3. Beratungen und Anhörungen auf Einladung der obersten Landesjugendbehörde.

(4) Nimmt ein stellvertretendes Mitglied neben dem zu vertretenden Mitglied an einer Beratung nach Absatz 3 Satz 2 Nummer 1 oder Nummer 2 teil, kann dem stellvertretenden Mitglied die Aufwandsentschädigung gewährt werden, wenn die Vertretung in mindestens einem Tagesordnungspunkt notwendig war. Über die Notwendigkeit entscheidet dieoberste Landesjugendbehörde.

§ 8 Fahrtkosten, Wegstreckenentschädigung

(1) Erstattet werden die notwendigen Kosten für die Hin- und Rückfahrt zwischen Wohnung und Tagungsort unter Berücksichtigung der für die Bediensteten des Landes Brandenburg geltenden reisekostenrechtlichen Bestimmungen entsprechend der §§ 4 und 5 des Bundesreisekostengesetzes. Bei mehrtägigen Veranstaltungen werden Fahrtkosten oder Wegstreckenentschädigungen für die tägliche Hin- und Rückfahrt nur insoweit erstattet, als hierdurch keine höheren Gesamtkosten als beim Verbleiben am Veranstaltungsort entstehen.

(2) Für Strecken, die mit regelmäßig verkehrenden Beförderungsmitteln zurückgelegt werden, werden die entstandenen notwendigen Kosten, insbesondere Fahrpreis, Zuschlag und Platzkarte, erstattet. Für Bahnfahrten ist die Kostenerstattung auf die zweite Klasse beschränkt. Kosten für die erste Klasse können im Ausnahmefall erstattet werden, insbesondere wenn eine amtlich festgestellte Erwerbsminderung von mindestens 50 Prozent vorliegt. Fahrpreisermäßigungen sind zu berücksichtigen.

(3) Bei Benutzung privater Kraftfahrzeuge wird eine Wegstreckenentschädigung in Höhe von 20 Cent je Kilometer zurückgelegter Strecke gewährt.

§ 9 Übernachtungsgeld

(1) Für die Teilnahme an Veranstaltungen nach § 7 Absatz 3 Satz 2 Nummer 1 und 3, bei denen eine Übernachtung notwendig ist, wird ein Übernachtungsgeld bis zur Höhe des Satzes gewährt, der Landesbeamtinnen und Landesbeamten nach den reisekostenrechtlichen Bestimmungen gemäß § 7 Absatz 1 des Bundesreisekostengesetzes zusteht.
(2) Höhere Übernachtungskosten im Sinne des § 7 Absatz 1 des Bundesreisekostengesetzes können bei Nachweis erstattet werden, sofern sie angemessen und notwendig sind.
(3) Mitglieder des Landeskitaelternbeirates, die am Tagungsort einschließlich seines Einzugsgebietes gemäß § 3 Absatz 1 Nummer 1 Buchstabe c des Bundesumzugskostengesetzes wohnen, haben keinen Anspruch auf Übernachtungsgeld.

§ 10 Nebenkosten

(1) Nebenkosten, zum Beispiel Telefonkosten oder Parkgebühren, im Sinne der für die Bediensteten des Landes Brandenburg geltenden reisekostenrechtlichen Bestimmungen gemäß § 10 Absatz 1 des Bundesreisekostengesetzes können auf Antrag bei Vorliegen besonderer Gründe erstattet werden.
(2) Dem Vorstand des Landeskitaelternbeirates können notwendige Telefon-, Porto- und Kopierkosten erstattet werden.
(3) Die Verfahrensweise wird durch die oberste Landesjugendbehörde entsprechend geltender haushaltsrechtlicher Regelungen festgelegt.

§ 11 Erstattung von Verpflegungsmehraufwendungen

(1) Zur Abgeltung des durch die Teilnahme an den Beratungen gemäß § 7 Absatz 3 Satz 2 entstehenden Mehraufwandes für die Verpflegung wird je Beratungstag eine Verpflegungspauschale in folgender Höhe gewährt: Bei einer Dauer
1. von mindestens acht aber weniger als 14 Stunden sechs Euro,
2. von mindestens 14 aber weniger als 24 Stunden zwölf Euro,
3. von 24 Stunden 24 Euro.

(2) Bei Bereitstellung einer unentgeltlichen Verpflegung wird keine Verpflegungspauschale gewährt.

§ 12 Nachweise und Bescheinigung

(1) Der Nachweis für den Anspruch auf Aufwandsentschädigung ist die Teilneh-

merliste in Verbindung mit den entsprechenden Belegen. Der Anspruch verfällt, wenn er nicht innerhalb eines Jahres nach Ende der Veranstaltung mit den Belegen unter Angabe einer Bankverbindung bei der obersten Landesjugendbehörde geltend gemacht wird.

(2) Eine Bescheinigung über die gezahlten Entschädigungen für Lohn- und Einkommenssteuerzwecke wird auf Antrag für das abgelaufene Kalenderjahr ausgestellt.

Abschnitt 3
Kreiskitaelternbeiräte

§ 13 Ausgleich von Mehraufwendungen

(1) Zum Ausgleich der Mehraufwendungen, die den Landkreisen und kreisfreien Städten durch die Änderung des § 6a des Kindertagesstättengesetzes durch das Brandenburgische Gute-KiTa-Gesetz vom 1. April 2019 (GVBl. I Nr. 8) dadurch entstehen, dass ab dem 1. August 2019 in jedem Landkreis und in jeder kreisfreien Stadt ein Kreiskitaelternbeirat gebildet werden muss, der von den Jugendämter jeweils zur ersten Sitzung dieses Gremiums eingeladen werden muss und vom Landkreis oder der kreisfreien Stadt in allen die Kindertagesbetreuung betreffenden Fragen anzuhören ist, zahlt das Land an die Landkreise und kreisfreien Städte einen Mehraufwendungsausgleich.

(2) Der Mehraufwendungsausgleich beträgt für jeden Landkreis und jede kreisfreie Stadt jeweils 5000 Euro im Kalenderjahr. Auf Antrag des Landkreises oder der kreisfreien Stadt gleicht das Land nachgewiesene höhere Mehraufwendungen aus. Der Antrag ist bis zum 1. November für das abgelaufene Kalenderjahr zu stellen.

(3) Der Mehraufwendungsausgleich und der Ausgleich höherer Mehraufwendungen werden bis zum 1. Februar für das Kalenderjahr an die Landkreise und kreisfreien Städte ausgereicht. Im Jahr 2019 wird der Ausgleich anteilig für fünf Monate bis zum 1. Dezember 2019 ausgereicht.

§ 14 Inkrafttreten

Diese Verordnung tritt mit Wirkung vom 1. August 2019 in Kraft.
Potsdam, den 16. August 2019
Die Ministerin für Bildung, Jugend und Sport
Britta Ernst

Kitabeitragsbefreiung

Kita-Beitragsbefreiungsverordnung
(KitaBBV)

Vom 16. August 2019
(GVBl.II/19, [Nr. 61])

Auf Grund des § 17 Absatz 1a Satz 4 des Kindertagesstättengesetzes in der Fassung der Bekanntmachung vom 27. Juni 2004 (GVBl. I S. 384), der durch Artikel 1 des Gesetzes vom 1. April 2019 (GVBl. I Nr. 8) eingefügt worden ist, verordnet die Ministerin für Bildung, Jugend und Sport und auf Grund des § 23 Absatz 1 Nummer 12 des Kindertagesstättengesetzes, der zuletzt durch Artikel 1 des Gesetzes vom 1. April 2019 (GVBl. I Nr. 8) geändert worden ist, verordnet die Ministerin für Bildung, Jugend und Sport im Einvernehmen mit dem Minister der Finanzen, dem Minister des Innern und für Kommunales und dem Ausschuss für Bildung, Jugend und Sport des Landtags:

§ 1 Anwendungsbereich

(1) Diese Verordnung regelt das Vorliegen der Unzumutbarkeit, die Höhe des Pauschalbetrages und das Verfahren zur Erstattung der Einnahmeausfälle der Einrichtungsträger und der Landkreise und kreisfreien Städte, die dadurch entstehen, dass nach § 17 Absatz 1a des Kindertagesstättengesetzes kein Elternbeitrag von Personensorgeberechtigten erhoben werden darf, denen nach § 90 des Achten Buches Sozialgesetzbuch der Elternbeitrag nicht zuzumuten ist, sowie den Verwaltungskostenausgleich der Landkreise und kreisfreien Städte.

(2) Diese Verordnung gilt für alle Formen der Kindertagesbetreuung und Altersgruppen sowie für alle zeitlichen Umfänge der Betreuung. Sie findet entsprechende Anwendung auf die Kindertagespflege.

(3) Zu den Elternbeiträgen gehören nicht das Essengeld und einmalige Beiträge für besondere Veranstaltungen und Leistungen. Elternbeiträge im Sinne dieser Verordnung umfassen Zuschläge für Übernachtungen in Kindertagesstätten.

(4) Beitragsregelungen, die bis zum 31. Juli 2019 wirksam geworden sind, insbesondere Beitragssatzungen und Beitragsordnungen, gelten bis zu ihrer Aufhebung fort, soweit nicht durch diese Rechtsverordnung ab dem 1. August 2019 Beitragsfreiheit eintritt.

(5) § 17 Absatz 1 Satz 3 des Kindertagesstättengesetzes als Sonderregelung für Pflegekinder und Kinder in stationären Einrichtungen bleibt unberührt.

§ 2 Unzumutbarkeit

(1) Den in § 90 Absatz 4 des Achten Buches Sozialgesetzbuch genannten Personensorgeberechtigten ist kein Elternbeitrag zuzumuten. Dies gilt insbesondere, wenn die Personensorgeberechtigten oder deren Kind

1. Leistungen zur Sicherung des Lebensunterhalts nach dem Zweiten Buch Sozialgesetzbuch,
2. Leistungen nach dem dritten und vierten Kapitel des Zwölften Buches Sozialgesetzbuch,
3. Leistungen nach den §§ 2 und 3 des Asylbewerberleistungsgesetzes,
4. einen Kinderzuschlag gemäß § 6a des Bundeskindergeldgesetzes oder
5. Wohngeld nach dem Wohngeldgesetz erhalten.

Ein Elternbeitrag kann den Personensorgeberechtigten auch dann nicht zugemutet werden, wenn ihr Haushaltseinkommen einen Betrag von 20.000 Euro im Kalenderjahr nicht übersteigt (Geringverdienende). Haushaltseinkommen im Sinne des Satzes 3 ist die Gesamtsumme der laufenden Netto-Einnahmen aller im Haushalt des Kindes lebenden Eltern.

(2) Über die Unzumutbarkeit der Belastung durch die Erhebung eines Elternbeitrags aus sonstigen Gründen, die den Gründen nach Absatz 1 vergleichbar sind, entscheidet der Landkreis oder die kreisfreie Stadt nach pflichtgemäßem Ermessen. In diesen Fällen kann der Träger der Einrichtung den Elternbeitrag festlegen und erheben, es sei denn, der Landkreis oder die kreisfreie Stadt hat die Unzumutbarkeit der Belastung durch die Erhebung eines Elternbeitrags nach Satz 1 festgestellt.

§ 3 Einkommensbegriff

(1) Für die Feststellung des maßgeblichen Einkommens bei Geringverdienenden gemäß § 2 Absatz 1 Satz 3 gelten § 82 Absatz 1 und 2 sowie die §§ 83 und 84 des Zwölften Buches Sozialgesetzbuch entsprechend. Zur Ermittlung kann das in der Anlage befindliche Formular verwendet werden.

(2) Im Regelfall sind zum Einkommen gemäß Absatz 1 alle Einkünfte in Geld oder Geldeswert zu rechnen, mit Ausnahme

1. der Leistungen nach dem Zwölften Buch Sozialgesetzbuch,
2. der Grundrente nach dem Bundesversorgungsgesetz und nach den Gesetzen, die eine entsprechende Anwendung des Bundesversorgungsgesetzes vorsehen, und
3. der Renten oder Beihilfen nach dem Bundesentschädigungsgesetz für Schaden an Leben sowie an Körper oder Gesundheit bis zur Höhe der vergleichbaren Grundrente nach dem Bundesversorgungsgesetz,
4. von Einkünften aus Rückerstattungen, die auf Vorauszahlungen beruhen, die Leistungsberechtigte aus dem Regelsatz gemäß dem Zwölften Buch Sozialgesetzbuch erbracht haben.

Zum regelmäßigen Einkommen zählen insbesondere auch Erwerbsminderungs-, Erwerbsunfähigkeits- und Waisenrenten, Unterhaltsbezüge sowie der Bezug von Elterngeld. Abweichend von Absatz 1 bleiben bei der Einkommensberechnung das Kindergeld und das Baukindergeld des Bundes sowie die Eigenheimzulage nach dem Eigenheimzulagengesetz außer Betracht.

(3) Von dem Einkommen gemäß Absatz 2 sind abzusetzen

1. auf das Einkommen entrichtete Steuern,
2. Pflichtbeiträge zur Sozialversicherung einschließlich der Beiträge zur Arbeitsförderung,
3. Beiträge zu öffentlichen oder privaten Versicherungen oder ähnlichen Einrichtungen, soweit diese Beiträge gesetzlich vorgeschrieben oder nach Grund und Höhe angemessen sind, sowie geförderte Altersvorsorgebeiträge nach § 82 des Einkommensteuergesetzes, soweit sie den Mindesteigenbeitrag nach § 86 des Einkommensteuergesetzes nicht überschreiten, und
4. die mit der Erzielung des Einkommens verbundenen notwendigen Ausgaben, sogenannte Werbungskosten.

Erhält eine leistungsberechtigte Person aus einer Tätigkeit Bezüge oder Einnahmen, die nach § 3 Nummer 12, 26, 26a oder Nummer 26b des Einkommensteuergesetzes steuerfrei sind, ist abweichend von Satz 1 Nummer 2 bis 4 ein Betrag von bis zu 200 Euro monatlich nicht als Einkommen zu berücksichtigen.

(4) Maßgeblich ist das Einkommen in dem Kalenderjahr, das der Aufnahme des Kindes in die Kindertagesbetreuung vorausgegangen ist, es sei denn, es wird im laufenden Kalenderjahr ein geringeres Einkommen nachgewiesen. Unterjährige Einkommensänderungen können berücksichtigt werden.

§ 4 Prüfung durch den Einrichtungsträger

(1) Bei der Festsetzung der Elternbeiträge zu Beginn des jeweiligen Kita-Jahres gemäß § 17 Absatz 3 des Kindertagesstättengesetzes befragt der Träger der Kindertagesstätte die Personensorgeberechtigten unter Beachtung der datenschutzrechtlichen Bestimmungen, ob sie oder das Kind

1. Leistungen zur Sicherung des Lebensunterhalts nach dem Zweiten Buch Sozialgesetzbuch,
2. Leistungen nach dem dritten und vierten Kapitel des Zwölften Buches Sozialgesetzbuch,
3. Leistungen nach den §§ 2 und 3 des Asylbewerberleistungsgesetzes,
4. einen Kinderzuschlag gemäß § 6a des Bundeskindergeldgesetzes,
5. Wohngeld nach dem Wohngeldgesetz erhalten oder

6. Geringverdienende im Sinne des § 2 Absatz 1 Satz 3 sind.

(2) Die Personensorgeberechtigten legen dem Träger der Kindertagesstätte für die Prüfung nach Satz 1 entsprechende Nachweise vor, aus denen sich eine Unzumutbarkeit nach § 2 Absatz 1 ergibt. Der Nachweis kann insbesondere durch die Vorlage folgender Dokumente erbracht werden:

1. Leistungsbescheid über den Empfang einer der in § 90 Absatz 4 des Achten Buches Sozialgesetzbuch genannten Leistungen,
2. Lohnsteuerbescheinigung,
3. Verdienstbescheinigung,
3. Steuerbescheid.

(3) Nach Vorlage eines Nachweises gemäß Absatz 2 tritt die Beitragsbefreiung nach dieser Verordnung ein. Haben die Voraussetzungen des § 2 Absatz 1 bereits vor der Nachweiserbringung vorgelegen, so weist der Träger der Kindertagesstätte die Personensorgeberechtigten auf die Möglichkeit der Antragstellung nach § 90 Absatz 4 des Achten Buches Sozialgesetzbuch beim Landkreis oder bei der kreisfreien Stadt hin. Eine Erstattung der Elternbeiträge durch den Träger der Kindertagesstätte findet in diesen Fällen nicht statt.

(4) Liegt kein Fall der Unzumutbarkeit nach § 2 Absatz 1 vor und hält der Träger der Kindertagesstätte die Unzumutbarkeit der Belastung der Personensorgeberechtigten mit einem Elternbeitrag aus sonstigen Gründen gemäß § 2 Absatz 2 für möglich, so weist der Träger der Kindertagesstätte die Personensorgeberechtigten auf die Möglichkeit der Antragstellung nach § 90 Absatz 4 des Achten Buches Sozialgesetzbuch beim Landkreis oder bei der kreisfreien Stadt hin.

(5) Der Träger der Kindertagesstätte ist verpflichtet, im Mindestmaß zu dokumentieren, dass er die Personensorgeberechtigten befragt hat und entsprechende Dokumente gemäß Absatz 1 von den Personensorgeberechtigen vorlagen. Ein Rückgriff hinsichtlich der Erstattungen gemäß § 5 findet gegenüber dem Träger der Kindertagesstätte für das betroffene Betreuungsverhältnis nicht statt, wenn die Absätze 1 und 2 fahrlässig nicht beachtet wurden. Für die Zukunft entfällt in diesem Fall jedoch der Ausgleichsanspruch gemäß § 5 für das betroffene Betreuungsverhältnis.

(6) Die Absätze 1 bis 5 gelten bei einer Betreuung des Kindes in Kindertagespflege entsprechend.

§ 5 Ausgleich entgangener Einnahmen der Einrichtungsträger

(1) Der Landkreis oder die kreisfreie Stadt gleichen den Trägern der Kindertagesstätten die aufgrund von § 2 Absatz 1 entstehenden Einnahmeausfälle in

Höhe eines Pauschalbetrags von 12,50 Euro je Kind und Monat aus. Der Ausgleichsbetrag wird für jede Kindertagesstätte auf der Grundlage der Anzahl der betreuten Kinder, deren Eltern ein Kostenbeitrag nach § 2 Absatz 1 nicht zuzumuten ist, nach Meldung gemäß § 3 Absatz 1 der Kindertagesstätten-Betriebskosten- und Nachweisverordnung und des Pauschalbetrags bemessen. Maßgeblich sind die Stichtage 1. September und 1. Dezember sowie 1. März und 1. Juni.

(2) Der Landkreis oder die kreisfreie Stadt stellt auf Antrag des Trägers einer Kindertagesstätte nach Prüfung höhere Einnahmeausfälle als die nach Absatz 1 Satz 1 fest und gleicht diese aus. Dabei muss der Träger der Kindertagesstätte durch geeignete Unterlagen nachweisen, dass sein Elternbeitrag, der über dem Pauschalbetrag gemäß Absatz 1 Satz 1 liegt, den von § 2 Absatz 1 betroffenen Personensorgeberechtigten im Einzelfall zugemutet werden kann. Der Landkreis oder die kreisfreie Stadt prüft als örtlicher Träger der öffentlichen Jugendhilfe die Rechtmäßigkeit der zugrunde liegenden Beitragsregelungen. Für den Ausgleich höherer Einnahmeausfälle ist einmal jährlich bis zum 1. September für das ablaufende Kalenderjahr ein Antrag zu stellen. Soweit abweichende Vereinbarungen zwischen dem Landkreis und kreisangehörigen Gemeinden und Ämtern über die Finanzierung gemäß § 12 Absatz 1 Satz 3 des Kindertagesstättengesetzes getroffen wurden, sind die Bestimmungen der Absätze 1 und 2 Satz 1 bis 4 sowie Absatz 3 sinngemäß anzuwenden.

(3) Der Pauschalbetrag gemäß Absatz 1 Satz 1 wird im Hinblick auf die Angemessenheit seiner Höhe erstmals für das Kita-Jahr 2021/2022 und danach alle zwei Jahre überprüft. Das für Jugend zuständige Mitglied der Landesregierung stellt den Pauschalbetrag fest. Der Pauschalbetrag ist im Amtsblatt der obersten Landesjugendbehörde bekannt zu machen.

(4) Der Landkreis oder die kreisfreie Stadt zahlt die Ausgleichsbeträge zur Erstattung der Einnahmeausfälle gemäß Absatz 1 den Trägern der Kindertagesstätten zweckgebunden zu den Zahlungsterminen gemäß § 3 Absatz 5 der Kindertagesstätten-Betriebskosten- und Nachweisverordnung aus. Die höheren Erstattungsbeträge gemäß Absatz 2 werden zum 1. November ausgereicht. Im Jahr 2019 werden die Ausgleichsbeträge zur Erstattung der Einnahmeausfälle gemäß den Absätzen 1 und 2 zum 1. November auf Basis der Daten zum Stichtag 1. September rückwirkend für die Zeit ab Beginn des Kita-Jahres 2019/2020 ausgereicht.

(5) Der Träger der Kindertagesstätte stellt dem Landkreis oder der kreisfreien Stadt und diese stellen der obersten Landesjugendbehörde die zur Durchführung der Elternbeitragsbefreiung erforderlichen Daten zur Verfügung. Sozial-

daten sind zu anonymisieren oder zu pseudonymisieren, soweit die Aufgabenerfüllung dies zulässt. Personenbezogene Daten sind nicht zu übermitteln.

(6) Die Landkreise und kreisfreien Städte nehmen den Ausgleich der Einnahmeausfälle bei den Trägern der Kindertagesstätten gemäß den Absätzen 1 und 2 als Pflichtaufgabe zur Erfüllung nach Weisung wahr.

§ 6 Kostenausgleich für die Elternbeitragsbefreiung durch das Land

(1) Das Land gewährt den Landkreisen und kreisfreien Städten die erforderlichen Mittel zum Ausgleich der nach § 5 entstehenden Kosten sowie der Einnahmeausfälle aufgrund § 17 Absatz 1a des Kindertagesstättengesetzes für die Betreuung von Kindern in Kindertagespflege. Für die Ermittlung des Ausgleichsbetrags bei Kindertagespflege gilt § 5 entsprechend. Der Ausgleichsbetrag jedes Landkreises und jeder kreisfreien Stadt wird auf der Grundlage des Mittels der gemäß § 6 Absatz 1 Satz 3 der Kindertagesstätten-Betriebskosten- und Nachweisverordnung gemeldeten Anzahl der betreuten Kinder, deren Eltern ein Kostenbeitrag nach § 2 Absatz 1 nicht zuzumuten ist, im Zuständigkeitsbereich eines örtlichen Trägers der öffentlichen Jugendhilfe und des Pauschalbetrags gemäß § 5 Absatz 1 Satz 1 bemessen. Maßgeblich sind die Stichtage 1. September und 1. Dezember des Vorjahres sowie 1. März und 1. Juni des Jahres der Meldung. In den Jahren 2019 und 2020 gilt der Stichtag 1. September 2019.

(2) Das Land gleicht den Landkreisen und kreisfreien Städten auf Antrag nachgewiesene höhere Ausgleichsbeträge aus. Der Antrag ist innerhalb von zwei Monaten nach Ende der Antragsfrist des § 5 Absatz 2 Satz 4 für die Träger der Kindertageseinrichtungen zu stellen. Mit dem Antrag ist der in dem Zuständigkeitsbereich des jeweiligen örtlichen Trägers der öffentlichen Jugendhilfe entstehende erhöhte Ausgleichsbetrag und seine Berechnung nachzuweisen. Für den Nachweis erhöhter Ausgleichsbeträge kann die oberste Landesjugendbehörde durch Verwaltungsvorschrift Vorgaben machen und ein elektronisches Antrags- und Nachweisverfahren regeln.

(3) Die Auszahlung der Ausgleichsbeträge an die Landkreise oder kreisfreien Städte erfolgt zu den in § 5 Absatz 1 Satz 2 der Kindertagesstätten-Betriebskosten- und Nachweisverordnung genannten Terminen. Im Jahr 2019 erfolgt die Auszahlung der Ausgleichsbeträge an den örtlichen Träger der öffentlichen Jugendhilfe nach Absatz 1 für fünf Monate bis zum 1. Dezember 2019. Die Erstattung der durch den örtlichen Träger der öffentlichen Jugendhilfe nachgewiesenen erhöhten Ausgleichsbeträge nach Absatz 2 erfolgt zum 15. Dezember des jeweiligen Jahres.

§ 7 Verwaltungskostenausgleich

Zum Ausgleich des Verwaltungsaufwands für den Vollzug der Aufgaben nach dieser Verordnung erhalten die Landkreise und kreisfreien Städte einen Verwaltungskostenausgleich. Die Höhe des Ausgleichs ergibt sich aus dem Aufwand für die Ermittlung der zu erstattenden Einnahmeausfälle und die Auszahlung der Beträge sowie die Bearbeitung der Anträge gemäß § 5 Absatz 2. Für den Aufwand werden jährlich je Kindertageseinrichtung, in der Kinder betreut werden, deren Eltern ein Kostenbeitrag nach § 2 Absatz 1 nicht zuzumuten ist, eine Stunde einer Kraft im gehobenen nichttechnischen Verwaltungsdienst der fünften Entwicklungsstufe der Entgeltgruppe 9b des Tarifvertrags für den öffentlichen Dienst (Kommunen) und ein zusätzlicher Gemeinkostenanteil von 30 Prozent der dafür aufzuwendenden Personalkosten angesetzt. Der Landkreis oder die kreisfreie Stadt kann auf Antrag höhere Verwaltungskosten als nach Satz 3 gegenüber der obersten Landesjugendbehörde geltend machen, soweit seine oder ihre nachgewiesenen notwendigen Verwaltungskosten für den Vollzug der Aufgaben nach dieser Verordnung höher sind, als die nachzuweisenden ersparten Aufwendungen durch das Wegfallen der Bearbeitung von Anträgen nach § 90 des Achten Buches Sozialgesetzbuch aufgrund dieser Verordnung. Der Antrag ist bis zum 1. November für das ablaufende Kalenderjahr zu stellen. Die Mittel werden mit den Zahlungen gemäß § 6 durch das Land ausgereicht.

§ 8 Einvernehmensfähigkeit neuer Beitragsregelung

Bei der Herstellung des Einvernehmens über die Grundsätze der Höhe und Staffelung der Elternbeiträge gemäß § 17 Absatz 3 Satz 2 des Kindertagesstättengesetzes mit dem Landkreis oder mit der kreisfreien Stadt zu Beitragsregelungen, die nach dem 1. August 2019 wirksam werden, sind die Vorgaben nach dieser Verordnung zu beachten.

§ 9 Inkrafttreten

Diese Verordnung tritt mit Wirkung vom 1. August 2019 in Kraft.
Potsdam, den 16. August 2019

Die Ministerin für Bildung, Jugend und Sport
Britta Ernst

Bbg SozBerG
Ah, witzig, ich komme aus Kreuzberg!
Staatliche Anerkennung
TASCHE

Gesetz über die staatliche Anerkennung und die Weiterbildung in sozialen Berufen im Land Brandenburg

Brandenburgisches Sozialberufsgesetz (BbgSozBerG)

Vom 3. Dezember 2008
(GVBl.I/08, [Nr. 16], S.278)

zuletzt geändert durch Artikel 20 des Gesetzes
vom 8. Mai 2018
(GVBl.I/18, [Nr. 8], S.18)

Inhaltsübersicht

Abschnitt 5
Weiterbildung

Abschnitt 6
Sonstige Bestimmungen

Abschnitt 1
Berufe mit Fachhochschulausbildung

§ 1 Staatliche Anerkennung

(1) Die staatliche Anerkennung erhält auf Antrag, wer

1. an einer staatlichen oder staatlich anerkannten Fachhochschule im Land Brandenburg
   a) den Studiengang der Sozialen Arbeit einschließlich einer integrierten Praxisausbildung nach § 2 oder
   b) den Studiengang Bildung und Erziehung in der Kindheit einschließlich einer integrierten Praxisausbildung nach § 2

   nach einer Regelstudienzeit von mindestens sechs Semestern mit dem Bachelor of Arts erfolgreich abgeschlossen hat,
2. eine Bescheinigung der Fachhochschule über die erfolgreiche Absolvierung eines praktischen Studiensemesters und der Praxisprojekte nach Nummer 1 Buchstabe a oder der Praxistage und Praxisphasen nach Nummer 1 Buchstabe b vorlegt,
3. sich nicht eines Verhaltens schuldig gemacht hat, aus dem sich die Unzuverlässigkeit zur Ausübung des Berufs ergibt,
4. nicht in gesundheitlicher Hinsicht zur Ausübung des Berufs ungeeignet ist und
5. über die zur Berufsausübung erforderlichen Kenntnisse der deutschen Sprache verfügt.

(2) Die staatliche Anerkennung erhält auch, wer die in Absatz 1 Nr. 1 genannten Ausbildungen in tätigkeitsbegleitender Form oder nach Absolvierung einer Externenprüfung erfolgreich abgeschlossen hat.

(3) Staatliche Anerkennungen, die nach einem der in Absatz 1 Nr. 1 genannten oder in strukturell und inhaltlich entsprechenden Studiengängen in einem anderen Land der Bundesrepublik Deutschland erteilt wurden und zusätzlich auch die Voraussetzungen nach Absatz 1 Nr. 2 bis 5 erfüllen, stehen den staatlichen Anerkennungen nach dieser Vorschrift gleich.

(4) Das für Soziales zuständige Mitglied der Landesregierung wird ermächtigt, im Einvernehmen mit dem für Jugend zuständigen Mitglied der Landesregierung durch Rechtsverordnung das Nähere zum Verfahren zur Erteilung der staatlichen Anerkennung für den Studiengang der Sozialen Arbeit nach Absatz 1 Nr. 1 Buchstabe a zu regeln sowie zusätzlich im Einvernehmen mit dem für Hochschulen zuständigen Mitglied der Landesregierung für erstmalig zu akkredi-

tierende oder zur Reakkreditierung anstehende Studiengänge nach Absatz 1 Nr. 1 Buchstabe a inhaltliche und strukturelle Mindestanforderungen festzulegen, die als Grundlage für die Vergabe der staatlichen Anerkennung unverzichtbar sind.

(5) Das für Jugend zuständige Mitglied der Landesregierung wird ermächtigt, durch Rechtsverordnung das Nähere zum Verfahren zur Erteilung der staatlichen Anerkennung für den Studiengang der Bildung und Erziehung in der Kindheit nach Absatz 1 Nr. 1 Buchstabe b zu regeln sowie im Einvernehmen mit dem für Hochschulen zuständigen Mitglied der Landesregierung für erstmalig zu akkreditierende oder zur Reakkreditierung anstehende Studiengänge nach Absatz 1 Nr. 1 Buchstabe b inhaltliche und strukturelle Mindestanforderungen festzulegen, die als Grundlage für die Vergabe der staatlichen Anerkennung unverzichtbar sind.

§ 2 Praktische Ausbildung in Studiengängen der Sozialen Arbeit oder der Bildung und Erziehung in der Kindheit an Fachhochschulen

(1) Die praktische Ausbildung ist Teil des Studiums. Sie soll den Studierenden im Studiengang der Sozialen Arbeit nach § 1 Abs. 1 Nr. 1 Buchstabe a ermöglichen, selbstständig Situationen und Problemlagen der Sozialen Arbeit differenziert zu erkennen und zu erklären sowie Handlungskonzepte zu entwickeln und umzusetzen. Grundlage sind die bisher im Studium erworbenen wissenschaftlichen Erkenntnisse und Methoden sozialarbeiterischen und sozialpädagogischen Handelns. Die Studierenden lernen die sozialadministrativen, rechtlichen, organisatorischen und finanziellen Rahmenbedingungen Sozialer Arbeit kennen und berücksichtigen.

(2) Die praktische Ausbildung soll den Studierenden im Studiengang Bildung und Erziehung in der Kindheit nach § 1 Abs. 1 Nr. 1 Buchstabe b ermöglichen, die im Studium erworbenen theoretischen Wissensbestände in konkrete Handlungskompetenz umzusetzen. Darüber hinaus sollen die Studierenden in der pädagogischen Arbeit mit Kindern den deutenden und reflexiven Umgang mit flexiblen Handlungssituationen erlernen. Dieser Teil der praktischen Ausbildung ist vorrangig in der Kindertagesbetreuung und in der Zusammenarbeit mit Eltern zu realisieren. Die Stärkung von Wahrnehmungs-, Deutungs- und Reflexionskompetenz ist dabei von besonderer Bedeutung. Die Studierenden lernen, die institutionellen und rechtlichen Rahmenbedingungen der frühen Bildung und Erziehung zu berücksichtigen und ihre organisationsbezogenen Kompetenzen zu entwickeln.

(3) Die praktische Ausbildung im Studiengang Soziale Arbeit findet in Form eines integrierten praktischen Studiensemesters und von Praxisprojekten statt. Im Studiengang Bildung und Erziehung in der Kindheit findet die praktische Ausbildung in Form von Praxistagen und Praxisphasen unterschiedlicher Dauer statt. Die Fachhochschulen im Land Brandenburg begleiten die praktische Ausbildung.

(4) Die Dauer eines praktischen Studiensemesters im Studiengang Soziale Arbeit beträgt mindestens 20 Wochen. Die praktische Ausbildung erfolgt unter Anleitung einer geeigneten Fachkraft in geeigneten Praxisstellen auf der Grundlage eines Ausbildungsplans. Die praktische Ausbildung setzt sich aus einem praktischen Studiensemester und weiteren Praxisprojekten zusammen. Die praktische Ausbildung muss in zeitlich und inhaltlich möglichst enger Verzahnung sowohl für das Berufsfeld einschlägige zielgruppenspezifische als auch für die Verwaltung im Bereich der Sozialen Arbeit spezifische Erfahrungen in geeigneten Ausbildungsstätten vermitteln. Im Studiengang Bildung und Erziehung in der Kindheit hat die praktische Ausbildung einen Umfang von mindestens 20 Wochen und wird durch weitere Theorie-Praxis-Module ergänzt. Die praktische Ausbildung wird vorrangig in geeigneten Handlungsfeldern der Kindertagesbetreuung unter Anleitung einer dafür qualifizierten Fachkraft absolviert.

(5) In tätigkeitsbegleitenden Studiengängen ist auf Antrag eine gleichwertige berufliche Tätigkeit auf die Durchführung der praktischen Ausbildung anzurechnen, wenn sie den Anforderungen an die praktische Ausbildung nach diesem Gesetz entspricht.

§ 3 Berufsbezeichnungen

(1) Wer eine staatliche Anerkennung nach § 1 Abs. 1 Nr. 1 Buchstabe a erhalten hat, ist zur Führung der Berufsbezeichnung »staatlich anerkannte Sozialarbeiterin/Sozialpädagogin« oder »staatlich anerkannter Sozialarbeiter/Sozialpädagoge« berechtigt.

(2) Wer eine staatliche Anerkennung nach § 1 Absatz 1 Nummer 1 Buchstabe b erhalten hat, ist zur Führung der Berufsbezeichnung »staatlich anerkannte Kindheitspädagogin« oder »staatlich anerkannter Kindheitspädagoge« berechtigt.

Abschnitt 2
Berufe mit Fachschulausbildung

§ 4 Staatliche Anerkennung

(1) Die staatliche Anerkennung erhält auf Antrag, wer

1. an einer Fachschule für Sozialwesen oder einer entsprechend staatlich anerkannten Ersatzschule im Land Brandenburg
   a) eine dreijährige Ausbildung im Bildungsgang der Fachrichtung Heilerziehungspflege einschließlich einer integrierten praktischen Ausbildung,
   b) eine dreijährige Ausbildung im Bildungsgang der Fachrichtung Sozialpädagogik einschließlich einer integrierten praktischen Ausbildung,
   c) eine Ausbildung (Aufbaulehrgang) in einem Bildungsgang der Fachrichtung Heilpädagogik einschließlich einer integrierten praktischen Ausbildung oder
   d) eine Ausbildung (Aufbaulehrgang) in einem Bildungsgang der Fachrichtung Sonderpädagogik mit einer staatlichen Prüfung

   erfolgreich abgeschlossen hat,
2. sich nicht eines Verhaltens schuldig gemacht hat, aus dem sich die Unzuverlässigkeit zur Ausübung des Berufs ergibt,
3. nicht in gesundheitlicher Hinsicht zur Ausübung des Berufs ungeeignet ist und
4. über die für die zur Berufsausübung erforderlichen Kenntnisse der deutschen Sprache verfügt.

(2) Die staatliche Anerkennung erhält auch, wer die in Absatz 1 Nr. 1 genannten Ausbildungen tätigkeitsbegleitend erfolgreich absolviert oder den Abschluss in Form einer Nichtschülerprüfung erworben hat.

(3) Staatliche Anerkennungen, die nach einem der in Absatz 1 Nr. 1 genannten Ausbildungsgänge in einem anderen Land der Bundesrepublik Deutschland erteilt wurden, stehen der staatlichen Anerkennung nach diesem Gesetz gleich.

(4) Das für Soziales zuständige Mitglied der Landesregierung wird ermächtigt, durch Rechtsverordnung das Nähere zum Verfahren zur Erteilung der staatlichen Anerkennung für die Bildungsgänge der Fachrichtung Heilerziehungspflege und Heilpädagogik zu regeln.

(5) Das für Jugend zuständige Mitglied der Landesregierung wird ermächtigt, durch Rechtsverordnung das Nähere zum Verfahren zur Erteilung der staatlichen Anerkennung für den Bildungsgang der Fachrichtung Sozialpädagogik zu regeln.

§ 5 Praktische Ausbildung in Bildungsgängen an Fachschulen für Sozialwesen

(1) Die praktische Ausbildung ist Teil der Ausbildung in Bildungsgängen der Fachschulen für Sozialwesen im Land Brandenburg. Schülerinnen und Schüler sollen in der praktischen Ausbildung berufliche Fähigkeiten und Fertigkeiten erwerben, die sie befähigen, berufsbezogene Aufgaben in den jeweiligen einschlägigen Bereichen selbstständig verantwortlich auszuführen.

(2) Die praktische Ausbildung an Fachschulen für Sozialwesen im Land Brandenburg findet in Form von integrierten praktischen Ausbildungsabschnitten in den für den jeweiligen Beruf einschlägigen Arbeitsfeldern in geeigneten praktischen Ausbildungsstätten statt. Die praktischen Ausbildungsstätten müssen über geeignetes Personal für eine qualifizierte Praxisanleitung verfügen. Die Fachschulen begleiten die praktische Ausbildung.

(3) In den tätigkeitsbegleitenden Ausbildungsgängen ist auf Antrag eine gleichwertige berufliche Tätigkeit auf die Durchführung der praktischen Ausbildung anzurechnen.

(4) Das für Soziales zuständige Mitglied der Landesregierung wird ermächtigt, im Einvernehmen mit dem für Bildung zuständigen Mitglied der Landesregierung durch Rechtsverordnung die Anforderungen an die praktische Ausbildung, an geeignete Praxisstellen und an die Nachweise einer erfolgreichen Ableistung der praktischen Ausbildung für die Berufe der Heilerziehungspflegerin und des Heilerziehungspflegers sowie der Heilpädagogin und des Heilpädagogen zu regeln.

(5) Das für Jugend zuständige Mitglied der Landesregierung wird ermächtigt, im Einvernehmen mit dem für Bildung zuständigen Mitglied der Landesregierung durch Rechtsverordnung die Anforderungen an die praktische Ausbildung, an geeignete Praxisstellen und an die Nachweise einer erfolgreichen Ableistung der praktischen Ausbildung für den Beruf der Erzieherin und des Erziehers zu regeln.

§ 6 Berufsbezeichnungen

(1) Wer eine staatliche Anerkennung nach § 4 Abs. 1 Nr. 1 Buchstabe a erhalten hat, ist zur Führung der jeweiligen Berufsbezeichnung »staatlich anerkannte Heilerziehungspflegerin« oder »staatlich anerkannter Heilerziehungspfleger« berechtigt.

(2) Wer eine staatliche Anerkennung nach § 4 Abs. 1 Nr. 1 Buchstabe b erhalten

hat, ist zur Führung der jeweiligen Berufsbezeichnung »staatlich anerkannte Erzieherin« oder »staatlich anerkannter Erzieher« berechtigt.

(3) Wer eine staatliche Anerkennung nach § 4 Abs. 1 Nr. 1 Buchstabe c erhalten hat, ist zur Führung der jeweiligen Berufsbezeichnung »staatlich anerkannte Heilpädagogin« oder »staatlich anerkannter Heilpädagoge« berechtigt.

(4) Wer eine staatliche Anerkennung nach § 4 Abs. 1 Nr. 1 Buchstabe d erhalten hat, ist zur Führung der jeweiligen Berufsbezeichnung »staatlich anerkannte Sonderpädagogin« oder »staatlich anerkannter Sonderpädagoge« berechtigt.

Abschnitt 3
Feststellung gleichwertiger Fähigkeiten

§ 7 Gleichwertige Fähigkeiten

(1) Zur Deckung des Fachkräftebedarfs im Bereich der Kinder- und Jugendhilfe können auf Antrag gleichwertige Fähigkeiten für ein oder mehrere Tätigkeitsfelder des Berufsfeldes der Fachschulausbildung nach § 4 Abs. 1 Nr. 1 Buchstabe b bescheinigt werden, wenn

1. eine Qualifizierungsmaßnahme nach Absatz 2 erfolgreich abgeschlossen wurde und
2. eine in der Regel mindestens zweijährige Berufserfahrung nachgewiesen wird.

(2) Das für Jugend zuständige Mitglied der Landesregierung wird ermächtigt, durch Rechtsverordnung Inhalt und Umfang der Qualifizierungsmaßnahme für die Feststellung des erfolgreichen Abschlusses sowie das Verfahren zur Erteilung der Bescheinigung über die Feststellung gleichwertiger Fähigkeiten zu regeln.

Abschnitt 4
Berufsqualifikationen anderer Staaten

§ 8 Anerkennung ausländischer Berufsqualifikationen

(1) Die Anerkennung einer außerhalb der Bundesrepublik Deutschland erworbenen Berufsqualifikation für in diesem Gesetz geregelte Berufe richtet sich nach dem Brandenburgischen Berufsqualifikationsfeststellungsgesetz, soweit in den nachfolgenden Vorschriften nichts anderes bestimmt ist.

(2) Europäische Staaten im Sinne dieses Gesetzes sind Mitgliedstaaten der Europäischen Union, Vertragsstaaten des Abkommens über den Europäischen Wirtschaftsraum und diesen durch Abkommen gleichgestellten Staaten.

(3) Drittstaaten im Sinne dieses Gesetzes sind Staaten außerhalb der Bundesrepublik Deutschland und der europäischen Staaten nach Absatz 2.

§ 9 Gleichwertigkeit der Ausbildungsnachweise

(1) Antragstellende Personen, deren Ausbildungsnachweise nach den §§ 9 bis 13 des Brandenburgischen Berufsqualifikationsfeststellungsgesetzes als gleichwertig anerkannt wurden, führen nach der staatlichen Anerkennung ihrer Berufsqualifikation die in § 3 oder § 6 vorgesehene jeweilige Berufsbezeichnung. Bei der Feststellung der Gleichwertigkeit ist von wesentlichen Unterschieden zwischen den nachgewiesenen Berufsqualifikationen und der nach diesem Gesetz geregelten Ausbildung insbesondere dann auszugehen, wenn

1. die nachgewiesene Ausbildungsdauer mindestens ein Jahr unter der in diesem Gesetz geregelten Ausbildungsdauer liegt oder die Ausbildung sich auf Fächer, Lernfelder oder Module bezieht, die sich wesentlich von denen unterscheiden, die nach diesem Gesetz und den einschlägigen Ausbildungs- oder Studien- und Prüfungsordnungen vorgeschrieben sind,
2. der in § 3 oder § 6 genannte Beruf eine oder mehrere reglementierte Tätigkeiten umfasst, die im Herkunftsstaat der antragstellenden Person nicht Bestandteil des entsprechenden Berufs sind, und wenn dieser Unterschied in einer besonderen Ausbildung besteht, die nach diesem Gesetz und den einschlägigen Ausbildungs- oder Studien- und Prüfungsordnungen gefordert wird und sich auf Fächer, Lernfelder oder Module bezieht, die sich wesentlich von denen unterscheiden, die von dem Ausbildungsnachweis abgedeckt werden, den die antragstellende Person vorlegt, und
3. ihre nachgewiesene Berufserfahrung nicht zum Ausgleich der unter den Nummern 1 und 2 genannten Unterschiede geeignet ist.

(2) Unabhängig von Absatz 1 ist die Gleichwertigkeit des Ausbildungsnachweises in folgenden Fällen festzustellen:

1. bei Staatsangehörigen europäischer Staaten nach § 8 Absatz 2, die eine Anerkennung ihrer in einem Drittstaat erworbenen Berufsqualifikation anstreben, wenn

a) sie einen Ausbildungsnachweis vorlegen, aus dem sich ergibt, dass ihr Ausbildungsabschluss bereits in einem anderen europäischen Staat nach Absatz 1 Satz 1 anerkannt wurde,

b) sie über eine einschlägige dreijährige Berufserfahrung im Hoheitsgebiet des europäischen Staates, der den Ausbildungsnachweis anerkannt hat, verfügen und
c) der europäische Staat, der die Ausbildung anerkannt hat, diese Berufserfahrung bescheinigt,
2. aus dem in einem anderen europäischen Staat nach § 8 Absatz 2 erworbenen Prüfungszeugnis geht hervor, dass ein Ausbildungsabschluss erworben wurde, der in diesem Staat für den unmittelbaren Zugang zu einem der in § 3 oder § 6 genannten Berufe erforderlich ist; Prüfungszeugnisse im Sinne dieses Gesetzes sind Ausbildungsnachweise nach Artikel 3 Absatz 1 Buchstabe c der Richtlinie 2005/36/EG, die dem in Artikel 11 der Richtlinie 2005/36/EG genannten Niveau entsprechen.

(3) Absatz 2 Nummer 2 Halbsatz 2 gilt auch für Ausbildungsnachweise oder eine Gesamtheit von Ausbildungsnachweisen, sofern sie eine in einem europäischen Staat nach § 8 Absatz 2 abgeschlossene Ausbildung bescheinigen, von diesem Staat als gleichwertig anerkannt wurden und in Bezug auf die Aufnahme oder Ausübung der in § 3 oder § 6 genannten Berufe dieselben Rechte verleihen oder auf die Ausübung dieser Berufe vorbereiten. Absatz 2 Nummer 2 Halbsatz 2 gilt ferner für Berufsqualifikationen, die nicht den Erfordernissen der Rechts- und Verwaltungsvorschriften des Herkunftsstaates für die Aufnahme oder Ausübung der in § 3 oder § 6 genannten Berufe entsprechen, den inhabenden Personen jedoch nach dem Recht des Herkunftsstaates erworbene Rechte nach den dort maßgeblichen Vorschriften verleihen.

§ 10 Verfahren zur Feststellung der Gleichwertigkeit bei fehlenden Nachweisen

Zur Ermittlung der beruflichen Fertigkeiten, Kenntnisse und Fähigkeiten nach § 14 Absatz 1 Satz 1 des Brandenburgischen Berufsqualifikationsfeststellungsgesetzes findet eine Kenntnisstandsprüfung statt, die sich auf die inhaltlichen Anforderungen der Abschlussprüfung der Ausbildungs- und Prüfungsordnungen oder der Studien- und Prüfungsordnungen für die jeweiligen Berufe in diesem Gesetz bezieht.

§ 11 (aufgehoben)

§ 12 Zuverlässigkeit

(1) Die antragstellende Person, die eine Anerkennung nach § 1 Abs. 1 Nr. 1 oder § 4 Abs. 1 Nr. 1 beantragt, hat zum Nachweis, dass die Voraussetzungen nach

§ 1 Abs. 1 Nr. 3 oder § 4 Abs. 1 Nr. 2 vorliegen, eine von der zuständigen Behörde des Herkunftsstaates ausgestellte Bescheinigung oder einen von einer solchen Behörde ausgestellten Strafregisterauszug oder, wenn ein solcher nicht beigebracht werden kann, einen gleichwertigen Nachweis vorzulegen.

(2) Wurde der Beruf im Herkunftsstaat bereits ausgeübt, so kann die nach § 29 zuständige Behörde bei der zuständigen Behörde des Herkunftsstaates Auskünfte über etwa verhängte Strafen oder sonstige berufs- oder strafrechtliche Maßnahmen wegen schwerwiegenden standeswidrigen Verhaltens oder strafbarer Handlungen, die die Ausübung des Berufs betreffen, einholen.

(3) Hat die nach § 29 zuständige Behörde in den Fällen des Absatzes 1 oder des Absatzes 2 von Tatbeständen Kenntnis, die außerhalb des Geltungsbereichs dieses Gesetzes eingetreten sind und im Hinblick auf die Voraussetzungen des § 1 Abs. 1 Nr. 3 oder des § 4 Abs. 1 Nr. 2 von Bedeutung sein können, so hat sie die zuständige Behörde des Herkunftsstaates zu unterrichten und sie zu bitten, diese Tatbestände zu überprüfen und ihr das Ergebnis und die Folgerungen, die sie hinsichtlich der von ihr ausgestellten Bescheinigungen und Nachweise daraus zieht, mitzuteilen.

(4) Die in den Absätzen 1 bis 3 genannten Bescheinigungen und Mitteilungen sind vertraulich zu behandeln. Sie dürfen der Beurteilung nur zugrunde gelegt werden, wenn bei der Vorlage die Ausstellung nicht mehr als drei Monate zurückliegt.

§ 13 Gesundheitliche Eignung

Personen, die eine Anerkennung nach § 1 Abs. 1 Nr. 1 oder § 4 Abs. 1 Nr. 1 beantragen, haben zum Nachweis, dass die Voraussetzungen nach § 1 Abs. 1 Nr. 4 oder § 4 Abs. 1 Nr. 3 vorliegen, eine ärztliche Bescheinigung ihres Herkunftsstaates vorzulegen. Wird im Herkunftsstaat ein solcher Nachweis nicht verlangt, ist eine von der zuständigen Behörde dieses Staates ausgestellte vergleichbare Bescheinigung anzuerkennen, aus der sich ergibt, dass die Voraussetzungen des § 1 Abs. 1 Nr. 4 oder § 4 Abs. 1 Nr. 3 erfüllt sind. § 12 Abs. 4 gilt entsprechend.

§ 14 Sprachkenntnisse

Antragstellende Personen, deren Berufsqualifikation anerkannt wird, müssen über die für die Ausübung der Berufstätigkeit erforderlichen Kenntnisse der deutschen Sprache verfügen. Das Nähere hierzu regelt das jeweils zuständige Mitglied der Landesregierung nach § 29 durch Rechtsverordnung.

§ 15 (aufgehoben)

§ 16 (aufgehoben)

§ 17 Zusammenarbeit der Behörden

Die nach § 29 zuständige Behörde arbeitet neben den Fällen des § 13b des Brandenburgischen Berufsqualifikationsfeststellungsgesetzes mit den zuständigen Behörden der Ausbildungsstaaten und der Staaten, in denen Personen mit nach diesem Gesetz erteilten Anerkennungen eine Berufsausübung beabsichtigen, zusammen. Dies betrifft das Vorliegen strafrechtlicher Sanktionen, die Rücknahme, den Widerruf und die Anordnung des Ruhens der staatlichen Anerkennung, die Untersagung der Ausübung der Tätigkeit und Tatsachen, die eine der Sanktionen oder Maßnahmen rechtfertigen würden, sowie Konsequenzen, die aus übermittelten Auskünften zu ziehen sind. Die Rechtsvorschriften über den Schutz personenbezogener Daten sind einzuhalten.

§ 18 Dienstleistungsfreiheit

(1) Staatsangehörige eines europäischen Staates nach § 8 Absatz 2, die zur Ausübung eines der in § 3 oder § 6 genannten Berufe in einem anderen europäischen Staat nach § 8 Absatz 2 aufgrund einer nach deutschen Rechtsvorschriften abgeschlossenen Ausbildung oder aufgrund eines den Anforderungen des § 1 Absatz 1 Nummer 1 oder § 4 Absatz 1 Nummer 1 entsprechenden Ausbildungsnachweises berechtigt und

1. in einem europäischen Staat rechtmäßig niedergelassen sind (Niederlassungsmitgliedstaat) oder
2. wenn der in § 3 oder § 6 genannte Beruf im Niederlassungsmitgliedstaat nicht reglementiert ist, diesen Beruf während der vorhergehenden zehn Jahre mindestens ein Jahr im Niederlassungsmitgliedstaat ausgeübt haben,dürfen als Erbringer von Dienstleistungen im Sinne des Artikels 57 des Vertrags über die Arbeitsweise der Europäischen Union vorübergehend und gelegentlich ihren Beruf im Geltungsbereich dieses Gesetzes ausüben. Die Berechtigung nach Satz 1 besteht nicht, wenn die Voraussetzungen einer Rücknahme oder eines Widerrufs, die sich auf die Tatbestände nach § 1 Absatz 1 Nummer 3 oder Nummer 4 oder nach § 4 Absatz 1 Nummer 2 oder Nummer 3 beziehen, vorliegen, eine entsprechende Maßnahme mangels deutscher Berufserlaubnis jedoch nicht erlassen werden kann. Der vorübergehende und gelegentliche

Charakter der Dienstleistungserbringung wird im Einzelfall beurteilt. In die Beurteilung sind die Dauer, die Häufigkeit, die regelmäßige Wiederkehr und die Kontinuität der Dienstleistung einzubeziehen.

(2) Die für die Ausübung der Dienstleistung erforderlichen Kenntnisse der deutschen Sprache müssen vorhanden sein. Das Nähere hierzu regelt das jeweils zuständige Mitglied der Landesregierung nach § 29 durch Rechtsverordnung.

§ 19 Meldepflicht

(1) Wer im Sinne des § 18 Abs. 1 Dienstleistungen erbringen will, hat dies der zuständigen Behörde vorher zu melden. Die Meldung muss schriftlich erfolgen. Sie ist einmal jährlich zu erneuern, wenn die betreffende Person beabsichtigt, während des betreffenden Jahres vorübergehend und gelegentlich Dienstleistungen im Geltungsbereich dieses Gesetzes zu erbringen.

(2) Bei der erstmaligen Meldung der beabsichtigten Dienstleistungserbringung oder im Falle wesentlicher Änderungen gegenüber der in den bisher vorgelegten Dokumenten bescheinigten Situation hat die betreffende Person folgende Bescheinigungen vorzulegen:

1. ein Staatsangehörigkeitsnachweis,
2. ein Berufsqualifikationsnachweis,
3. eine Bescheinigung über die rechtmäßige Niederlassung in einem der in § 3 oder § 6 genannten Berufe in einem anderen europäischen Staat nach § 8 Absatz 2, die sich darauf erstreckt, dass die dienstleistungserbringende Person eine dem vorgenannten Beruf entsprechende Tätigkeit während der vorhergehenden zehn Jahre mindestens ein Jahr rechtmäßig ausgeübt hat, und
4. eine Bescheinigung, dass keine berufsbezogenen disziplinarischen oder strafrechtlichen Sanktionen vorliegen.

(3) § 12 Abs. 4 gilt entsprechend.

§ 20 Verfahren bei Dienstleistungserbringung

(1) Die nach § 29 zuständige Behörde prüft im Falle der erstmaligen Dienstleistungserbringung im Sinne des § 18 Absatz 1 den Berufsqualifikationsnachweis. Sie berücksichtigt, dass bei wesentlichen Unterschieden zwischen der beruflichen Qualifikation und der nach diesem Gesetz und den einschlägigen Ausbildungs- oder Studien- und Prüfungsordnungen geforderten Ausbildung Ausgleichsmaßnahmen nur gefordert werden dürfen, wenn die Unterschiede so groß sind, dass ohne Nachweis der fehlenden Kenntnisse und Fähigkeiten

die öffentliche Gesundheit gefährdet wäre. Der Ausgleich der fehlenden Kenntnisse, Fähigkeiten und Fertigkeiten soll in Form einer Eignungsprüfung erfolgen.

(2) Die nach § 29 zuständige Behörde soll die eine Dienstleistung nach § 18 Absatz 1 erbringende Person bei der erstmaligen Anzeige einer Dienstleistungserbringung binnen eines Monats nach Eingang der Meldung und der Begleitdokumente über das Ergebnis der Nachprüfung unterrichten. Ist eine Nachprüfung innerhalb dieser Frist in besonderen Ausnahmefällen nicht möglich, unterrichtet die zuständige Behörde die die Dienstleistung erbringende Person innerhalb eines Monats über die Gründe für diese Verzögerung und über den Zeitplan für ihre Entscheidung, die vor Ablauf des zweiten Monats ab Eingang der vollständigen Unterlagen ergehen muss. Erhält die eine Dienstleistung erbringende Person innerhalb der in Satz 1 und 2 genannten Fristen keine Rückmeldung der zuständigen Behörde, darf die Dienstleistung erbracht werden.

(3) Soweit Zweifel an der Rechtmäßigkeit der Niederlassung oder Anhaltspunkte vorliegen, die auf unrichtige Angaben, eine Verletzung von Berufspflichten sowie berufsbezogene disziplinarische oder strafrechtliche Verfehlungen der antragstellenden Person schließen lassen, soll die nach § 29 zuständige Behörde mit Hilfe der Behörden des Niederlassungsmitgliedstaates den Sachverhalt aufklären.

(4) Staatsangehörige eines europäischen Staates nach § 8 Absatz 2, die im Geltungsbereich dieses Gesetzes einen der in § 3 oder § 6 genannten Berufe ausüben, haben beim Erbringen der Dienstleistung die Rechte und Pflichten von Personen mit einer staatlichen Anerkennung nach § 1 Abs. 1 oder § 4 Abs. 1. Wird gegen diese Pflichten verstoßen, so hat die nach § 29 zuständige Behörde unverzüglich die zuständige Behörde des Niederlassungsmitgliedstaates dieses Dienstleistungserbringers hierüber zu unterrichten.

(5) Staatsangehörigen eines europäischen Staates nach § 8 Absatz 2, die im Geltungsbereich dieses Gesetzes einen der in § 3 oder § 6 genannten Berufe als Dienstleistungserbringer ausüben, ist auf Antrag eine Bescheinigung darüber auszustellen, dass

1. sie als Berufsangehörige rechtmäßig niedergelassen sind und ihnen die Ausübung ihrer Tätigkeiten nicht, auch nicht vorübergehend, untersagt ist,
2. sie über die zur Ausübung der jeweiligen Tätigkeit erforderliche berufliche Qualifikation verfügen sowie
3. keine berufsbezogenen disziplinarischen oder strafrechtlichen Sanktionen vorliegen.

§ 21 Berichtspflicht

Die zuständige Behörde übermittelt dem zuständigen Bundesministerium die erforderlichen statistischen Aufstellungen zu den getroffenen Entscheidungen und eine Beschreibung der Hauptprobleme bei der Anwendung der Richtlinie 2005/36/EG zur Weiterleitung an die Kommission.

§ 22 (aufgehoben)

Abschnitt 5
Weiterbildung

§ 23 Ziel der Weiterbildung

Weiterbildung im Sinne dieses Gesetzes ist die Wiederaufnahme organisierten Lernens an staatlich anerkannten Weiterbildungsstätten nach Abschluss der Ausbildung in einem sozialen Beruf nach §§ 1 und 4 sowie einer mindestens zweijährigen Tätigkeit in dem erlernten Beruf. Die Weiterbildung hat das Ziel, die Berufsqualifikation zu erhöhen und zur Übernahme von speziellen berufsbezogenen Tätigkeiten oder Funktionen zu befähigen.

§ 24 Weiterbildungsbezeichnung

(1) Weiterbildungsbezeichnungen können vergeben werden, wenn daran ein besonderes öffentliches Interesse besteht.

(2 Eine Weiterbildungsbezeichnung aufgrund dieses Gesetzes darf nur von der Person geführt werden, der sie erteilt worden ist. Eine Weiterbildungsbezeichnung wird auf Antrag der Person verliehen, die

1. zum Führen der Berufsbezeichnung in einem der in den §§ 1 und 4 genannten sozialen Berufe berechtigt ist,
2. die Weiterbildung abgeschlossen und
3. die Abschlussprüfung bestanden hat.

Die antragstellende Person hat dafür die entsprechenden Nachweise vorzulegen.

(3) Die Erlaubnis zum Führen der Weiterbildungsbezeichnung nach Absatz 2 kann zurückgenommen werden, wenn die Prüfung nachträglich für nicht bestanden erklärt wird.

(4) Die Erlaubnis zum Führen der Weiterbildungsbezeichnung nach Absatz 2 ent-

fällt, wenn die Erlaubnis zum Führen der entsprechenden Berufsbezeichnung nach diesem Gesetz entzogen wird.

§ 25 Weiterbildungsstätten

(1) Weiterbildungsstätten, die eine Weiterbildungsbezeichnung nach diesem Gesetz verleihen, bedürfen der Zulassung.
(2) Die Zulassung nach Absatz 1 wird erteilt, wenn die personellen, baulichen und sachlichen Mindestvoraussetzungen für die Sicherstellung der theoretischen und praktischen Anteile der Weiterbildung erfüllt sind. Weiterbildungsstätten, die die Weiterbildung in modularer Form durchführen, müssen alle Module realisieren.
(3) Die für Soziales und Jugend zuständigen Mitglieder der Landesregierung werden ermächtigt, durch Rechtsverordnung die Voraussetzungen und das Verfahren für die Verleihung von Weiterbildungsbezeichnungen nach § 24 und für die Zulassung von Weiterbildungsstätten zu regeln.

§ 26 Durchführung der Weiterbildung

(1) An der Weiterbildung teilnehmende Personen sollen in einem der in den §§ 3 und 6 genannten sozialen Berufe tätig sein.
(2) Die Weiterbildung kann in Teilzeit- oder Vollzeitform durchgeführt werden.
(3) Die Weiterbildung kann auch in modularer Form durchgeführt werden, wenn dies die entsprechende Weiterbildungsverordnung zulässt. Jedes Modul stellt ein in sich abgeschlossenes Gebiet der Weiterbildung dar und wird mit einem Leistungsnachweis beendet.
(4) Die Weiterbildung ist in einem Zeitraum von längstens vier Jahren mit einer Abschlussprüfung abzuschließen.
(5) Unterbrechungen durch Krankheiten oder andere nicht selbst von der teilnehmenden Person zu vertretende Gründe können bis zu 20 Prozent auf die Dauer der Weiterbildung angerechnet werden.

Abschnitt 6
Sonstige Bestimmungen

§ 27 Rücknahme, Widerruf

(1) Die Zulassung als Weiterbildungsstätte nach § 25 und die Verleihung der Wei-

terbildungsbezeichnung nach § 24 können zurückgenommen werden, wenn eine der für die Erteilung geforderten Voraussetzungen nicht vorgelegen hat oder wenn nachträglich Tatsachen bekannt werden, die eine Rücknahme rechtfertigen. Dies ist insbesondere dann gegeben, wenn Nachweise vorliegen, aus denen sich eine Unzuverlässigkeit der betroffenen Weiterbildungsstätte nach § 25 Abs. 2 oder eine Unzuverlässigkeit der betroffenen Person zur Ausübung eines Berufs nach § 1 Abs. 1 Nr. 3 oder § 4 Abs. 1 Nr. 2 ergibt.

(2) Die staatliche Anerkennung und die Verleihung der Weiterbildungsbezeichnung können widerrufen werden, wenn die Voraussetzungen für ihre Erteilung weggefallen sind.

(3) Im Übrigen gelten die §§ 48 und 49 des Verwaltungsverfahrensgesetzes für das Land Brandenburg.

§ 27a Verfahren über den Einheitlichen Ansprechpartner für das Land Brandenburg

Die Verwaltungsverfahren nach diesem Gesetz können über den Einheitlichen Ansprechpartner für das Land Brandenburg abgewickelt werden. Das Gesetz über den Einheitlichen Ansprechpartner für das Land Brandenburg vom 7. Juli 2009 (GVBl. I S. 262) sowie § 1 des Verwaltungsverfahrensgesetzes für das Land Brandenburg in Verbindung mit den §§ 71a bis 71e des Verwaltungsverfahrensgesetzes finden Anwendung.

§ 28 Ordnungswidrigkeiten

(1) Ordnungswidrig handelt, wer vorsätzlich oder fahrlässig

1. Bezeichnungen nach den §§ 3, 6 oder § 24 führt, ohne hierzu berechtigt zu sein,
2. der Meldepflicht nach § 19 nicht nachkommt oder
3. eine Weiterbildungsstätte mit dem Anschein betreibt, Berechtigungen zum Führen von Weiterbildungsbezeichnungen nach § 24 vermitteln zu können, ohne eine Zulassung nach § 25 zu besitzen.

(2) Die Ordnungswidrigkeit kann

1. im Fall des Absatzes 1 Nr. 1 und 2 mit einer Geldbuße von bis zu dreitausend Euro und
2. im Fall des Absatzes 1 Nr. 3 mit einer Geldbuße von bis zu fünfundzwanzigtausend Euro

geahndet werden.

§ 29 Zuständige Behörde

Zuständige Behörde für die Durchführung dieses Gesetzes ist die für die in diesem Gesetz genannten Berufe jeweils zuständige oberste Landesbehörde. Das für die in diesem Gesetz genannten Berufe jeweils zuständige Mitglied der Landesregierung wird ermächtigt, die Zuständigkeit nach Satz 1 durch Rechtsverordnung auf andere Behörden zu übertragen.

§ 30 Datenschutz

(1) Die nach diesem Gesetz zuständige Behörde darf zur Erfüllung der ihr durch dieses Gesetz zugewiesenen Aufgaben erforderliche personen- und betriebsbezogene Daten erheben, verarbeiten und übermitteln.

(2) Die Daten dürfen nur für die Zwecke gespeichert, verarbeitet und übermittelt werden, für die sie erhoben worden sind. Die Daten sind grundsätzlich nur bei den Betroffenen mit deren Kenntnis zu erheben. Die Betroffenen sind verpflichtet, der zuständigen Behörde auf Verlangen die erforderlichen Auskünfte zu erteilen. Kommen Betroffene ihrer Auskunftspflicht nicht nach, sollen deren Anträge nicht weiter bearbeitet werden; hierauf sind die Betroffenen hinzuweisen.

(3) Eine Erhebung ist ohne Kenntnis der Betroffenen nur zulässig, wenn andernfalls die Erfüllung der behördlichen Aufgaben nach diesem Gesetz gefährdet wäre. Dies ist insbesondere dann gegeben, wenn Anhaltspunkte für unrichtige Angaben oder eine Verletzung der Berufspflichten vorliegen und eine Rücknahme oder ein Widerruf der Erlaubnis erforderlich erscheint.

(4) Die für Soziales und Jugend zuständigen Mitglieder der Landesregierung werden ermächtigt, durch Rechtsverordnung zu bestimmen,

1. welche der in Absatz 1 genannten Daten zu welchem Zweck im Einzelnen erhoben und verarbeitet werden dürfen,
2. an welche Behörden zu welchem Zweck Daten übermittelt werden dürfen,
3. in welchen Fällen Daten zu Zwecken verarbeitet werden dürfen, für die sie nicht erhoben worden sind, und
4. welche Auskünfte die Betroffenen zu erteilen haben.

§ 31 Übergangsvorschriften

(1) Die vor Inkrafttreten dieses Gesetzes erteilten staatlichen Anerkennungen für Ausbildungs- und Weiterbildungsabschlüsse sowie Gleichwertigkeitsbescheinigungen in sozialen Berufen gelten fort.

(2) Absolventinnen und Absolventen im Diplomstudiengang der Sozialarbeit/Sozialpädagogik mit einer Regelstudienzeit von acht Semestern einschließlich einer integrierten Praxisausbildung im Umfang von zwei praktischen Studiensemestern erhalten auf Antrag die staatliche Anerkennung nach § 1 Abs. 1. § 3 Abs. 1 gilt entsprechend.

(3) Personen, die vor Inkrafttreten dieses Gesetzes im Land Brandenburg in einem akkreditierten Bachelorstudiengang nach § 1 Abs. 1 Nr.1 Buchstabe a oder Buchstabe b oder § 1 Abs. 2 einen Abschluss erworben haben, erhalten auf Antrag rückwirkend die staatliche Anerkennung nach § 1 Abs. 1. § 3 gilt entsprechend.

(4) Personen, die in dem in Artikel 3 des Einigungsvertrages genannten Gebiet einen Abschluss als Fürsorgerin oder Fürsorger erworben haben, eine ergänzende Qualifizierung nachweisen und die in § 1 Abs. 1 Nr. 3 bis 5 genannten Voraussetzungen erfüllen, erhalten auf Antrag die staatliche Anerkennung als Sozialarbeiterin oder Sozialarbeiter.

(5) Personen, die in dem in Artikel 3 des Einigungsvertrages genannten Gebiet einen Abschluss oder einen vergleichbaren Abschluss nach § 4 Abs. 1 Nr. 1 Buchstabe a bis d erworben haben und die in § 4 Abs. 1 Nr. 2 bis 4 genannten Voraussetzungen erfüllen, erhalten auf Antrag die staatliche Anerkennung in einem der in § 4 Abs. 1 Nr. 1 genannten Berufe. Erzieherinnen und Erzieher müssen eine ergänzende Qualifizierung nachweisen. § 3 gilt entsprechend.

(6) Absolventinnen und Absolventen des Studiengangs nach § 1 Absatz 1 Nummer 1 Buchstabe b, die diesen Studiengang vor dem Inkrafttreten des Artikels 3 Nummer 1 des Gesetzes zur Durchführung des Kapitels III der Verordnung (EG) Nr. 765/2008 des Europäischen Parlaments und des Rates vom 9. Juli 2008 über die Vorschriften für die Akkreditierung und Marktüberwachung im Zusammenhang mit der Vermarktung von Produkten und zur Aufhebung der Verordnung (EWG) Nr. 339/93 des Rates für Bauprodukte, zur Änderung des Brandenburgischen Besoldungsgesetzes, zur Änderung des Brandenburgischen Sozialberufsgesetzes und zur Änderung der Kita-Personalverordnung vom 14. Mai 2012 (GVBl. I Nr. 22) aufgenommen haben, sind bei Antragstellung auf Erteilung der staatlichen Anerkennung berechtigt, an Stelle der in § 3 Absatz 2 genannten Berufsbezeichnung die Berufsbezeichnung »staatlich anerkannte Sozialpädagogin« oder »staatlich anerkannter Sozialpädagoge« zu wählen.

(7) Staatlich anerkannte Sozialpädagoginnen und staatlich anerkannte Sozialpädagogen, die den Studiengang nach § 1 Absatz 1 Nummer 1 Buchstabe b absolviert haben, ist auf Antrag eine Urkunde über die Berufsbezeichnung

»staatlich anerkannte Kindheitspädagogin« oder »staatlich anerkannter Kindheitspädagoge« auszustellen. Im Gegenzug ist die Urkunde über die Berufsbezeichnung »staatlich anerkannte Sozialpädagogin« oder »staatlich anerkannter Sozialpädagoge« einzuziehen.

§ 32 Inkrafttreten, Außerkrafttreten

Dieses Gesetz tritt am Tage nach der Verkündung in Kraft. Gleichzeitig treten außer Kraft:

1. das Brandenburgische Sozialberufsgesetz in der Fassung der Bekanntmachung vom 10. Oktober 1996 (GVBl. I S. 308) und
2. die Verordnung über die Voraussetzungen und das Verfahren der Zulassung als staatlich anerkanntes Fachseminar für Altenpflege vom 1. Februar 1999 (GVBl. II S. 101).

Potsdam, den 3. Dezember 2008

Der Präsident des Landtages Brandenburg
Gunter Fritsch

coole Paragrafen-
lassen uns nicht schlafen-
SGB Acht-
wir rappen das
es kracht!

RAP' DAS RECHT-PARTY

Yo Yo Yo...

Das fetzt!

Erstes Gesetz zur Ausführung des

Achten Buches Sozialgesetzbuch – Kinder- und Jugendhilfe (AGKJHG)

in der Fassung der Bekanntmachung vom 26. Juni 1997 (GVBl. I S. 87),
zuletzt geändert durch
Gesetz vom 17. Dezember 2015 (GVBl. I Nr. 41)

Inhaltsübersicht

Abschnitt I
Örtliche Träger der Jugendhilfe

§ 1 Jugendamt

(1) Die örtlichen Träger der Jugendhilfe sind die Landkreise und kreisfreien Städte.

(2) Das für Jugend zuständige Mitglied der Landesregierung kann im Einvernehmen mit dem für Inneres zuständigen Mitglied der Landesregierung eine Große kreisangehörige Stadt auf ihren Antrag nach Anhörung des Landkreises durch Rechtsverordnung zum örtlichen Träger der Jugendhilfe bestimmen, wenn ihre Leistungsfähigkeit zur Erfüllung der Aufgaben der Jugendhilfe gewährleistet ist. Das für Jugend zuständige Mitglied der Landesregierung kann im Einvernehmen mit dem für Inneres zuständigen Mitglied der Landesregierung nach Anhörung des betroffenen Landkreises einer nach Satz 1 bestimmten Großen kreisangehörigen Stadt nach deren Anhörung die Stellung als örtlicher Träger der Jugendhilfe durch Rechtsverordnung aberkennen, wenn deren Leistungsfähigkeit nicht mehr dauerhaft die Erfüllung der Aufgaben der Jugendhilfe gewährleisten kann.

§ 2 Wächteramt des örtlichen Trägers der Jugendhilfe

Erhält das Jugendamt von Tatsachen Kenntnis, die die Entwicklung eines Kindes oder Jugendlichen und seine Erziehung zu einer eigenverantwortlichen und gemeinschaftsfähigen Persönlichkeit gefährdet erscheinen lassen, so hat es Leistungen und Hilfen anzubieten, die zur Abwendung der Gefährdung geeignet und notwendig sind, auch wenn ein Anspruch auf die Leistung oder Hilfe nicht geltend gemacht wird. Das Jugendamt soll die Leistungen und Hilfen erbringen, soweit sie angenommen werden und die Personensorgeberechtigten nicht widersprechen. Der Grundsatz der Freiwilligkeit der Jugendhilfe, das Wunsch- und Wahlrecht nach § 5 des Achten Buches Sozialgesetzbuch und die Verantwortung der Eltern, über die Pflege und Erziehung ihrer Kinder zu entscheiden, bleiben unberührt.

§ 3 Satzung des Jugendamtes

(1) Der Kreistag beziehungsweise die Stadtverordnetenversammlung erlassen für das Jugendamt eine Satzung.

(2) Die Satzung regelt insbesondere

1. den Umfang des Beschlussrechts des Jugendhilfeausschusses,

2. die Zahl der nach § 5 Abs. 1 stimmberechtigten Mitglieder des Jugendhilfeausschusses,
3. die Anhörung des Jugendhilfeausschusses vor der Beschlussfassung des Kreistages beziehungsweise der Stadtverordnetenversammlung in Fragen der Jugendhilfe,
4. den Umfang des Antragsrechts des Jugendhilfeausschusses an den Kreistag beziehungsweise die Stadtverordnetenversammlung,
5. den Kreis der Mitglieder des Jugendhilfeausschusses, aus dem das vorsitzende Mitglied zu wählen ist.

§ 4 Jugendhilfeausschuss

(1) Für den Jugendhilfeausschuss gelten die Bestimmungen der Kommunalverfassung des Landes Brandenburg über Ausschüsse, soweit das Achte Buch Sozialgesetzbuch und dieses Gesetz nichts anderes bestimmen.

(2) Dem Jugendhilfeausschuss gehören stimmberechtigte und beratende Mitglieder an.

(3) Die Sitzungen des Jugendhilfeausschusses sind öffentlich, soweit nicht das Wohl der Allgemeinheit, berechtigte Interessen einzelner Personen oder schutzbedürftiger Gruppen entgegenstehen. Über den Ausschluss der Öffentlichkeit ergeht ein Beschluss des Jugendhilfeausschusses, in dem der Ausschlussgrund ausdrücklich festgestellt wird.

(4) Der Jugendhilfeausschuss wird von seinem vorsitzenden Mitglied nach Bedarf, mindestens jedoch sechsmal im Jahr einberufen. Das vorsitzende Mitglied ist zur Einberufung verpflichtet, wenn ein Fünftel der stimmberechtigten Mitglieder dies verlangt.

(5) Der Jugendhilfeausschuss beschließt in Angelegenheiten der Jugendhilfe gemäß § 71 Abs. 3 Satz 1 des Achten Buches Sozialgesetzbuch, soweit sich nicht zuvor der Kreistag oder die Stadtverordnetenversammlung die Beschlussfassung vorbehalten hat. Er berät die Verwaltung des Jugendamtes bei der Haushaltsaufstellung und befasst sich mit dem Jugendförderplan. Die Verwaltung des Jugendamtes berichtet dem Jugendhilfeausschuss über ihre Tätigkeit sowie über die Lage der Jugend im Zuständigkeitsbereich des Jugendamtes. Der Ausschuss kann Auskünfte von ihr verlangen.

(6) § 55 Abs. 1 der Kommunalverfassung des Landes Brandenburg gilt für Beschlüsse des Jugendhilfeausschusses entsprechend mit der Maßgabe, dass die Stadtverordnetenversammlung oder der Kreistag in der nächsten ordentlichen Sitzung über die Beanstandung entscheidet.

§ 5 Stimmberechtigte Mitglieder des Jugendhilfeausschusses

(1) Dem Jugendhilfeausschuss gehören 10 oder 15 stimmberechtigte Mitglieder an.

(2) Die stimmberechtigten Mitglieder werden für die Wahlperiode des Kreistages beziehungsweise der Stadtverordnetenversammlung von diesen gewählt. Sie üben ihre Tätigkeit solange aus, bis der neugewählte Jugendhilfeausschuss zusammentritt. Scheidet ein stimmberechtigtes Mitglied vor Ablauf der Wahlperiode aus, so ist ein neues stimmberechtigtes Mitglied für den Rest der Wahlzeit auf Vorschlag derjenigen Stelle, die das ausgeschiedene Mitglied vorgeschlagen hatte, zu wählen. Entspricht im Falle des Satzes 3 die Zusammensetzung der gemäß § 71 Abs. 1 Nr. 1 des Achten Buches Sozialgesetzbuch gewählten Mitglieder nicht mehr den Verhältnissen der Stärke der Fraktionen des Kreistages oder der Stadtverordnetenversammlung, so bestimmt sich das Vorschlagsrecht nach der Kommunalverfassung des Landes Brandenburg.

(3) Für jedes stimmberechtigte Mitglied ist eine Vertretung zu wählen. Absatz 2 gilt entsprechend.

(4) Die Vertretungskörperschaft kann neben Mitgliedern des Kreistages oder der Stadtverordnetenversammlung in der Jugendhilfe erfahrene Frauen und Männer sowie Jugendliche, die zum Zeitpunkt der Wahl das 14. Lebensjahr vollendet haben, in den Jugendhilfeausschuss wählen. Für die Mitglieder des Kreistages oder der Stadtverordnetenversammlung und die in der Jugendhilfe erfahrenen Frauen, Männer und Jugendlichen stehen insgesamt drei Fünftel der Stimmen zur Verfügung. Als Erfahrungen in der Jugendhilfe gelten insbesondere ehrenamtliche und berufliche Tätigkeiten, die den Angeboten und Hilfen gemäß § 2 Abs. 2 des Achten Buches Sozialgesetzbuch vergleichbar sind.

(5) Den Mitgliedern gemäß § 71 Abs. 1 Nr. 2 des Achten Buches Sozialgesetzbuch stehen die übrigen zwei Fünftel der Stimmen zur Verfügung.

(6) Die im Bereich des örtlichen Trägers der Jugendhilfe wirkenden und anerkannten Träger der freien Jugendhilfe sollen mindestens die doppelte Anzahl der insgesamt auf sie entfallenden Mitglieder und ihrer Stellvertretungen vorschlagen. Dabei ist eine angemessene Anzahl ehrenamtlich tätiger Frauen, Männer und Jugendlicher, die im Zuständigkeitsbereich des örtlichen Trägers der Jugendhilfe für einen freien Träger tätig sind, zu benennen. Der Kreistag beziehungsweise die Stadtverordnetenversammlung wählen aus den Vorgeschlagenen die Mitglieder. Bei der Wahl ist die Bedeutung der Arbeit des Trägers für die Jugendhilfe im Zuständigkeitsbereich des Jugendamtes angemessen zu berücksichtigen. Wird kein Vorschlag eingereicht, wählt der Kreistag beziehungsweise die Stadtverordnetenversammlung ihr bekannte Personen aus

dem Kreise des § 71 Abs. 1 Nr. 2 des Achten Buches Sozialgesetzbuch, die zum Zeitpunkt der Wahl das 14. Lebensjahr vollendet haben.

(7) Bei der Wahl und den Vorschlägen ist ein paritätisches Geschlechterverhältnis anzustreben.

§ 6 Beratende Mitglieder des Jugendhilfeausschusses

(1) Als beratende Mitglieder gehören dem Jugendhilfeausschuss an:

1. die Oberbürgermeisterin beziehungsweise der Oberbürgermeister oder die Landrätin beziehungsweise der Landrat oder die Bürgermeisterin beziehungsweise der Bürgermeister eines nach § 1 Abs. 2 bestimmten örtlichen Trägers der Jugendhilfe oder eine von ihnen bestellte Vertretung,
2. die Leiterin beziehungsweise der Leiter der Verwaltung des Jugendamtes oder die Stellvertretung,
3. die kommunale Gleichstellungsbeauftragte.

(2) In den Jugendhilfeausschuss entsenden je ein weiteres beratendes Mitglied:

1. das Amtsgericht, in dessen Gerichtsbezirk das Jugendamt seinen Sitz hat, aus der mit Vormundschafts-, Familien- oder Jugendsachen befassten Richterschaft,
2. die für die Gewährung von Leistungen nach dem Zweiten und Dritten Buch Sozialgesetzbuch zuständige Stelle,
3. das staatliche Schulamt,
4. das Gesundheitsamt,
5. die Polizeibehörde,
6. die evangelische und die katholische Kirche, die jüdische Kultusgemeinde und die Gesamtheit der freigeistigen Verbände, wenn diese im Zuständigkeitsbereich des Jugendamtes ansässig sind. Zusätzlich kann der Jugendhilfeausschuss bis zu zwei Vertreterinnen oder Vertreter von im Zuständigkeitsbereich des Jugendamtes ansässigen weiteren Religionsgemeinschaften zu beratenden Mitgliedern bestimmen,
7. der Stadt- oder Kreissportbund,
8. der Kreisrat der Schülerinnen und Schüler,
9. der Kreisrat der Eltern,
10. der Kreisrat der Lehrkräfte,
11. der Kreiskitaelternbeirat der Kindertagesbetreuung.

(3) Für jedes beratende Mitglied des Jugendhilfeausschusses nach Absatz 2 ist durch die entsprechende Stelle eine Stellvertretung zu bestimmen.

(4) Durch die Satzung kann bestimmt werden, dass weitere sachkundige Frauen, Männer und Jugendliche, die das 14. Lebensjahr vollendet haben, dem Jugend-

hilfeausschuss als beratende Mitglieder angehören. Für die laufende Wahlperiode kann diese Bestimmung durch Beschluss des Jugendhilfeausschusses erfolgen.

(5) Der Jugendhilfeausschuss kann zu einzelnen Themen Sachverständige hinzuziehen und soll junge Menschen an den Beratungen beteiligen, die von der Entscheidung betroffen sein werden. Das gilt auch für Beratungen im Rahmen der Jugendhilfeplanung.

§ 7 Unterausschüsse

(1) Der Jugendhilfeausschuss bildet einen ständigen Unterausschuss für die Jugendhilfeplanung.

(2) Bei weiterem Bedarf für einzelne Aufgaben der Jugendhilfe können aus Mitgliedern des Jugendhilfeausschusses Unterausschüsse gebildet werden.

Abschnitt II
Überörtlicher Träger der Jugendhilfe

§ 8 Überörtlicher Träger der Jugendhilfe, oberste Landesjugendbehörde

(1) Überörtlicher Träger der Jugendhilfe im Sinne des § 69 Absatz 1 des Achten Buches Sozialgesetzbuch ist das Land Brandenburg.

(2) Oberste Landesjugendbehörde im Sinne des Achten Buches Sozialgesetzbuch und dieses Gesetzes ist das für Jugend zuständige Ministerium. Die oberste Landesjugendbehörde nimmt die Aufgaben gemäß § 82 des Achten Buches Sozialgesetzbuch wahr und erstellt zur Förderung von Aufgaben, die überregionale Bedeutung haben oder nach ihrer Art nicht allein von einem Jugendamt oder dem Zusammenschluss mehrerer Jugendämter gefördert werden können, einen Landesjugendplan.

(3) Die Aufgaben des überörtlichen Trägers der Jugendhilfe und des Landesjugendamtes werden von der obersten Landesjugendbehörde wahrgenommen.

§ 9 Rechtsaufsicht über die örtlichen Träger der Jugendhilfe

Die Rechtsaufsicht über die örtlichen Träger der Jugendhilfe obliegt der obersten Landesjugendbehörde.

§ 10 Landes-Kinder- und Jugendausschuss

(1) Zur Beratung der Landesregierung wird ein Landes-Kinder- und Jugendausschuss gebildet, dessen Mitglieder und für jedes Mitglied ein stellvertretendes Mitglied vom Landtag und den in Absatz 2 genannten Gremien und Institutionen benannt werden. Die Amtszeit des Landes-Kinder- und Jugendausschusses entspricht der Wahlperiode des Landtags. Er wird erstmalig nach dem Zusammentreten des Landtags in seiner 6. Wahlperiode gebildet. Seine Amtszeit endet mit dem Zusammentreten eines neuen Landes-Kinder- und Jugendausschusses.

(2) In den Landes-Kinder- und Jugendausschuss entsenden

1. der Landtag insgesamt neun Mitglieder, die auf Vorschlag aller im Landtag vertretenen Fraktionen entsprechend ihrer Stärke vom Landtag gewählt werden,
2. der Dachverband der Jugendverbände fünf Mitglieder,
3. die LIGA der Spitzenverbände der freien Wohlfahrtspflege fünf Mitglieder,
4. der Städte- und Gemeindebund Brandenburg e. V. zwei Mitglieder,
5. der Landkreistag Brandenburg e. V. drei Mitglieder,
6. die Familienverbände im Land Brandenburg und der Landeselternrat je ein Mitglied,
7. der Landesschülerrat ein Mitglied,
8. die evangelische und die katholische Kirche, die jüdische Kultusgemeinde sowie die Gesamtheit der freigeistigen Verbände je ein Mitglied,
9. die Hochschulen des Landes Brandenburg gemeinsam ein Mitglied,
10. der Landeskitaelternbeirat für Kindertagesbetreuung ein Mitglied.

Nicht benannt oder berufen werden kann, wer in einem Dienst- oder Angestelltenverhältnis in einer obersten Landesbehörde oder einer Landesoberbehörde tätig ist oder wer nicht das 14. Lebensjahr vollendet hat. Bei den Benennungen und Berufungen ist ein paritätisches Geschlechterverhältnis anzustreben.

(3) Scheidet ein Mitglied vor Ablauf der Amtszeit des Landes-Kinder- und Jugendausschusses aus, so kann in entsprechender Anwendung von Absatz 1 und 2 ein nachfolgendes Mitglied benannt oder berufen werden. Beim Ausscheiden von stellvertretenden Mitgliedern gilt dies entsprechend.

(4) Die Mitglieder des Landes-Kinder- und Jugendausschusses wählen aus ihrer Mitte mit Stimmenmehrheit ein Mitglied für den Vorsitz und zwei stellvertretende vorsitzende Mitglieder, die den Vorstand des Landes-Kinder- und Jugendausschusses bilden.

(5) Der Landes-Kinder- und Jugendausschuss kann zu einzelnen Themen Sachverständige hinzuziehen und soll junge Menschen an den Beratungen beteiligen, die von der Entscheidung betroffen sein werden. Vertreterinnen und Vertreter

von Einrichtungen und Interessenverbänden von landesweiter Bedeutung sollen im Benehmen zwischen dem vorsitzenden Mitglied und der obersten Landesjugendbehörde zu den Sitzungen eingeladen werden, wenn Beratungsgegenstände dies nahelegen.

(6) Der Landes-Kinder- und Jugendausschuss kann aus seinen Mitgliedern und stellvertretenden Mitgliedern Unterausschüsse bilden, deren Aufgabenbereiche sich an den Handlungsfeldern der Jugendhilfe orientieren. Er kann auch weitere in der Jugendhilfe erfahrene Personen in die Unterausschüsse berufen. Es können Unterausschüsse zu weiteren Themen gebildet werden.

(7) Die Mitglieder des Landes-Kinder- und Jugendausschusses, die stellvertretenden Mitglieder und die nach Absatz 5 und 6 Beteiligten erhalten für notwendige Ausgaben und Aufwendungen eine angemessene Entschädigung, wenn ihnen nicht eine Entschädigung von anderer Seite gewährt wird oder nach anderen Rechtsvorschriften zusteht. Auf die Höhe der Entschädigung und das Verfahren zur Festsetzung finden die für den Landesschulbeirat geltenden Vorschriften entsprechende Anwendung.

(8) Bei der obersten Landesjugendbehörde besteht eine Geschäftsstelle für den Landes-Kinder- und Jugendausschuss und seine Unterausschüsse nach Absatz 6. Die oberste Landesjugendbehörde stellt dem Landes-Kinder- und Jugendausschuss und seinen Unterausschüssen die zur Wahrnehmung seiner Aufgaben erforderlichen Sachmittel und Räume zur Verfügung und entsendet Bedienstete, die mit den anstehenden Themen befasst sind, zur Teilnahme an den Beratungen in die Sitzungen des Landes-Kinder- und Jugendausschusses und bei Bedarf seiner Unterausschüsse. An den Sitzungen des Landes-Kinder- und Jugendausschusses nimmt eine von der obersten Landesjugendbehörde benannte Vertretung dieser Behörde teil.

§ 11 Sitzungen und Verfahren des Landes-Kinder- und Jugendausschusses

(1) Der Landes-Kinder- und Jugendausschuss wird von seinem vorsitzenden Mitglied nach Bedarf, mindestens jedoch dreimal im Jahr einberufen. Das vorsitzende Mitglied ist zur Einberufung verpflichtet, wenn ein Drittel der Mitglieder dies verlangt.

(2) Die Sitzungen des Landes-Kinder- und Jugendausschusses sind öffentlich, soweit nicht das Wohl der Allgemeinheit oder berechtigte Interessen einzelner Personen oder schutzbedürftiger Gruppen entgegenstehen. Über den Ausschluss der Öffentlichkeit ergeht ein Beschluss, in dem der Ausschlussgrund ausdrücklich festgestellt wird.

(3) Der Landes-Kinder- und Jugendausschuss entscheidet mit Stimmenmehrheit. Bei Stimmengleichheit gibt die Stimme des vorsitzenden Mitglieds den Ausschlag.
(4) Der Landes-Kinder- und Jugendausschuss gibt sich eine Geschäftsordnung, die der Genehmigung durch die oberste Landesjugendbehörde bedarf und im Amtsblatt für Brandenburg bekannt gemacht wird.

§ 12 Aufgaben des Landes-Kinder- und Jugendausschusses

(1) Der Landes-Kinder- und Jugendausschuss befasst sich mit allen Aufgaben der Jugendhilfe sowie mit den Lebenssituationen von jungen Menschen. In den Bereichen Schule und Berufsausbildung gilt das Befassungsrecht nur für Fragen der Jugendhilfe, die sich auf Schule und Berufsausbildung beziehen, soweit nicht innerorganisatorische Angelegenheiten der Schule berührt sind. Das Befassungsrecht umfasst das Recht auf Information in allen überörtlichen Angelegenheiten der Jugendhilfe sowie der Lebenssituation junger Menschen und schließt das Recht ein, zu Fragen seines Aufgabenbereichs Gutachten einzuholen.
(2) Der Landes-Kinder- und Jugendausschuss berät die oberste Landesjugendbehörde zu den Themen seines Befassungsrechts. Er kann dazu Beschlüsse fassen.
(3) Die oberste Landesjugendbehörde entscheidet im Benehmen mit dem Landes-Kinder- und Jugendausschuss über Verwaltungsvorschriften, Richtlinien und Grundsatzfragen zu den Aufgaben des überörtlichen Trägers der Jugendhilfe nach § 85 Absatz 2 des Achten Buches Sozialgesetzbuch sowie über die Anerkennung von Trägern der freien Jugendhilfe gemäß § 75 des Achten Buches Sozialgesetzbuch. Besteht ein unabweisbar dringender Regelungsbedarf und kann die Beteiligung des Landes-Kinder- und Jugendausschusses nicht rechtzeitig herbeigeführt werden, entscheidet die oberste Landesjugendbehörde im Benehmen mit dem Vorstand des Landes-Kinder- und Jugendausschusses über ein abweichendes Verfahren. Zugleich ist der Landes-Kinder- und Jugendausschuss über das abweichende Verfahren und über die Gründe der Dringlichkeit zu informieren. Der Landes-Kinder- und Jugendausschuss kann dazu Stellung nehmen.
(4) Der Landes-Kinder- und Jugendausschuss ist rechtzeitig vor der Einbringung in das Kabinett zu Entwürfen von Gesetzen und Rechtsverordnungen, die seinen Aufgabenbereich betreffen, zu hören. Absatz 3 Satz 2 bis 4 gilt entsprechend.
(5) Der Landes-Kinder- und Jugendausschuss ist an der überörtlichen Jugendhilfeplanung zu beteiligen. Mindestens einmal jährlich sind die Auswirkungen der

Erlaubniserteilungen nach § 20 auf die Jugendhilfeinfrastruktur, auf die Fachentwicklung der Kindertagesbetreuung und der Hilfen zur Erziehung sowie auf die Kosten der örtlichen Träger der öffentlichen Jugendhilfe zu erörtern.

(6) Der Landes-Kinder- und Jugendausschuss hat das Recht, der Öffentlichkeit über seine Arbeit zu berichten, und entscheidet über die Veröffentlichung seiner Beschlüsse; er kann diese Entscheidung durch die Geschäftsordnung oder im Einzelfall auf den Vorstand übertragen.

§ 13–15 (weggefallen)

Abschnitt III
Träger der freien Jugendhilfe, Beteiligungen

§ 16 Anerkennung als Träger der freien Jugendhilfe

(1) Zuständig für die öffentliche Anerkennung als Träger der freien Jugendhilfe gemäß § 75 des Achten Buches Sozialgesetzbuch sind

1. das Jugendamt, wenn der Träger der freien Jugendhilfe seinen Sitz im Zuständigkeitsbereich des Jugendamtes hat und dort tätig ist,
2. die oberste Landesjugendbehörde, wenn der Träger der freien Jugendhilfe im Zuständigkeitsbereich von mindestens einem Viertel der Jugendämter oder auf Landesebene tätig ist.

(2) Als öffentlich anerkannt gelten über den § 75 des Achten Buches Sozialgesetzbuch hinaus

1. die Untergliederungen der in der LIGA der Freien Wohlfahrtspflege zusammengeschlossenen Verbände und die den Verbänden angehörenden Träger der freien Jugendhilfe,
2. landesweit tätige Jugendverbände und ihre Untergliederungen,

wenn die Voraussetzungen bereits am 1. März 1991 vorlagen.

(3) Die öffentliche Anerkennung gilt nur für die Organisationsstufe eines Trägers der freien Jugendhilfe, für die sie erteilt ist. Die bis zum 31. Dezember 2013 erfolgte öffentliche Anerkennung durch das Landesjugendamt und die öffentliche Anerkennung durch die oberste Landesjugendbehörde können auf Antrag auf die dem Träger der freien Jugendhilfe zugehörenden regionalen und sonstigen Untergliederungen (Orts-, Kreis- und Bezirksverbände, landesweite Teilorganisationen) ausgedehnt werden, wenn die Untergliederungen an dem Träger der freien Jugendhilfe ausgerichtete einheitliche Organisationsformen, Satzungsregelungen und Betätigungsbereiche aufweisen.

(4) Die öffentliche Anerkennung kann widerrufen oder zurückgenommen werden, wenn die Voraussetzungen für die Anerkennung nicht vorgelegen haben oder nicht mehr vorliegen. Das gilt auch für die Anerkennung gemäß Absatz 2.

§ 16 a Vereinbarungen mit Trägern der freien Jugendhilfe

(1) Für Vereinbarungen nach § 72a Absatz 2 und 4 des Achten Buches Sozialgesetzbuch mit nach § 16 Absatz 1 Nummer 2 und Absatz 2 anerkannten Trägern der freien Jugendhilfe ist die oberste Landesjugendbehörde zuständig. Soweit nach Satz 1 nicht die oberste Landesjugendbehörde zuständig ist, ist der örtliche Träger der Jugendhilfe zuständig, in dessen Gebiet der Träger der freien Jugendhilfe seinen Sitz hat. Hat ein Träger der freien Jugendhilfe seinen Sitz nicht im Land Brandenburg, ist der örtliche Träger der Jugendhilfe zuständig, in dessen Gebiet er tätig ist. Ist ein Träger der freien Jugendhilfe, der seinen Sitz nicht im Land Brandenburg hat, im Gebiet mehrerer örtlicher Träger tätig, kann einer der betroffenen örtlichen Träger die Aufgabe für die anderen durchführen.
(2) Die Vereinbarungen gelten für alle Einrichtungen und Dienste der Träger der freien Jugendhilfe im Land Brandenburg.
(3) Die örtlichen Träger der Jugendhilfe informieren die oberste Landesjugendbehörde unverzüglich über die von ihnen getroffenen Vereinbarungen unter Angabe der durch die Vereinbarungen gebundenen Träger der freien Jugendhilfe und der jeweiligen Geltungsdauer.
(4) Die oberste Landesjugendbehörde gibt die von ihr getroffenen Vereinbarungen im Amtsblatt für Brandenburg bekannt.

§ 17 Jugendhilfeplanung

(1) An der Jugendhilfeplanung des örtlichen Trägers der Jugendhilfe nach § 80 des Achten Buches Sozialgesetzbuch sind die anerkannten Träger der freien Jugendhilfe sowie, soweit sie davon betroffen sind, die kreisangehörigen Gemeinden, Verbandsgemeinden, die Zusammenschlüsse der Tages- und Vollzeitpflegepersonen sowie die gewerblichen Träger der Jugendhilfe grundsätzlich von Anfang an zu beteiligen. Sie sind spätestens anlässlich der Beratung im Jugendhilfeausschuss, auch soweit sie im Ausschuss nicht vertreten sind, über Inhalt, Ziele und Verfahren der Planung umfassend zu unterrichten.
(2) Die Jugendhilfeplanung des örtlichen Trägers der Jugendhilfe ist insbesondere mit den Planungen zur kinder- und jugendgerechten Infrastruktur und mit der Schulentwicklungsplanung wechselseitig abzustimmen.

(3) An der Jugendhilfeplanung des überörtlichen Trägers der Jugendhilfe nach § 80 des Achten Buches Sozialgesetzbuch sind die kommunalen Spitzenverbände, die Zusammenschlüsse der betroffenen anerkannten Träger der freien Jugendhilfe, der Tages- und Vollzeitpflegepersonen sowie der gewerblichen Träger grundsätzlich von Anfang an zu beteiligen. Sie sind spätestens anlässlich der Beratung im Landes-Kinder- und Jugendausschuss, auch soweit sie im Ausschuss nicht vertreten sind, über Inhalt, Ziele und Verfahren der Planung umfassend zu unterrichten.

(4) Zusammenschlüsse der anerkannten Träger der freien Jugendhilfe, der Tages- und Vollzeitpflegepersonen sowie der gewerblichen und der öffentlichen Träger, die nicht örtliche Träger der Jugendhilfe im Sinne von § 1 sind, haben für den Bereich, in dem sie tätig sind, das Recht auf Beteiligung an Arbeitsgruppen, die das Jugendamt oder die oberste Landesjugendbehörde für Aufgaben der Jugendhilfeplanung einsetzen.

§ 17a Beteiligung von Kindern und Jugendlichen

(1) Kinder und Jugendliche sollen in geeigneter Form ihrem Entwicklungsstand entsprechend an wichtigen sie betreffenden Entscheidungen und Maßnahmen beteiligt werden.

(2) In den Einrichtungen der Kinder- und Jugendhilfe sollen durch Vertretungen der jungen Menschen Möglichkeiten der Mitwirkung sichergestellt werden. In Einrichtungen der Eingliederungshilfe betreute Kinder und Jugendliche mit Behinderungen sollen in geeigneter Form an der Gestaltung ihres Lebensumfeldes beteiligt werden.

Abschnitt IV
Schutz von Kindern und Jugendlichen in Vollzeitpflege und in Einrichtungen

§ 18 (aufgehoben)

§ 19 Erlaubnis zur Vollzeitpflege

(1) Die Erlaubnis zur Vollzeitpflege nach § 44 des Achten Buches Sozialgesetzbuch ist für jedes Kind und jeden Jugendlichen beim Jugendamt zu beantragen. Sie ist jeweils schriftlich zu erteilen. Sollen mehr als fünf Kinder betreut werden, bedarf es einer Betriebserlaubnis nach § 45 des Achten Buches Sozialgesetzbuch.

(2) In die Erlaubnis sind die Unterrichtungspflichten nach § 44 Abs. 4 des Achten Buches Sozialgesetzbuch aufzunehmen, insbesondere die Verpflichtung, dem Jugendamt Hinweise auf Kindeswohlgefährdungen mitzuteilen. Das Jugendamt hat die Pflegeperson in geeigneter Weise zu unterstützen.

(3) Die Erlaubnis ist zu versagen, wenn das Wohl des Kindes oder des Jugendlichen in der Pflegestelle nicht gewährleistet ist. Die Pflegeerlaubnis ist insbesondere zu versagen, wenn

1. die Pflegeperson nicht über ausreichende erzieherische Fähigkeiten verfügt,
2. die Pflegeperson nicht die Gewähr dafür bietet, dass die weltanschauliche Erziehung des ihr anvertrauten Kindes oder Jugendlichen mit dessen Selbstbestimmungsrecht und mit der von den Personensorgeberechtigten bestimmten Grundrichtung der Erziehung zu vereinbaren ist,
3. die Pflegeperson oder die in ihrer Wohnung lebenden Personen nicht die Gewähr dafür bieten, dass das Wohl des Kindes oder des Jugendlichen nicht gefährdet ist,
4. die wirtschaftlichen Verhältnisse der Pflegeperson nicht geordnet sind,
5. ausreichender Wohnraum für das Kind oder den Jugendlichen und die in ihrer Wohnung lebenden Personen nicht vorhanden ist,
6. die Pflegeperson mit der Betreuung eines weiteren Kindes oder Jugendlichen überfordert ist oder
7. die Pflegeperson rechtskräftig wegen einer in § 72a des Achten Buches Sozialgesetzbuch genannten Straftat verurteilt worden ist.

(4) Ist das Wohl eines Kindes in der Pflegestelle gefährdet und ist die Pflegeperson nicht bereit oder in der Lage, die Gefährdung abzuwenden, ist die Erlaubnis ganz oder teilweise zurückzunehmen oder zu widerrufen. Bis zur Klärung der Gefährdungslage kann das Ruhen der Erlaubnis angeordnet werden.

(5) Das Jugendamt soll den Erfordernissen des Einzelfalls entsprechend an Ort und Stelle überprüfen, ob die Voraussetzungen für die Erteilung der Erlaubnis weiterbestehen. Die Pflegeperson hat das zuständige Fachpersonal des Jugendamtes über wichtige Ereignisse zu unterrichten, die das Wohl des Kindes oder des Jugendlichen betreffen. Dem zuständigen Fachpersonal des Jugendamtes ist im Rahmen seiner Aufgaben nach § 37 Absatz 3 und § 44 Absatz. 3 Satz 1 des Achten Buches Sozialgesetzbuch der Zugang zu dem Kind oder Jugendlichen und der Zutritt zu den Räumen, die seinem Aufenthalt dienen, zu gestatten. Besteht ein begründeter Verdacht, dass das Wohl des Pflegekindes in der Pflegestelle gefährdet ist, insbesondere durch Vernachlässigung, Misshandlung oder sexuellen Missbrauch, ist der Zutritt unverzüglich zu gestatten. Das Grundrecht der Unverletzlichkeit der Wohnung gemäß Artikel 13

Abs. 1 des Grundgesetzes und Artikel 15 Abs. 1 der Verfassung des Landes Brandenburg wird insoweit eingeschränkt.

(6) Für die Verfolgung und Ahndung von Ordnungswidrigkeiten nach § 104 Absatz 1 Nummer 1 des Achten Buches Sozialgesetzbuch sind die Kreisordnungsbehörden zuständig.

§ 20 Erlaubnis für den Betrieb einer Einrichtung

(1) Die oberste Landesjugendbehörde soll den nach § 87a Absatz 3 des Achten Buches Sozialgesetzbuch zuständigen örtlichen Träger der Jugendhilfe sowie einen zentralen Träger der freien Jugendhilfe, wenn diesem der Träger der Einrichtung angehört, bei der Prüfung der Voraussetzungen für die Erteilung einer Erlaubnis beteiligen. Der örtliche Träger der Jugendhilfe soll im Erlaubnisverfahren insbesondere zu dem Bedarf und zu der Ausstattung mit Fachpersonal Stellung nehmen.

(2) Im Rahmen der Prüfung der Voraussetzungen für die Erteilung einer Erlaubnis für eine stationäre Jugendhilfeeinrichtung soll von der zuständigen Schulbehörde eine Stellungnahme zu den Möglichkeiten der Beschulung der Kinder und Jugendlichen angefordert werden, deren Aufnahme nach der Konzeption vorgesehen wird.

(3) Die Aufsicht über Internate obliegt der obersten Landesjugendbehörde nur insoweit, als es sich nicht um schulische Angelegenheiten handelt. Kinderkurheime unterstehen der Gesundheitsaufsicht.

(4) Erlangt ein Jugendamt bei der Unterbringung eines Kindes oder eines Jugendlichen in einer Einrichtung Kenntnis von Umständen, die zur Versagung, zur Rücknahme oder zum Widerruf der Erlaubnis oder zu einer Tätigkeitsuntersagung gemäß § 48 des Achten Buches Sozialgesetzbuch führen können, so ist es zur unverzüglichen Mitteilung an die oberste Landesjugendbehörde verpflichtet.

(5) Wird eine Einrichtung im Sinne des § 45 Absatz 1 Satz 1 des Achten Buches Sozialgesetzbuch ohne die erforderliche Erlaubnis betrieben, so kann die oberste Landesjugendbehörde den weiteren Betrieb untersagen. Dies gilt entsprechend für den Betrieb einer sonstigen betreuten Wohnform nach § 48a des Achten Buches Sozialgesetzbuch.

(6) Träger und Leitung einer Einrichtung im Sinne des § 45 Absatz 1 Satz 1 des Achten Buches Sozialgesetzbuch oder einer sonstigen betreuten Wohnform nach § 48a des Achten Buches Sozialgesetzbuch sind verpflichtet, der obersten Landesjugendbehörde auf Verlangen die zur Ausübung der Aufsicht erforderlichen Auskünfte zu geben und sich an Besichtigungen der Einrichtung durch Mitarbeiterinnen und Mitarbeiter der obersten Landesjugendbehörde zu beteiligen.

(7) Für die Tätigkeitsuntersagung nach § 48 des Achten Buches Sozialgesetzbuch

sowie die Verfolgung und Ahndung von Ordnungswidrigkeiten nach § 104 Absatz 1 Nummer 2 und 3 des Achten Buches Sozialgesetzbuch ist die oberste Landesjugendbehörde zuständig.

Abschnitt V
Amtspflegschaft und Amtsvormundschaft

§ 21 Führung der Amtspflegschaft und der Amtsvormundschaft

Über § 56 Abs. 2 Satz 2 des Achten Buches Sozialgesetzbuch hinaus ist auch im Falle des § 1822 Nr. 5 des Bürgerlichen Gesetzbuches eine Genehmigung des Vormundschaftsgerichtes nicht erforderlich, soweit es sich um den Abschluss eines Mietvertrages handelt.

Abschnitt VI
Sonderurlaub

§ 22 Anspruch auf Sonderurlaub

(1) Den ehrenamtlich bei den Jugendverbänden, deren Zusammenschlüssen, sonstigen Jugendgruppen oder anderen freien und öffentlichen Trägern der Jugendhilfe in der Jugendarbeit tätigen Personen ist auf Antrag Sonderurlaub zu gewähren:
1. für die Mitarbeit in der Kinder- und Jugenderholung, der außerschulischen Jugendbildung oder der internationalen oder interkulturellen Jugendarbeit,
2. für die Mitarbeit an anderen mehrtägigen Veranstaltungen der Jugendverbände,
3. zum Besuch von Aus- und Fortbildungsveranstaltungen der Träger der freien und öffentlichen Jugendhilfe, soweit sie sich auf die Durchführung von Maßnahmen nach den Nummern 1 und 2 beziehen.

(2) Der Anspruch auf Sonderurlaub besteht nur, wenn die in Absatz 1 bezeichneten Veranstaltungen und Maßnahmen von einem nach § 75 des Achten Buches Sozialgesetzbuch anerkannten Träger der freien Jugendhilfe oder einem Träger der öffentlichen Jugendhilfe selbst oder in seinem Auftrag von einem anderen Träger durchgeführt werden. Der Maßnahme eines anerkannten Trägers der freien Jugendhilfe steht eine Maßnahme gleich, die aus öffentlichen Mitteln auf der Grundlage des § 74 des Achten Buches Sozialgesetzbuch gefördert wird oder für die ein öffentlicher Träger der Jugendhilfe bestätigt, dass es sich um eine

Maßnahme nach §§ 11 bis 14 des Achten Buches Sozialgesetzbuch handelt.

(3) Der Anspruch auf Sonderurlaub besteht bis zu einer Höchstdauer von zehn Arbeitstagen im Kalenderjahr.

(4) Der Sonderurlaub darf nur versagt werden, wenn für den vorgesehenen Zeitraum dringende betriebliche Erfordernisse entgegenstehen. Der Arbeitgeber kann den Sonderurlaub auch ablehnen, wenn der Antrag des Arbeitnehmers nicht sechs Wochen vor Beginn der Maßnahme vorliegt. Er kann verlangen, dass ihm eine Bestätigung des Maßnahmeträgers über die Art der Maßnahme und die ehrenamtliche Tätigkeit des Arbeitnehmers vorgelegt wird. Über den Antrag ist innerhalb angemessener Frist zu entscheiden.

(5) Eine Verpflichtung des Arbeitgebers zur Entgeltfortzahlung besteht nicht.

(6) Erkrankt ein Arbeitnehmer während des Sonderurlaubs, so gilt bei Nachweis der Arbeitsunfähigkeit durch ärztliches Zeugnis gegenüber dem Arbeitgeber die Zeit der Arbeitsunfähigkeit nicht als Sonderurlaub.

§ 23 Verhältnis zu sonstigen Freistellungen und Benachteiligungsverbot

(1) Der Anspruch auf Erholungsurlaub oder auf Freistellung von der Arbeit nach anderen gesetzlichen oder vertraglichen Bestimmungen bleibt unberührt.

(2) Personen, die Sonderurlaub nach § 22 erhalten, dürfen daraus in ihrem Arbeitsverhältnis keine Nachteile erwachsen.

Abschnitt VII
Förderung der Jugendarbeit und Jugendsozialarbeit durch den örtlichen Träger der Jugendhilfe

§ 24 Jugendförderplan

(1) Der örtliche Träger der Jugendhilfe erstellt jährlich für die Leistungsbereiche Jugendarbeit und Jugendsozialarbeit gemäß §§ 11 bis 14 des Achten Buches Sozialgesetzbuch einen Jugendförderplan. Im Jugendförderplan sind der in der Jugendhilfeplanung festgestellte Jugendhilfebedarf für diese Leistungsbereiche und die dafür vorgesehenen Aufwendungen des örtlichen Trägers der Jugendhilfe auszuweisen. Der festgestellte Jugendhilfebedarf und die Ausweisung der Aufwendungen für die Leistungsbereiche Jugendarbeit und Jugendsozialarbeit muss sich auf das laufende und das folgende Haushaltsjahr beziehen und die Planungen für zwei weitere Haushaltsjahre darstellen.

(2) Der Jugendförderplan ist von der Vertretungskörperschaft mit der Verabschiedung des jeweiligen Haushaltsplans zu beschließen. Die im Haushaltsplan und Finanzplan vorgesehenen Aufwendungen des örtlichen Trägers der Jugendhilfe werden Bestandteil des Jugendförderplans.

(3) In dem Jugendförderplan der Landkreise sollen für diese Leistungsbereiche auch die Aufwendungen der kreisangehörigen Städte und Gemeinden, die nicht örtliche Träger der Jugendhilfe sind, dargestellt werden.

Abschnitt VIIa
Unbegleitete ausländische Kinder und Jugendliche

§ 24a Begriffsbestimmung

Unbegleitete ausländische Kinder und Jugendliche sind alle Minderjährigen, die nicht die deutsche Staatsangehörigkeit oder die eines anderen EU-Staates besitzen und ohne einen Personensorge- oder Erziehungsberechtigten in das Bundesgebiet eingereist sind, solange sie nicht in die Obhut einer solchen Person genommen werden; hierzu gehören auch Minderjährige, die ohne Begleitung zurückgelassen werden, nachdem sie in die Bundesrepublik Deutschland eingereist sind.

§ 24b Verfahren zur Verteilung und Zuweisung

(1) Ein ausländisches Kind oder ausländischer Jugendlicher, dessen unbegleitete Einreise in die Bundesrepublik Deutschland das erste Mal im Land Brandenburg festgestellt wird und von einem örtlichen Träger der öffentlichen Jugendhilfe vorläufig in Obhut genommen wurde, kann einem anderen örtlichen Träger der öffentlichen Jugendhilfe im Rahmen der vorläufigen Inobhutnahme zugewiesen werden. § 42b Absatz 3, 4 und 5 des Achten Buches Sozialgesetzbuch findet entsprechende Anwendung. Unbegleitete ausländische Kinder und Jugendliche sind während der vorläufigen Inobhutnahme umfassend zu beteiligen.

(2) Die Verteilung der unbegleiteten ausländischen Kinder und Jugendlichen auf die örtlichen Träger der öffentlichen Jugendhilfe zur Inobhutnahme erfolgt auf der Grundlage von vorrangig die Einwohnerzahl berücksichtigenden Aufnahmequoten gemäß Landesaufnahmegesetz vom 17. Dezember 1996 (GVBl. I S. 360), das zuletzt durch Artikel 15 des Gesetzes vom 13. März 2012 (GVBl. I Nr. 16 S. 7) geändert worden ist (Verteilerschlüssel). Bei der Verteilung ist die Zahl

der unbegleiteten ausländischen Kinder und Jugendlichen, die zum Zeitpunkt des Inkrafttretens des Zweiten Gesetzes zur Änderung des Ersten Gesetzes zur Ausführung des Achten Buches Sozialgesetzbuch vom 17. Dezember 2015 (GVBl. I Nr. 41) schon betreut werden, zu berücksichtigen.

(3) Die Zuweisung eines unbegleiteten ausländischen Kindes oder Jugendlichen zur Inobhutnahme ist an seinem spezifischen Schutzbedürfnis und Bedarf auszurichten. Sofern Umstände bekannt sind, die eine gesteigerte Schutzbedürftigkeit des unbegleiteten ausländischen Kindes oder Jugendlichen begründen, wie Behinderungen oder Anzeichen posttraumatischer Belastungen, sind diese bei der Zuweisungsentscheidung besonders zu berücksichtigen.

(4) Die Zuweisung eines unbegleiteten ausländischen Kindes oder Jugendlichen nach Absatz 1 und 3 soll geändert werden, sofern es das Kindeswohl erfordert.

(5) Die ärztliche Untersuchung zur Altersfeststellung nach § 42f Absatz 2 des Achten Buches Sozialgesetzbuch kann auch im Rahmen der Inobhutnahme nach § 42 des Achten Buches Sozialgesetzbuch erfolgen.

§ 24c Zuständigkeit

Das für Jugend zuständige Mitglied der Landesregierung ist zuständige Stelle gemäß § 42a Absatz 4, § 42b Absatz 3 des Achten Buches Sozialgesetzbuch und für die Entscheidungen nach § 24b Absatz 1 und 4.

§ 24d Schwerpunktjugendämter

(1) Das für Jugend zuständige Mitglied der Landesregierung kann durch Rechtsverordnung einzelne örtliche Träger der öffentlichen Jugendhilfe festlegen, die für die Unterbringung, Versorgung und Betreuung unbegleiteter ausländischer Kinder und Jugendlicher besonders geeignet sind (Schwerpunktjugendämter) und denen unbegleitete ausländische Kinder und Jugendliche nach § 42b des Achten Buches Sozialgesetzbuch zugewiesen werden. Zu der Rechtsverordnung nach Satz 1 wird das Benehmen mit dem für Jugend zuständigen Ausschuss hergestellt.

(2) Die Anzahl der an ein Schwerpunktjugendamt zugewiesenen unbegleiteten ausländischen Kinder und Jugendlichen ist bei der landesinternen Verteilung von Flüchtlingen nach dem Landesaufnahmegesetz zu berücksichtigen.

(3) Die Rechtsverordnung nach Absatz 1 kann regeln, dass ein Schwerpunktjugendamt Versorgungsaufgaben für andere örtliche Träger der öffentlichen Jugendhilfe nach den §§ 42 und 42a des Achten Buches Sozialgesetzbuch wahrnimmt.

§ 24e Medizinische Erstuntersuchung

(1) Der örtliche Träger der öffentlichen Jugendhilfe veranlasst im Rahmen der vorläufigen Inobhutnahme nach § 42a des Achten Buches Sozialgesetzbuch eine ärztliche Erstuntersuchung; hierbei erfolgt eine ärztliche Stellungnahme im Sinne von § 42a Absatz 2 Nummer 4 des Achten Buches Sozialgesetzbuch und zu übertragbaren Krankheiten. § 62 Absatz 1 Satz 1 des Asylgesetzes in der Fassung der Bekanntmachung vom 2. September 2008 (BGBl. I S. 1798), das zuletzt durch Artikel 12 des Gesetzes vom 20. November 2015 (BGBl. I S. 2010) geändert worden ist, findet entsprechende Anwendung. Sofern nach einer Verteilung der unbegleiteten ausländischen Kinder und Jugendlichen nach § 42b des Achten Buches Sozialgesetzbuch oder nach § 24b Absatz 1 eine ärztliche Untersuchung nicht nachgewiesen ist, gelten die Sätze 1 bis 3 entsprechend für die Inobhutnahme.

(2) Die Kosten für eine medizinische Untersuchung nach Absatz 1 und § 42f des Achten Buches Sozialgesetzbuch werden dem örtlichen Träger der öffentlichen Jugendhilfe gemäß § 89d des Achten Buches Sozialgesetzbuch durch das Land erstattet. Für die Untersuchung auf übertragbare Krankheiten können die von der obersten Gesundheitsbehörde gemäß § 62 Absatz 1 Satz 2 des Asylgesetzes bestimmten Ärzte oder Krankenhäuser in Anspruch genommen werden. Die Gesundheitsämter der Landkreise und kreisfreien Städte unterstützen die Jugendämter, indem sie ihnen bei Bedarf weiteres ärztliches Personal oder ärztlich geleitete Einrichtungen benennen, die sich zur Durchführung der Untersuchungen nach Absatz 1 und § 42f des Achten Buches Sozialgesetzbuch bereiterklärt haben.

§ 24f Bereitstellen von Daten

Der örtliche Träger der öffentlichen Jugendhilfe hat dem für Jugend zuständigen Mitglied der Landesregierung die zur Durchführung dieses Gesetzes erforderlichen Daten zur Verfügung zu stellen.

§ 24g Ausschluss des Widerspruchs und der aufschiebenden Wirkung der Klage

Gegen Maßnahmen und Entscheidungen des Jugendamtes nach diesem Abschnitt findet kein Widerspruch statt. Klagen gegen Maßnahmen und Entscheidungen des Jugendamtes und des für Jugend zuständigen Mitgliedes der Landesregierung nach diesem Abschnitt haben keine aufschiebende Wirkung.

§ 24h Erstattungsfristen

Mit der Zuweisungsentscheidung gelten alle durch das betreffende Jugendamt zu stellenden Erstattungsanträge nach § 89d des Achten Buches Sozialgesetzbuch als rechtzeitig gestellt.

§ 24i Ausgleichszahlung

Für die Mehrbelastungen der örtlichen Träger der öffentlichen Jugendhilfe, die durch das Zweite Gesetz zur Änderung des Ersten Gesetzes zur Ausführung des Achten Buches Sozialgesetzbuch entstehen, ist nach Artikel 97 Absatz 3 der Verfassung des Landes Brandenburg ein finanzieller Ausgleich zu schaffen. Die Landesregierung wird ermächtigt, die Ausgleichszahlung nach Satz 1 durch Rechtsverordnung zu bestimmen. Zu der Rechtsverordnung nach Satz 2 wird das Benehmen mit dem für Jugend zuständigen Ausschuss hergestellt.

§ 24j Berichtspflicht

Die Landesregierung überprüft unter Einbeziehung der Kommunalen Spitzenverbände die Auswirkungen der Maßnahmen und Regelungen nach Abschnitt VIIa dieses Gesetzes und berichtet dem Landtag erstmals spätestens zum 31. Dezember 2017 und anschließend im Abstand von zwei Jahren.

Abschnitt VIII
Durchführungsbestimmungen

§ 25 Durchführungsbestimmungen

(1) Die örtlichen Träger der Jugendhilfe regeln die Erhebung von Gebühren und Auslagen für Beurkundungen und Beglaubigungen durch Satzung.

(2) Zuständige Behörde für die Verfolgung und Ahndung von Ordnungswidrigkeiten nach § 104 Abs. 1 Nr. 4 des Achten Buches Sozialgesetzbuch sind die örtlich zuständigen Kreisordnungsbehörden.

(3) Das für Jugend zuständige Mitglied der Landesregierung wird ermächtigt, durch Rechtsverordnung folgende Bestimmungen zu treffen:

1. Bestimmungen über Zuständigkeiten für die Durchführung von Aufgaben nach dem Achten Buch Sozialgesetzbuch in Zusammenhang mit den erforderlichen

Zuständigkeitsbestimmungen auf dem Gebiet des Jugendschutzrechts, des Unterhaltsvorschussrechts sowie nach dem Adoptionsvermittlungs- und Bundeserziehungsgeldgesetz.

2. Bestimmungen über die Festsetzung laufender Leistungen zum Unterhalt gemäß § 39 Abs. 2 und 5 des Achten Buches Sozialgesetzbuch.
3. Bestimmungen über den Rahmen von Vereinbarungen zwischen Trägern der öffentlichen und der freien Jugendhilfe gemäß § 77 des Achten Buches Sozialgesetzbuch.

(4) Werden durch Bundesrecht die Aufgaben der örtlichen Träger der Jugendhilfe verändert, so ist ein nach Artikel 97 Absatz 3 der Verfassung des Landes Brandenburg erforderlicher finanzieller Ausgleich für dadurch entstehende Mehrbelastungen zu schaffen. Die Landesregierung wird ermächtigt, die Ausgleichszahlung nach Satz 1 durch Rechtsverordnung zu bestimmen.

Abschnitt IX
Übergangsvorschriften

§ 25a Zuordnung der Beamtinnen, Beamten und Beschäftigten des Landesjugendamtes

Die Beamtinnen, Beamten und Beschäftigten des Landesjugendamtes werden dem Ministerium für Bildung, Jugend und Sport zugeordnet.

§ 25b Beendigung der Amtszeit des Landesjugendhilfeausschusses

Der am 1. Januar 2014 bestehende Landesjugendhilfeausschuss bleibt bis zum Zusammentreten des Landes-Kinder- und Jugendausschusses im Amt. § 10 Absatz 3 bis 8 sowie die §§ 11 und 12 gelten für den Landesjugendhilfeausschuss entsprechend.

Abschnitt X
Inkrafttreten

§ 26 (Inkrafttreten)

Verdammt, Alter, gibt's denn keinen Paragrafen gegen Dauerregen in den Sommerferien?

CLUB

Sozialgesetzbuch
(SGB)
Achtes Buch (VIII) –
Kinder- und Jugendhilfe –
(SGB VIII)

in der Fassung der Bekanntmachung vom 11. September 2012
(BGBl. I S. 2022),

zuletzt geändert durch Art. 6 G vom 4. August 2019

Inhaltsübersicht

Vierter Abschnitt
Beistandschaft, Pflegschaft und Vormundschaft für Kinder und Jugendliche, Auskunft über Nichtabgabe von Sorgeerklärungen

Fünfter Abschnitt
Beurkundung, vollstreckbare Urkunden

Viertes Kapitel
Schutz von Sozialdaten

Fünftes Kapitel
Träger der Jugendhilfe, Zusammenarbeit, Gesamtverantwortung

Erster Abschnitt
Träger der öffentlichen Jugendhilfe

Zweiter Abschnitt
Zusammenarbeit mit der freien Jugendhilfe, ehrenamtliche Tätigkeit

Dritter Abschnitt
Vereinbarungen über Leistungsangebote, Entgelte und Qualitätsentwicklung

Vierter Abschnitt
Gesamtverantwortung, Jugendhilfeplanung

Sechstes Kapitel
Zentrale Aufgaben

§ 82 Aufgaben der Länder
§ 83 Aufgaben des Bundes, Bundesjugendkuratorium
§ 84 Jugendbericht

Siebtes Kapitel
Zuständigkeit, Kostenerstattung

Erster Abschnitt
Sachliche Zuständigkeit

§ 85 Sachliche Zuständigkeit

Zweiter Abschnitt
Örtliche Zuständigkeit

Erster Unterabschnitt
Örtliche Zuständigkeit für Leistungen

§ 86 Örtliche Zuständigkeit für Leistungen an Kinder, Jugendliche und ihre Eltern
§ 86a Örtliche Zuständigkeit für Leistungen an junge Volljährige
§ 86b Örtliche Zuständigkeit für Leistungen in gemeinsamen Wohnformen für Mütter/Väter und Kinder
§ 86c Fortdauernde Leistungsverpflichtung und Fallübergabe bei Zuständigkeitswechsel
§ 86d Verpflichtung zum vorläufigen Tätigwerden

Zweiter Unterabschnitt
Örtliche Zuständigkeit für andere Aufgaben

§ 87 Örtliche Zuständigkeit für vorläufige Maßnahmen zum Schutz von Kindern und Jugendlichen
§ 87a Örtliche Zuständigkeit für Erlaubnis, Meldepflichten und Untersagung
§ 87b Örtliche Zuständigkeit für die Mitwirkung in gerichtlichen Verfahren
§ 87c Örtliche Zuständigkeit für die Beistandschaft, die Amtspflegschaft, die Amtsvormundschaft und die Bescheinigung nach § 58a
§ 87d Örtliche Zuständigkeit für weitere Aufgaben im Vormundschaftswesen
§ 87e Örtliche Zuständigkeit für Beurkundung und Beglaubigung

§ 93 Berechnung des Einkommens
§ 94 Umfang der Heranziehung

Dritter Abschnitt
Überleitung von Ansprüchen

§ 95 Überleitung von Ansprüchen
§ 96 (weggefallen)

Vierter Abschnitt
Ergänzende Vorschriften

§ 97 Feststellung der Sozialleistungen
§ 97a Pflicht zur Auskunft
§ 97b (weggefallen)
§ 97c Erhebung von Gebühren und Auslagen

Neuntes Kapitel
Kinder- und Jugendhilfestatistik

§ 98 Zweck und Umfang der Erhebung
§ 99 Erhebungsmerkmale
§ 100 Hilfsmerkmale
§ 101 Periodizität und Berichtszeitraum
§ 102 Auskunftspflicht
§ 103 Übermittlung

Zehntes Kapitel
Straf- und Bußgeldvorschriften

§ 104 Bußgeldvorschriften
§ 105 Strafvorschriften

Elftes Kapitel
Schlussvorschriften

§ 106 Einschränkung eines Grundrechts

Erstes Kapitel
Allgemeine Vorschriften

§ 1 Recht auf Erziehung, Elternverantwortung, Jugendhilfe

(1) Jeder junge Mensch hat ein Recht auf Förderung seiner Entwicklung und auf Erziehung zu einer eigenverantwortlichen und gemeinschaftsfähigen Persönlichkeit.
(2) Pflege und Erziehung der Kinder sind das natürliche Recht der Eltern und die zuvörderst ihnen obliegende Pflicht. Über ihre Betätigung wacht die staatliche Gemeinschaft.
(3) Jugendhilfe soll zur Verwirklichung des Rechts nach Absatz 1 insbesondere
1. junge Menschen in ihrer individuellen und sozialen Entwicklung fördern und dazu beitragen, Benachteiligungen zu vermeiden oder abzubauen,
2. Eltern und andere Erziehungsberechtigte bei der Erziehung beraten und unterstützen,
3. Kinder und Jugendliche vor Gefahren für ihr Wohl schützen,
4. dazu beitragen, positive Lebensbedingungen für junge Menschen und ihre Familien sowie eine kinder- und familienfreundliche Umwelt zu erhalten oder zu schaffen.

§ 2 Aufgaben der Jugendhilfe

(1) Die Jugendhilfe umfasst Leistungen und andere Aufgaben zugunsten junger Menschen und Familien.
(2) Leistungen der Jugendhilfe sind:
1. Angebote der Jugendarbeit, der Jugendsozialarbeit und des erzieherischen Kinder- und Jugendschutzes (§§ 11 bis 14),
2. Angebote zur Förderung der Erziehung in der Familie (§§ 16 bis 21),
3. Angebote zur Förderung von Kindern in Tageseinrichtungen und in Tagespflege (§§ 22 bis 25),
4. Hilfe zur Erziehung und ergänzende Leistungen (§§ 27 bis 35, 36, 37, 39, 40),
5. Hilfe für seelisch behinderte Kinder und Jugendliche und ergänzende Leistungen (§§ 35a bis 37, 39, 40),
6. Hilfe für junge Volljährige und Nachbetreuung (§ 41).
(3) Andere Aufgaben der Jugendhilfe sind
1. die Inobhutnahme von Kindern und Jugendlichen (§ 42),
2. die vorläufige Inobhutnahme von ausländischen Kindern und Jugendlichen nach unbegleiteter Einreise (§ 42a)

3. die Erteilung, der Widerruf und die Zurücknahme der Pflegeerlaubnis (§§ 43, 44),
4. die Erteilung, der Widerruf und die Zurücknahme der Erlaubnis für den Betrieb einer Einrichtung sowie die Erteilung nachträglicher Auflagen und die damit verbundenen Aufgaben (§§ 45 bis 47, 48a),
5. die Tätigkeitsuntersagung (§§ 48, 48a),
6. die Mitwirkung in Verfahren vor den Familiengerichten (§ 50),
7. die Beratung und Belehrung in Verfahren zur Annahme als Kind (§ 51),
8. die Mitwirkung in Verfahren nach dem Jugendgerichtsgesetz (§ 52),
9. die Beratung und Unterstützung von Müttern bei Vaterschaftsfeststellung und Geltendmachung von Unterhaltsansprüchen sowie von Pflegern und Vormündern (§§ 52a, 53),
10. die Erteilung, der Widerruf und die Zurücknahme der Erlaubnis zur Übernahme von Vereinsvormundschaften (§ 54),
11. Beistandschaft, Amtspflegschaft, Amtsvormundschaft und Gegenvormundschaft des Jugendamts (§§ 55 bis 58),
12. Beurkundung (§ 59),
13. die Aufnahme von vollstreckbaren Urkunden (§ 60).

§ 3 Freie und öffentliche Jugendhilfe

(1) Die Jugendhilfe ist gekennzeichnet durch die Vielfalt von Trägern unterschiedlicher Wertorientierungen und die Vielfalt von Inhalten, Methoden und Arbeitsformen.
(2) Leistungen der Jugendhilfe werden von Trägern der freien Jugendhilfe und von Trägern der öffentlichen Jugendhilfe erbracht. Leistungsverpflichtungen, die durch dieses Buch begründet werden, richten sich an die Träger der öffentlichen Jugendhilfe.
(3) Andere Aufgaben der Jugendhilfe werden von Trägern der öffentlichen Jugendhilfe wahrgenommen. Soweit dies ausdrücklich bestimmt ist, können Träger der freien Jugendhilfe diese Aufgaben wahrnehmen oder mit ihrer Ausführung betraut werden.

§ 4 Zusammenarbeit der öffentlichen Jugendhilfe mit der freien Jugendhilfe

(1) Die öffentliche Jugendhilfe soll mit der freien Jugendhilfe zum Wohl junger Menschen und ihrer Familien partnerschaftlich zusammenarbeiten. Sie hat

dabei die Selbstständigkeit der freien Jugendhilfe in Zielsetzung und Durchführung ihrer Aufgaben sowie in der Gestaltung ihrer Organisationsstruktur zu achten.

(2) Soweit geeignete Einrichtungen, Dienste und Veranstaltungen von anerkannten Trägern der freien Jugendhilfe betrieben werden oder rechtzeitig geschaffen werden können, soll die öffentliche Jugendhilfe von eigenen Maßnahmen absehen.

(3) Die öffentliche Jugendhilfe soll die freie Jugendhilfe nach Maßgabe dieses Buches fördern und dabei die verschiedenen Formen der Selbsthilfe stärken.

§ 5 Wunsch- und Wahlrecht

(1) Die Leistungsberechtigten haben das Recht, zwischen Einrichtungen und Diensten verschiedener Träger zu wählen und Wünsche hinsichtlich der Gestaltung der Hilfe zu äußern. Sie sind auf dieses Recht hinzuweisen.

(2) Der Wahl und den Wünschen soll entsprochen werden, sofern dies nicht mit unverhältnismäßigen Mehrkosten verbunden ist. Wünscht der Leistungsberechtigte die Erbringung einer in § 78a genannten Leistung in einer Einrichtung, mit deren Träger keine Vereinbarungen nach § 78b bestehen, so soll der Wahl nur entsprochen werden, wenn die Erbringung der Leistung in dieser Einrichtung im Einzelfall oder nach Maßgabe des Hilfeplans (§ 36) geboten ist.

§ 6 Geltungsbereich

(1) Leistungen nach diesem Buch werden jungen Menschen, Müttern, Vätern und Personensorgeberechtigten von Kindern und Jugendlichen gewährt, die ihren tatsächlichen Aufenthalt im Inland haben. Für die Erfüllung anderer Aufgaben gilt Satz 1 entsprechend. Umgangsberechtigte haben unabhängig von ihrem tatsächlichen Aufenthalt Anspruch auf Beratung und Unterstützung bei der Ausübung des Umgangsrechts, wenn das Kind oder der Jugendliche seinen gewöhnlichen Aufenthalt im Inland hat.

(2) Ausländer können Leistungen nach diesem Buch nur beanspruchen, wenn sie rechtmäßig oder auf Grund einer ausländerrechtlichen Duldung ihren gewöhnlichen Aufenthalt im Inland haben. Absatz 1 Satz 2 bleibt unberührt.

(3) Deutschen können Leistungen nach diesem Buch auch gewährt werden, wenn sie ihren Aufenthalt im Ausland haben und soweit sie nicht Hilfe vom Aufenthaltsland erhalten.

(4) Regelungen des über- und zwischenstaatlichen Rechts bleiben unberührt.

§ 7 Begriffsbestimmungen

(1) Im Sinne dieses Buches ist
1. Kind, wer noch nicht 14 Jahre alt ist, soweit nicht die Absätze 2 bis 4 etwas anderes bestimmen,
2. Jugendlicher, wer 14, aber noch nicht 18 Jahre alt ist,
3. junger Volljähriger, wer 18, aber noch nicht 27 Jahre alt ist,
4. junger Mensch, wer noch nicht 27 Jahre alt ist,
5. Personensorgeberechtigter, wem allein oder gemeinsam mit einer anderen Person nach den Vorschriften des Bürgerlichen Gesetzbuchs die Personensorge zusteht,
6. Erziehungsberechtigter, der Personensorgeberechtigte und jede sonstige Person über 18 Jahre, soweit sie auf Grund einer Vereinbarung mit dem Personensorgeberechtigten nicht nur vorübergehend und nicht nur für einzelne Verrichtungen Aufgaben der Personensorge wahrnimmt.

(2) Kind im Sinne des § 1 Absatz 2 ist, wer noch nicht 18 Jahre alt ist.

(3) Werktage im Sinne des §§ 42a bis 42c sind die Wochentage Montag bis Freitag; ausgenommen sind gesetzliche Feiertage.

(4) Die Bestimmungen dieses Buches, die sich auf die Annahme als Kind beziehen, gelten nur für Personen, die das 18. Lebensjahr noch nicht vollendet haben.

§ 8 Beteiligung von Kindern und Jugendlichen

(1) Kinder und Jugendliche sind entsprechend ihrem Entwicklungsstand an allen sie betreffenden Entscheidungen der öffentlichen Jugendhilfe zu beteiligen. Sie sind in geeigneter Weise auf ihre Rechte im Verwaltungsverfahren sowie im Verfahren vor dem Familiengericht und dem Verwaltungsgericht hinzuweisen.

(2) Kinder und Jugendliche haben das Recht, sich in allen Angelegenheiten der Erziehung und Entwicklung an das Jugendamt zu wenden.

(3) Kinder und Jugendliche haben Anspruch auf Beratung ohne Kenntnis des Personensorgeberechtigten, wenn die Beratung auf Grund einer Not- und Konfliktlage erforderlich ist und solange durch die Mitteilung an den Personensorgeberechtigten der Beratungszweck vereitelt würde. § 36 des Ersten Buches bleibt unberührt.

§ 8a Schutzauftrag bei Kindeswohlgefährdung

(1) Werden dem Jugendamt gewichtige Anhaltspunkte für die Gefährdung des Wohls eines Kindes oder Jugendlichen bekannt, so hat es das Gefährdungs-

risiko im Zusammenwirken mehrerer Fachkräfte einzuschätzen. Soweit der wirksame Schutz dieses Kindes oder dieses Jugendlichen nicht in Frage gestellt wird, hat das Jugendamt die Erziehungsberechtigten sowie das Kind oder den Jugendlichen in die Gefährdungseinschätzung einzubeziehen und, sofern dies nach fachlicher Einschätzung erforderlich ist, sich dabei einen unmittelbaren Eindruck von dem Kind und von seiner persönlichen Umgebung zu verschaffen. Hält das Jugendamt zur Abwendung der Gefährdung die Gewährung von Hilfen für geeignet und notwendig, so hat es diese den Erziehungsberechtigten anzubieten.

(2) Hält das Jugendamt das Tätigwerden des Familiengerichts für erforderlich, so hat es das Gericht anzurufen; dies gilt auch, wenn die Erziehungsberechtigten nicht bereit oder in der Lage sind, bei der Abschätzung des Gefährdungsrisikos mitzuwirken. Besteht eine dringende Gefahr und kann die Entscheidung des Gerichts nicht abgewartet werden, so ist das Jugendamt verpflichtet, das Kind oder den Jugendlichen in Obhut zu nehmen.

(3) Soweit zur Abwendung der Gefährdung das Tätigwerden anderer Leistungsträger, der Einrichtungen der Gesundheitshilfe oder der Polizei notwendig ist, hat das Jugendamt auf die Inanspruchnahme durch die Erziehungsberechtigten hinzuwirken. Ist ein sofortiges Tätigwerden erforderlich und wirken die Personensorgeberechtigten oder die Erziehungsberechtigten nicht mit, so schaltet das Jugendamt die anderen zur Abwendung der Gefährdung zuständigen Stellen selbst ein.

(4) In Vereinbarungen mit den Trägern von Einrichtungen und Diensten, die Leistungen nach diesem Buch erbringen, ist sicherzustellen, dass

1. deren Fachkräfte bei Bekanntwerden gewichtiger Anhaltspunkte für die Gefährdung eines von ihnen betreuten Kindes oder Jugendlichen eine Gefährdungseinschätzung vornehmen,
2. bei der Gefährdungseinschätzung eine insoweit erfahrene Fachkraft beratend hinzugezogen wird sowie
3. die Erziehungsberechtigten sowie das Kind oder der Jugendliche in die Gefährdungseinschätzung einbezogen werden, soweit hierdurch der wirksame Schutz des Kindes oder Jugendlichen nicht in Frage gestellt wird.

In die Vereinbarung ist neben den Kriterien für die Qualifikation der beratend hinzuzuziehenden insoweit erfahrenen Fachkraft insbesondere die Verpflichtung aufzunehmen, dass die Fachkräfte der Träger bei den Erziehungsberechtigten auf die Inanspruchnahme von Hilfen hinwirken, wenn sie diese für erforderlich halten, und das Jugendamt informieren, falls die Gefährdung nicht anders abgewendet werden kann.

(5) Werden einem örtlichen Träger gewichtige Anhaltspunkte für die Gefährdung des Wohls eines Kindes oder eines Jugendlichen bekannt, so sind dem für die Gewährung von Leistungen zuständigen örtlichen Träger die Daten mitzuteilen, deren Kenntnis zur Wahrnehmung des Schutzauftrags bei Kindeswohlgefährdung nach § 8a erforderlich ist. Die Mitteilung soll im Rahmen eines Gespräches zwischen den Fachkräften der beiden örtlichen Träger erfolgen, an dem die Personensorgeberechtigten sowie das Kind oder der Jugendliche beteiligt werden sollen, soweit hierdurch der wirksame Schutz des Kindes oder des Jugendlichen nicht in Frage gestellt wird.

§ 8b Fachliche Beratung und Begleitung zum Schutz von Kindern und Jugendlichen

(1) Personen, die beruflich in Kontakt mit Kindern oder Jugendlichen stehen, haben bei der Einschätzung einer Kindeswohlgefährdung im Einzelfall gegenüber dem örtlichen Träger der Jugendhilfe Anspruch auf Beratung durch eine insoweit erfahrene Fachkraft.

(2) Träger von Einrichtungen, in denen sich Kinder oder Jugendliche ganztägig oder für einen Teil des Tages aufhalten oder in denen sie Unterkunft erhalten, und die zuständigen Leistungsträger, haben gegenüber dem überörtlichen Träger der Jugendhilfe Anspruch auf Beratung bei der Entwicklung und Anwendung fachlicher Handlungsleitlinien

1. zur Sicherung des Kindeswohls und zum Schutz vor Gewalt sowie
2. zu Verfahren der Beteiligung von Kindern und Jugendlichen an strukturellen Entscheidungen in der Einrichtung sowie zu Beschwerdeverfahren in persönlichen Angelegenheiten.

§ 9 Grundrichtung der Erziehung, Gleichberechtigung von Mädchen und Jungen

Bei der Ausgestaltung der Leistungen und der Erfüllung der Aufgaben sind

1. die von den Personensorgeberechtigten bestimmte Grundrichtung der Erziehung sowie die Rechte der Personensorgeberechtigten und des Kindes oder des Jugendlichen bei der Bestimmung der religiösen Erziehung zu beachten,
2. die wachsende Fähigkeit und das wachsende Bedürfnis des Kindes oder des Jugendlichen zu selbstständigem, verantwortungsbewusstem Handeln sowie die jeweiligen besonderen sozialen und kulturellen Bedürfnisse und Eigenarten junger Menschen und ihrer Familien zu berücksichtigen,

3. die unterschiedlichen Lebenslagen von Mädchen und Jungen zu berücksichtigen, Benachteiligungen abzubauen und die Gleichberechtigung von Mädchen und Jungen zu fördern.

§ 10 Verhältnis zu anderen Leistungen und Verpflichtungen

(1) Verpflichtungen anderer, insbesondere der Träger anderer Sozialleistungen und der Schulen, werden durch dieses Buch nicht berührt. Auf Rechtsvorschriften beruhende Leistungen anderer dürfen nicht deshalb versagt werden, weil nach diesem Buch entsprechende Leistungen vorgesehen sind.

(2) Unterhaltspflichtige Personen werden nach Maßgabe der §§ 90 bis 97b an den Kosten für Leistungen und vorläufige Maßnahmen nach diesem Buch beteiligt. Soweit die Zahlung des Kostenbeitrags die Leistungsfähigkeit des Unterhaltspflichtigen mindert oder der Bedarf des jungen Menschen durch Leistungen und vorläufige Maßnahmen nach diesem Buch gedeckt ist, ist dies bei der Berechnung des Unterhalts zu berücksichtigen.

(3) Die Leistungen nach diesem Buch gehen Leistungen nach dem Zweiten Buch vor. Abweichend von Satz 1 gehen Leistungen nach § 3 Absatz 2, den §§ 14 bis 16g, § 19 Absatz 2 in Verbindung mit § 28 Absatz 6 des Zweiten Buches sowie Leistungen nach § 6b Absatz 2 des Bundeskindergeldgesetzes in Verbindung mit § 28 Absatz 6 des Zweiten Buches den Leistungen nach diesem Buch vor.

(4) Die Leistungen nach diesem Buch gehen Leistungen nach dem Neunten und Zwölften Buch vor. Abweichend von Satz 1 gehen Leistungen nach § 27a Absatz 1 in Verbindung mit § 34 Absatz 6 des Zwölften Buches und Leistungen der Eingliederungshilfe nach dem Neunten Buch für junge Menschen, die körperlich oder geistig behindert oder von einer solchen Behinderung bedroht sind, den Leistungen nach diesem Buch vor. Landesrecht kann regeln, dass Leistungen der Frühförderung für Kinder unabhängig von der Art der Behinderung vorrangig von anderen Leistungsträgern gewährt werden.

Zweites Kapitel
Leistungen der Jugendhilfe

Erster Abschnitt
Jugendarbeit, Jugendsozialarbeit, erzieherischer Kinder- und Jugendschutz

§ 11 Jugendarbeit

(1) Jungen Menschen sind die zur Förderung ihrer Entwicklung erforderlichen Angebote der Jugendarbeit zur Verfügung zu stellen. Sie sollen an den Interessen junger Menschen anknüpfen und von ihnen mitbestimmt und mitgestaltet werden, sie zur Selbstbestimmung befähigen und zu gesellschaftlicher Mitverantwortung und zu sozialem Engagement anregen und hinführen.

(2) Jugendarbeit wird angeboten von Verbänden, Gruppen und Initiativen der Jugend, von anderen Trägern der Jugendarbeit und den Trägern der öffentlichen Jugendhilfe. Sie umfasst für Mitglieder bestimmte Angebote, die offene Jugendarbeit und gemeinwesenorientierte Angebote.

(3) Zu den Schwerpunkten der Jugendarbeit gehören:

1. außerschulische Jugendbildung mit allgemeiner, politischer, sozialer, gesundheitlicher, kultureller, naturkundlicher und technischer Bildung,
2. Jugendarbeit in Sport, Spiel und Geselligkeit,
3. arbeitswelt-, schul- und familienbezogene Jugendarbeit,
4. internationale Jugendarbeit,
5. Kinder- und Jugenderholung,
6. Jugendberatung.

(4) Angebote der Jugendarbeit können auch Personen, die das 27. Lebensjahr vollendet haben, in angemessenem Umfang einbeziehen.

§ 12 Förderung der Jugendverbände

(1) Die eigenverantwortliche Tätigkeit der Jugendverbände und Jugendgruppen ist unter Wahrung ihres satzungsgemäßen Eigenlebens nach Maßgabe des § 74 zu fördern.

(2) In Jugendverbänden und Jugendgruppen wird Jugendarbeit von jungen Menschen selbst organisiert, gemeinschaftlich gestaltet und mitverantwortet. Ihre Arbeit ist auf Dauer angelegt und in der Regel auf die eigenen Mitglieder ausgerichtet, sie kann sich aber auch an junge Menschen wenden, die nicht Mitglieder sind. Durch Jugendverbände und ihre Zusammenschlüsse werden Anliegen und Interessen junger Menschen zum Ausdruck gebracht und vertreten.

§ 13 Jugendsozialarbeit

(1) Jungen Menschen, die zum Ausgleich sozialer Benachteiligungen oder zur Überwindung individueller Beeinträchtigungen in erhöhtem Maße auf Unterstützung angewiesen sind, sollen im Rahmen der Jugendhilfe sozialpädagogische Hilfen angeboten werden, die ihre schulische und berufliche Ausbildung, Eingliederung in die Arbeitswelt und ihre soziale Integration fördern.

(2) Soweit die Ausbildung dieser jungen Menschen nicht durch Maßnahmen und Programme anderer Träger und Organisationen sichergestellt wird, können geeignete sozialpädagogisch begleitete Ausbildungs- und Beschäftigungsmaßnahmen angeboten werden, die den Fähigkeiten und dem Entwicklungsstand dieser jungen Menschen Rechnung tragen.

(3) Jungen Menschen kann während der Teilnahme an schulischen oder beruflichen Bildungsmaßnahmen oder bei der beruflichen Eingliederung Unterkunft in sozialpädagogisch begleiteten Wohnformen angeboten werden. In diesen Fällen sollen auch der notwendige Unterhalt des jungen Menschen sichergestellt und Krankenhilfe nach Maßgabe des § 40 geleistet werden.

(4) Die Angebote sollen mit den Maßnahmen der Schulverwaltung, der Bundesagentur für Arbeit, der Träger betrieblicher und außerbetrieblicher Ausbildung sowie der Träger von Beschäftigungsangeboten abgestimmt werden.

§ 14 Erzieherischer Kinder- und Jugendschutz

(1) Jungen Menschen und Erziehungsberechtigten sollen Angebote des erzieherischen Kinder- und Jugendschutzes gemacht werden.

(2) Die Maßnahmen sollen

1. junge Menschen befähigen, sich vor gefährdenden Einflüssen zu schützen und sie zu Kritikfähigkeit, Entscheidungsfähigkeit und Eigenverantwortlichkeit sowie zur Verantwortung gegenüber ihren Mitmenschen führen,
2. Eltern und andere Erziehungsberechtigte besser befähigen, Kinder und Jugendliche vor gefährdenden Einflüssen zu schützen.

§ 15 Landesrechtsvorbehalt

Das Nähere über Inhalt und Umfang der in diesem Abschnitt geregelten Aufgaben und Leistungen regelt das Landesrecht.

Zweiter Abschnitt
Förderung der Erziehung in der Familie

§ 16 Allgemeine Förderung der Erziehung in der Familie

(1) Müttern, Vätern, anderen Erziehungsberechtigten und jungen Menschen sollen Leistungen der allgemeinen Förderung der Erziehung in der Familie angeboten werden. Sie sollen dazu beitragen, dass Mütter, Väter und andere Erziehungsberechtigte ihre Erziehungsverantwortung besser wahrnehmen können. Sie sollen auch Wege aufzeigen, wie Konfliktsituationen in der Familie gewaltfrei gelöst werden können.

(2) Leistungen zur Förderung der Erziehung in der Familie sind insbesondere

1. Angebote der Familienbildung, die auf Bedürfnisse und Interessen sowie auf Erfahrungen von Familien in unterschiedlichen Lebenslagen und Erziehungssituationen eingehen, die Familien in ihrer Gesundheitskompetenz stärken, die Familie zur Mitarbeit in Erziehungseinrichtungen und in Formen der Selbst- und Nachbarschaftshilfe besser befähigen sowie junge Menschen auf Ehe, Partnerschaft und das Zusammenleben mit Kindern vorbereiten,
2. Angebote der Beratung in allgemeinen Fragen der Erziehung und Entwicklung junger Menschen,
3. Angebote der Familienfreizeit und der Familienerholung, insbesondere in belastenden Familiensituationen, die bei Bedarf die erzieherische Betreuung der Kinder einschließen.

(3) Müttern und Vätern sowie schwangeren Frauen und werdenden Vätern sollen Beratung und Hilfe in Fragen der Partnerschaft und des Aufbaus elterlicher Erziehungs- und Beziehungskompetenzen angeboten werden.

(4) Das Nähere über Inhalt und Umfang der Aufgaben regelt das Landesrecht.

(5) (weggefallen)

§ 17 Beratung in Fragen der Partnerschaft, Trennung und Scheidung

(1) Mütter und Väter haben im Rahmen der Jugendhilfe Anspruch auf Beratung in Fragen der Partnerschaft, wenn sie für ein Kind oder einen Jugendlichen zu sorgen haben oder tatsächlich sorgen. Die Beratung soll helfen,

1. ein partnerschaftliches Zusammenleben in der Familie aufzubauen,
2. Konflikte und Krisen in der Familie zu bewältigen,
3. im Fall der Trennung oder Scheidung die Bedingungen für eine dem Wohl des Kindes oder des Jugendlichen förderliche Wahrnehmung der Elternverantwortung zu schaffen.

(2) Im Fall der Trennung und Scheidung sind Eltern unter angemessener Beteiligung des betroffenen Kindes oder Jugendlichen bei der Entwicklung eines einvernehmlichen Konzepts für die Wahrnehmung der elterlichen Sorge und der elterlichen Verantwortung zu unterstützen; dieses Konzept kann auch als Grundlage für einen Vergleich oder eine gerichtliche Entscheidung im familiengerichtlichen Verfahren dienen.

(3) Die Gerichte teilen die Rechtshängigkeit von Scheidungssachen, wenn gemeinschaftliche minderjährige Kinder vorhanden sind, sowie Namen und Anschriften der beteiligte Eheleute und Kinder dem Jugendamt mit, damit dieses die Eltern über das Leistungsangebot der Jugendhilfe nach Absatz 2 unterrichtet.

§ 18 Beratung und Unterstützung bei der Ausübung der Personensorge und des Umgangsrechts

(1) Mütter und Väter, die allein für ein Kind oder einen Jugendlichen zu sorgen haben oder tatsächlich sorgen, haben Anspruch auf Beratung und Unterstützung

1. bei der Ausübung der Personensorge einschließlich der Geltendmachung von Unterhalts- oder Unterhaltsersatzansprüchen des Kindes oder Jugendlichen,
2. bei der Geltendmachung ihrer Unterhaltsansprüche nach § 1615l des Bürgerlichen Gesetzbuchs.

(2) Mütter und Väter, die mit dem anderen Elternteil nicht verheiratet sind, haben Anspruch auf Beratung über die Abgabe einer Sorgeerklärung und die Möglichkeit der gerichtlichen Übertragung der gemeinsamen elterlichen Sorge.

(3) Kinder und Jugendliche haben Anspruch auf Beratung und Unterstützung bei der Ausübung des Umgangsrechts nach § 1684 Absatz 1 des Bürgerlichen Gesetzbuchs. Sie sollen darin unterstützt werden, dass die Personen, die nach Maßgabe der §§ 1684, 1685 und 1686a des Bürgerlichen Gesetzbuchs zum Umgang mit ihnen berechtigt sind, von diesem Recht zu ihrem Wohl Gebrauch machen. Eltern, andere Umgangsberechtigte sowie Personen, in deren Obhut sich das Kind befindet, haben Anspruch auf Beratung und Unterstützung bei der Ausübung des Umgangsrechts. Bei der Befugnis, Auskunft über die persönlichen Verhältnisse des Kindes zu verlangen, bei der Herstellung von Umgangskontakten und bei der Ausführung gerichtlicher oder vereinbarter Umgangsregelungen soll vermittelt und in geeigneten Fällen Hilfestellung geleistet werden.

(4) Ein junger Volljähriger hat bis zur Vollendung des 21. Lebensjahres Anspruch auf Beratung und Unterstützung bei der Geltendmachung von Unterhalts- oder Unterhaltsersatzansprüchen.

§ 19 Gemeinsame Wohnformen für Mütter/Väter und Kinder

(1) Mütter oder Väter, die allein für ein Kind unter sechs Jahren zu sorgen haben oder tatsächlich sorgen, sollen gemeinsam mit dem Kind in einer geeigneten Wohnform betreut werden, wenn und solange sie auf Grund ihrer Persönlichkeitsentwicklung dieser Form der Unterstützung bei der Pflege und Erziehung des Kindes bedürfen. Die Betreuung schließt auch ältere Geschwister ein, sofern die Mutter oder der Vater für sie allein zu sorgen hat. Eine schwangere Frau kann auch vor der Geburt des Kindes in der Wohnform betreut werden.

(2) Während dieser Zeit soll darauf hingewirkt werden, dass die Mutter oder der Vater eine schulische oder berufliche Ausbildung beginnt oder fortführt oder eine Berufstätigkeit aufnimmt.

(3) Die Leistung soll auch den notwendigen Unterhalt der betreuten Personen sowie die Krankenhilfe nach Maßgabe des § 40 umfassen.

§ 20 Betreuung und Versorgung des Kindes in Notsituationen

(1) Fällt der Elternteil, der die überwiegende Betreuung des Kindes übernommen hat, für die Wahrnehmung dieser Aufgabe aus gesundheitlichen oder anderen zwingenden Gründen aus, so soll der andere Elternteil bei der Betreuung und Versorgung des im Haushalt lebenden Kindes unterstützt werden, wenn

1. er wegen berufsbedingter Abwesenheit nicht in der Lage ist, die Aufgabe wahrzunehmen,
2. die Hilfe erforderlich ist, um das Wohl des Kindes zu gewährleisten,
3. Angebote der Förderung des Kindes in Tageseinrichtungen oder in Kindertagespflege nicht ausreichen.

(2) Fällt ein allein erziehender Elternteil oder fallen beide Elternteile aus gesundheitlichen oder anderen zwingenden Gründen aus, so soll unter der Voraussetzung des Absatzes 1 Nummer 3 das Kind im elterlichen Haushalt versorgt und betreut werden, wenn und solange es für sein Wohl erforderlich ist.

§ 21 Unterstützung bei notwendiger Unterbringung zur Erfüllung der Schulpflicht

Können Personensorgeberechtigte wegen des mit ihrer beruflichen Tätigkeit verbundenen ständigen Ortswechsels die Erfüllung der Schulpflicht ihres Kindes oder Jugendlichen nicht sicherstellen und ist deshalb eine anderweitige Unterbringung des Kindes oder des Jugendlichen notwendig, so haben sie

Anspruch auf Beratung und Unterstützung. In geeigneten Fällen können die Kosten der Unterbringung in einer für das Kind oder den Jugendlichen geeigneten Wohnform einschließlich des notwendigen Unterhalts sowie die Krankenhilfe übernommen werden. Die Leistung kann über das schulpflichtige Alter hinaus gewährt werden, sofern eine begonnene Schulausbildung noch nicht abgeschlossen ist, längstens aber bis zur Vollendung des 21. Lebensjahres.

Dritter Abschnitt
Förderung von Kindern in Tageseinrichtungen und in Kindertagespflege

§ 22 Grundsätze der Förderung

(1) Tageseinrichtungen sind Einrichtungen, in denen sich Kinder für einen Teil des Tages oder ganztägig aufhalten und in Gruppen gefördert werden. Kindertagespflege wird von einer geeigneten Tagespflegeperson in ihrem Haushalt oder im Haushalt des Personensorgeberechtigten geleistet. Das Nähere über die Abgrenzung von Tageseinrichtungen und Kindertagespflege regelt das Landesrecht. Es kann auch regeln, dass Kindertagespflege in anderen geeigneten Räumen geleistet wird.

(2) Tageseinrichtungen für Kinder und Kindertagespflege sollen

1. die Entwicklung des Kindes zu einer eigenverantwortlichen und gemeinschaftsfähigen Persönlichkeit fördern,
2. die Erziehung und Bildung in der Familie unterstützen und ergänzen,
3. den Eltern dabei helfen, Erwerbstätigkeit und Kindererziehung besser miteinander vereinbaren zu können.

(3) Der Förderungsauftrag umfasst Erziehung, Bildung und Betreuung des Kindes und bezieht sich auf die soziale, emotionale, körperliche und geistige Entwicklung des Kindes. Er schließt die Vermittlung orientierender Werte und Regeln ein. Die Förderung soll sich am Alter und Entwicklungsstand, den sprachlichen und sonstigen Fähigkeiten, der Lebenssituation sowie den Interessen und Bedürfnissen des einzelnen Kindes orientieren und seine ethnische Herkunft berücksichtigen.

(4) Für die Erfüllung des Förderauftrags nach Absatz 3 sollen geeignete Maßnahmen zur Gewährleistung der Qualität der Förderung von Kindern in Tageseinrichtungen und in der Kindertagespflege weiterentwickelt werden. Das Nähere regelt das Landesrecht.

§ 22a Förderung in Tageseinrichtungen

(1) Die Träger der öffentlichen Jugendhilfe sollen die Qualität der Förderung in ihren Einrichtungen durch geeignete Maßnahmen sicherstellen und weiterentwickeln. Dazu gehören die Entwicklung und der Einsatz einer pädagogischen Konzeption als Grundlage für die Erfüllung des Förderungsauftrags sowie der Einsatz von Instrumenten und Verfahren zur Evaluation der Arbeit in den Einrichtungen.

(2) Die Träger der öffentlichen Jugendhilfe sollen sicherstellen, dass die Fachkräfte in ihren Einrichtungen zusammenarbeiten

1. mit den Erziehungsberechtigten und Tagespflegepersonen zum Wohl der Kinder und zur Sicherung der Kontinuität des Erziehungsprozesses,
2. mit anderen kinder- und familienbezogenen Institutionen und Initiativen im Gemeinwesen, insbesondere solchen der Familienbildung und -beratung,
3. mit den Schulen, um den Kindern einen guten Übergang in die Schule zu sichern und um die Arbeit mit Schulkindern in Horten und altersgemischten Gruppen zu unterstützen.

Die Erziehungsberechtigten sind an den Entscheidungen in wesentlichen Angelegenheiten der Erziehung, Bildung und Betreuung zu beteiligen.

(3) Das Angebot soll sich pädagogisch und organisatorisch an den Bedürfnissen der Kinder und ihrer Familien orientieren. Werden Einrichtungen in den Ferienzeiten geschlossen, so hat der Träger der öffentlichen Jugendhilfe für die Kinder, die nicht von den Erziehungsberechtigten betreut werden können, eine anderweitige Betreuungsmöglichkeit sicherzustellen.

(4) Kinder mit und ohne Behinderung sollen, sofern der Hilfebedarf dies zulässt, in Gruppen gemeinsam gefördert werden. Zu diesem Zweck sollen die Träger der öffentlichen Jugendhilfe mit den Trägern der Sozialhilfe bei der Planung, konzeptionellen Ausgestaltung und Finanzierung des Angebots zusammenarbeiten.

(5) Die Träger der öffentlichen Jugendhilfe sollen die Realisierung des Förderungsauftrags nach Maßgabe der Absätze 1 bis 4 in den Einrichtungen anderer Träger durch geeignete Maßnahmen sicherstellen.

§ 23 Förderung in Kindertagespflege

(1) Die Förderung in Kindertagespflege nach Maßgabe von § 24 umfasst die Vermittlung des Kindes zu einer geeigneten Tagespflegeperson, soweit diese nicht von der erziehungsberechtigten Person nachgewiesen wird, deren fach-

liche Beratung, Begleitung und weitere Qualifizierung sowie die Gewährung einer laufenden Geldleistung an die Tagespflegeperson.

(2) Die laufende Geldleistung nach Absatz 1 umfasst

1. die Erstattung angemessener Kosten, die der Tagespflegeperson für den Sachaufwand entstehen,
2. einen Betrag zur Anerkennung ihrer Förderungsleistung nach Maßgabe von Absatz 2a,
3. die Erstattung nachgewiesener Aufwendungen für Beiträge zu einer Unfallversicherung sowie die hälftige Erstattung nachgewiesener Aufwendungen zu einer angemessenen Alterssicherung der Tagespflegeperson und
4. die hälftige Erstattung nachgewiesener Aufwendungen zu einer angemessenen Krankenversicherung und Pflegeversicherung.

(2a) Die Höhe der laufenden Geldleistung wird von den Trägern der öffentlichen Jugendhilfe festgelegt, soweit Landesrecht nicht etwas anderes bestimmt. Der Betrag zur Anerkennung der Förderungsleistung der Tagespflegeperson ist leistungsgerecht auszugestalten. Dabei sind der zeitliche Umfang der Leistung und die Anzahl sowie der Förderbedarf der betreuten Kinder zu berücksichtigen.

(3) Geeignet im Sinne von Absatz 1 sind Personen, die sich durch ihre Persönlichkeit, Sachkompetenz und Kooperationsbereitschaft mit Erziehungsberechtigten und anderen Tagespflegepersonen auszeichnen und über kindgerechte Räumlichkeiten verfügen. Sie sollen über vertiefte Kenntnisse hinsichtlich der Anforderungen der Kindertagespflege verfügen, die sie in qualifizierten Lehrgängen erworben oder in anderer Weise nachgewiesen haben.

(4) Erziehungsberechtigte und Tagespflegepersonen haben Anspruch auf Beratung in allen Fragen der Kindertagespflege. Für Ausfallzeiten einer Tagespflegeperson ist rechtzeitig eine andere Betreuungsmöglichkeit für das Kind sicherzustellen. Zusammenschlüsse von Tagespflegepersonen sollen beraten, unterstützt und gefördert werden.

§ 24 Anspruch auf Förderung in Tageseinrichtungen und in Kindertagespflege

(1) Ein Kind, das das erste Lebensjahr noch nicht vollendet hat, ist in einer Einrichtung oder in Kindertagespflege zu fördern, wenn

1. diese Leistung für seine Entwicklung zu einer eigenverantwortlichen und gemeinschaftsfähigen Persönlichkeit geboten ist oder
2. die Erziehungsberechtigten

a) einer Erwerbstätigkeit nachgehen, eine Erwerbstätigkeit aufnehmen oder Arbeit suchend sind,
b) sich in einer beruflichen Bildungsmaßnahme, in der Schulausbildung oder Hochschulausbildung befinden oder
c) Leistungen zur Eingliederung in Arbeit im Sinne des Zweiten Buches erhalten.

Lebt das Kind nur mit einem Erziehungsberechtigten zusammen, so tritt diese Person an die Stelle der Erziehungsberechtigten. Der Umfang der täglichen Förderung richtet sich nach dem individuellen Bedarf.

(2) Ein Kind, das das erste Lebensjahr vollendet hat, hat bis zur Vollendung des dritten Lebensjahres Anspruch auf frühkindliche Förderung in einer Tageseinrichtung oder in Kindertagespflege. Absatz 1 Satz 3 gilt entsprechend.

(3) Ein Kind, das das dritte Lebensjahr vollendet hat, hat bis zum Schuleintritt Anspruch auf Förderung in einer Tageseinrichtung. Die Träger der öffentlichen Jugendhilfe haben darauf hinzuwirken, dass für diese Altersgruppe ein bedarfsgerechtes Angebot an Ganztagsplätzen zur Verfügung steht. Das Kind kann bei besonderem Bedarf oder ergänzend auch in Kindertagespflege gefördert werden.

(4) Für Kinder im schulpflichtigen Alter ist ein bedarfsgerechtes Angebot in Tageseinrichtungen vorzuhalten. Absatz 1 Satz 3 und Absatz 3 Satz 3 gelten entsprechend.

(5) Die Träger der öffentlichen Jugendhilfe oder die von ihnen beauftragten Stellen sind verpflichtet, Eltern oder Elternteile, die Leistungen nach den Absätzen 1 bis 4 in Anspruch nehmen wollen, über das Platzangebot im örtlichen Einzugsbereich und die pädagogische Konzeption der Einrichtungen zu informieren und sie bei der Auswahl zu beraten. Landesrecht kann bestimmen, dass die erziehungsberechtigten Personen den zuständigen Träger der öffentlichen Jugendhilfe oder die beauftragte Stelle innerhalb einer bestimmten Frist vor der beabsichtigten Inanspruchnahme der Leistung in Kenntnis setzen.

(6) Weitergehendes Landesrecht bleibt unberührt.

§ 25 Unterstützung selbst organisierter Förderung von Kindern

Mütter, Väter und andere Erziehungsberechtigte, die die Förderung von Kindern selbst organisieren wollen, sollen beraten und unterstützt werden.

§ 26 Landesrechtsvorbehalt

Das Nähere über Inhalt und Umfang der in diesem Abschnitt geregelten Aufgaben und Leistungen regelt das Landesrecht. Am 31. Dezember 1990 geltende landesrechtliche Regelungen, die das Kindergartenwesen dem Bildungsbereich zuweisen, bleiben unberührt.

Vierter Abschnitt
Hilfe zur Erziehung, Eingliederungshilfe für seelisch behinderte Kinder und Jugendliche, Hilfe für junge Volljährige

Erster Unterabschnitt
Hilfe zur Erziehung

§ 27 Hilfe zur Erziehung

(1) Ein Personensorgeberechtigter hat bei der Erziehung eines Kindes oder eines Jugendlichen Anspruch auf Hilfe (Hilfe zur Erziehung), wenn eine dem Wohl des Kindes oder des Jugendlichen entsprechende Erziehung nicht gewährleistet ist und die Hilfe für seine Entwicklung geeignet und notwendig ist.

(2) Hilfe zur Erziehung wird insbesondere nach Maßgabe der §§ 28 bis 35 gewährt. Art und Umfang der Hilfe richten sich nach dem erzieherischen Bedarf im Einzelfall; dabei soll das engere soziale Umfeld des Kindes oder des Jugendlichen einbezogen werden. Die Hilfe ist in der Regel im Inland zu erbringen; sie darf nur dann im Ausland erbracht werden, wenn dies nach Maßgabe der Hilfeplanung zur Erreichung des Hilfezieles im Einzelfall erforderlich ist.

(2a) Ist eine Erziehung des Kindes oder Jugendlichen außerhalb des Elternhauses erforderlich, so entfällt der Anspruch auf Hilfe zur Erziehung nicht dadurch, dass eine andere unterhaltspflichtige Person bereit ist, diese Aufgabe zu übernehmen; die Gewährung von Hilfe zur Erziehung setzt in diesem Fall voraus, dass diese Person bereit und geeignet ist, den Hilfebedarf in Zusammenarbeit mit dem Träger der öffentlichen Jugendhilfe nach Maßgabe der §§ 36 und 37 zu decken.

(3) Hilfe zur Erziehung umfasst insbesondere die Gewährung pädagogischer und damit verbundener therapeutischer Leistungen. Sie soll bei Bedarf Ausbildungs- und Beschäftigungsmaßnahmen im Sinne des § 13 Absatz 2 einschließen.

(4) Wird ein Kind oder eine Jugendliche während ihres Aufenthalts in einer Einrichtung oder einer Pflegefamilie selbst Mutter eines Kindes, so umfasst die Hilfe zur Erziehung auch die Unterstützung bei der Pflege und Erziehung dieses Kindes.

§ 28 Erziehungsberatung

Erziehungsberatungsstellen und andere Beratungsdienste und -einrichtungen sollen Kinder, Jugendliche, Eltern und andere Erziehungsberechtigte bei der Klärung und Bewältigung individueller und familienbezogener Probleme und der zugrunde liegenden Faktoren, bei der Lösung von Erziehungsfragen sowie bei Trennung und Scheidung unterstützen. Dabei sollen Fachkräfte verschiedener Fachrichtungen zusammenwirken, die mit unterschiedlichen methodischen Ansätzen vertraut sind.

§ 29 Soziale Gruppenarbeit

Die Teilnahme an sozialer Gruppenarbeit soll älteren Kindern und Jugendlichen bei der Überwindung von Entwicklungsschwierigkeiten und Verhaltensproblemen helfen. Soziale Gruppenarbeit soll auf der Grundlage eines gruppenpädagogischen Konzepts die Entwicklung älterer Kinder und Jugendlicher durch soziales Lernen in der Gruppe fördern.

§ 30 Erziehungsbeistand, Betreuungshelfer

Der Erziehungsbeistand und der Betreuungshelfer sollen das Kind oder den Jugendlichen bei der Bewältigung von Entwicklungsproblemen möglichst unter Einbeziehung des sozialen Umfelds unterstützen und unter Erhaltung des Lebensbezugs zur Familie seine Verselbständigung fördern.

§ 31 Sozialpädagogische Familienhilfe

Sozialpädagogische Familienhilfe soll durch intensive Betreuung und Begleitung Familien in ihren Erziehungsaufgaben, bei der Bewältigung von Alltagsproblemen, der Lösung von Konflikten und Krisen sowie im Kontakt mit Ämtern und Institutionen unterstützen und Hilfe zur Selbsthilfe geben. Sie ist in der Regel auf längere Dauer angelegt und erfordert die Mitarbeit der Familie.

§ 32 Erziehung in einer Tagesgruppe

Hilfe zur Erziehung in einer Tagesgruppe soll die Entwicklung des Kindes oder des Jugendlichen durch soziales Lernen in der Gruppe, Begleitung der schulischen Förderung und Elternarbeit unterstützen und dadurch den Verbleib des Kindes oder des Jugendlichen in seiner Familie sichern. Die Hilfe kann auch in geeigneten Formen der Familienpflege geleistet werden.

§ 33 Vollzeitpflege

Hilfe zur Erziehung in Vollzeitpflege soll entsprechend dem Alter und Entwicklungsstand des Kindes oder des Jugendlichen und seinen persönlichen Bindungen sowie den Möglichkeiten der Verbesserung der Erziehungsbedingungen in der Herkunftsfamilie Kindern und Jugendlichen in einer anderen Familie eine zeitlich befristete Erziehungshilfe oder eine auf Dauer angelegte Lebensform bieten. Für besonders entwicklungsbeeinträchtigte Kinder und Jugendliche sind geeignete Formen der Familienpflege zu schaffen und auszubauen.

§ 34 Heimerziehung, sonstige betreute Wohnform

Hilfe zur Erziehung in einer Einrichtung über Tag und Nacht (Heimerziehung) oder in einer sonstigen betreuten Wohnform soll Kinder und Jugendliche durch eine Verbindung von Alltagserleben mit pädagogischen und therapeutischen Angeboten in ihrer Entwicklung fördern. Sie soll entsprechend dem Alter und Entwicklungsstand des Kindes oder des Jugendlichen sowie den Möglichkeiten der Verbesserung der Erziehungsbedingungen in der Herkunftsfamilie

1. eine Rückkehr in die Familie zu erreichen versuchen oder
2. die Erziehung in einer anderen Familie vorbereiten oder
3. eine auf längere Zeit angelegte Lebensform bieten und auf ein selbstständiges Leben vorbereiten.

Jugendliche sollen in Fragen der Ausbildung und Beschäftigung sowie der allgemeinen Lebensführung beraten und unterstützt werden.

§ 35 Intensive sozialpädagogische Einzelbetreuung

Intensive sozialpädagogische Einzelbetreuung soll Jugendlichen gewährt werden, die einer intensiven Unterstützung zur sozialen Integration und zu einer eigenverantwortlichen Lebensführung bedürfen. Die Hilfe ist in der Regel auf längere Zeit angelegt und soll den individuellen Bedürfnissen des Jugendlichen Rechnung tragen.

Zweiter Unterabschnitt
Eingliederungshilfe für seelisch behinderte Kinder und Jugendliche

§ 35a Eingliederungshilfe für seelisch behinderte Kinder und Jugendliche

(1) Kinder oder Jugendliche haben Anspruch auf Eingliederungshilfe, wenn

1. ihre seelische Gesundheit mit hoher Wahrscheinlichkeit länger als sechs Monate von dem für ihr Lebensalter typischen Zustand abweicht, und
2. daher ihre Teilhabe am Leben in der Gesellschaft beeinträchtigt ist oder eine solche Beeinträchtigung zu erwarten ist.

Von einer seelischen Behinderung bedroht im Sinne dieses Buches sind Kinder oder Jugendliche, bei denen eine Beeinträchtigung ihrer Teilhabe am Leben in der Gesellschaft nach fachlicher Erkenntnis mit hoher Wahrscheinlichkeit zu erwarten ist. § 27 Absatz 4 gilt entsprechend.

(1a) Hinsichtlich der Abweichung der seelischen Gesundheit nach Absatz 1 Satz 1 Nummer 1 hat der Träger der öffentlichen Jugendhilfe die Stellungnahme

1. eines Arztes für Kinder- und Jugendpsychiatrie und -psychotherapie,
2. eines Kinder- und Jugendpsychotherapeuten oder
3. eines Arztes oder eines psychologischen Psychotherapeuten, der über besondere Erfahrungen auf dem Gebiet seelischer Störungen bei Kindern und Jugendlichen verfügt,

einzuholen. Die Stellungnahme ist auf der Grundlage der Internationalen Klassifikation der Krankheiten in der vom Deutschen Institut für medizinische Dokumentation und Information herausgegebenen deutschen Fassung zu erstellen. Dabei ist auch darzulegen, ob die Abweichung Krankheitswert hat oder auf einer Krankheit beruht. Die Hilfe soll nicht von der Person oder dem Dienst oder der Einrichtung, der die Person angehört, die die Stellungnahme abgibt, erbracht werden.

(2) Die Hilfe wird nach dem Bedarf im Einzelfall

1. in ambulanter Form,
2. in Tageseinrichtungen für Kinder oder in anderen teilstationären Einrichtungen,
3. durch geeignete Pflegepersonen und
4. in Einrichtungen über Tag und Nacht sowie sonstigen Wohnformen geleistet.

(3) Aufgabe und Ziel der Hilfe, die Bestimmung des Personenkreises sowie Art und Form der Leistungen richten sich nach Kapitel 6 des Teil 1 des Neunten

Buches sowie § 90 und den Kapiteln 3 bis 6 des Teils 2 des Neunten Buches, soweit diese Bestimmungen auch auf seelisch behinderte oder von einer solchen Behinderung bedrohte Personen Anwendung finden und sich aus diesem Buch nichts anderes ergibt.

(4) Ist gleichzeitig Hilfe zur Erziehung zu leisten, so sollen Einrichtungen, Dienste und Personen in Anspruch genommen werden, die geeignet sind, sowohl die Aufgaben der Eingliederungshilfe zu erfüllen als auch den erzieherischen Bedarf zu decken. Sind heilpädagogische Maßnahmen für Kinder, die noch nicht im schulpflichtigen Alter sind, in Tageseinrichtungen für Kinder zu gewähren und lässt der Hilfebedarf es zu, so sollen Einrichtungen in Anspruch genommen werden, in denen behinderte und nicht behinderte Kinder gemeinsam betreut werden.

Dritter Unterabschnitt
Gemeinsame Vorschriften für die Hilfe zur Erziehung und die Eingliederungshilfe für seelisch behinderte Kinder und Jugendliche

§ 36 Mitwirkung, Hilfeplan

(1) Der Personensorgeberechtigte und das Kind oder der Jugendliche sind vor der Entscheidung über die Inanspruchnahme einer Hilfe und vor einer notwendigen Änderung von Art und Umfang der Hilfe zu beraten und auf die möglichen Folgen für die Entwicklung des Kindes oder des Jugendlichen hinzuweisen. Vor und während einer langfristig zu leistenden Hilfe außerhalb der eigenen Familie ist zu prüfen, ob die Annahme als Kind in Betracht kommt. Ist Hilfe außerhalb der eigenen Familie erforderlich, so sind die in Satz 1 genannten Personen bei der Auswahl der Einrichtung oder der Pflegestelle zu beteiligen. Der Wahl und den Wünschen ist zu entsprechen, sofern sie nicht mit unverhältnismäßigen Mehrkosten verbunden sind. Wünschen die in Satz 1 genannten Personen die Erbringung einer in § 78a genannten Leistung in einer Einrichtung, mit deren Träger keine Vereinbarungen nach § 78b bestehen, so soll der Wahl nur entsprochen werden, wenn die Erbringung der Leistung in dieser Einrichtung nach Maßgabe des Hilfeplans nach Absatz 2 geboten ist.

(2) Die Entscheidung über die im Einzelfall angezeigte Hilfeart soll, wenn Hilfe voraussichtlich für längere Zeit zu leisten ist, im Zusammenwirken mehrerer Fachkräfte getroffen werden. Als Grundlage für die Ausgestaltung der Hilfe sollen sie zusammen mit dem Personensorgeberechtigten und dem Kind oder dem Jugendlichen einen Hilfeplan aufstellen, der Feststellungen über den

Bedarf, die zu gewährende Art der Hilfe sowie die notwendigen Leistungen enthält; sie sollen regelmäßig prüfen, ob die gewählte Hilfeart weiterhin geeignet und notwendig ist. Werden bei der Durchführung der Hilfe andere Personen, Dienste oder Einrichtungen tätig, so sind sie oder deren Mitarbeiter an der Aufstellung des Hilfeplans und seiner Überprüfung zu beteiligen. Erscheinen Maßnahmen der beruflichen Eingliederung erforderlich, so sollen auch die für die Eingliederung zuständigen Stellen beteiligt werden.

(3) Erscheinen Hilfen nach § 35a erforderlich, so soll bei der Aufstellung und Änderung des Hilfeplans sowie bei der Durchführung der Hilfe die Person, die eine Stellungnahme nach § 35a Absatz 1a abgegeben hat, beteiligt werden.

(4) Vor einer Entscheidung über die Gewährung einer Hilfe, die ganz oder teilweise im Ausland erbracht wird, soll zur Feststellung einer seelischen Störung mit Krankheitswert die Stellungnahme einer in § 35a Absatz 1a Satz 1 genannten Person eingeholt werden.

§ 36a Steuerungsverantwortung, Selbstbeschaffung

(1) Der Träger der öffentlichen Jugendhilfe trägt die Kosten der Hilfe grundsätzlich nur dann, wenn sie auf der Grundlage seiner Entscheidung nach Maßgabe des Hilfeplans unter Beachtung des Wunsch- und Wahlrechts erbracht wird; dies gilt auch in den Fällen, in denen Eltern durch das Familiengericht oder Jugendliche und junge Volljährige durch den Jugendrichter zur Inanspruchnahme von Hilfen verpflichtet werden. Die Vorschriften über die Heranziehung zu den Kosten der Hilfe bleiben unberührt.

(2) Abweichend von Absatz 1 soll der Träger der öffentlichen Jugendhilfe die niedrigschwellige unmittelbare Inanspruchnahme von ambulanten Hilfen, insbesondere der Erziehungsberatung, zulassen. Dazu soll er mit den Leistungserbringern Vereinbarungen schließen, in denen die Voraussetzungen und die Ausgestaltung der Leistungserbringung sowie die Übernahme der Kosten geregelt werden.

(3) Werden Hilfen abweichend von den Absätzen 1 und 2 vom Leistungsberechtigten selbst beschafft, so ist der Träger der öffentlichen Jugendhilfe zur Übernahme der erforderlichen Aufwendungen nur verpflichtet, wenn

1. der Leistungsberechtigte den Träger der öffentlichen Jugendhilfe vor der Selbstbeschaffung über den Hilfebedarf in Kenntnis gesetzt hat,
2. die Voraussetzungen für die Gewährung der Hilfe vorlagen und
3. die Deckung des Bedarfs

a) bis zu einer Entscheidung des Trägers der öffentlichen Jugendhilfe über die Gewährung der Leistung oder

b) bis zu einer Entscheidung über ein Rechtsmittel nach einer zu Unrecht abgelehnten Leistung

keinen zeitlichen Aufschub geduldet hat.

War es dem Leistungsberechtigten unmöglich, den Träger der öffentlichen Jugendhilfe rechtzeitig über den Hilfebedarf in Kenntnis zu setzen, so hat er dies unverzüglich nach Wegfall des Hinderungsgrundes nachzuholen.

§ 37 Zusammenarbeit bei Hilfen außerhalb der eigenen Familie

(1) Bei Hilfen nach §§ 32 bis 34 und § 35a Absatz 2 Nummer 3 und 4 soll darauf hingewirkt werden, dass die Pflegeperson oder die in der Einrichtung für die Erziehung verantwortlichen Personen und die Eltern zum Wohl des Kindes oder des Jugendlichen zusammenarbeiten. Durch Beratung und Unterstützung sollen die Erziehungsbedingungen in der Herkunftsfamilie innerhalb eines im Hinblick auf die Entwicklung des Kindes oder Jugendlichen vertretbaren Zeitraums so weit verbessert werden, dass sie das Kind oder den Jugendlichen wieder selbst erziehen kann. Während dieser Zeit soll durch begleitende Beratung und Unterstützung der Familien darauf hingewirkt werden, dass die Beziehung des Kindes oder Jugendlichen zur Herkunftsfamilie gefördert wird. Ist eine nachhaltige Verbesserung der Erziehungsbedingungen in der Herkunftsfamilie innerhalb dieses Zeitraums nicht erreichbar, so soll mit den beteiligten Personen eine andere, dem Wohl des Kindes oder des Jugendlichen förderliche und auf Dauer angelegte Lebensperspektive erarbeitet werden.

(2) Die Pflegeperson hat vor der Aufnahme des Kindes oder Jugendlichen und während der Dauer des Pflegeverhältnisses Anspruch auf Beratung und Unterstützung; dies gilt auch in den Fällen, in denen für das Kind oder den Jugendlichen weder Hilfe zur Erziehung noch Eingliederungshilfe gewährt wird oder die Pflegeperson nicht der Erlaubnis zur Vollzeitpflege nach § 44 bedarf. Lebt das Kind oder der Jugendliche bei einer Pflegeperson außerhalb des Bereichs des zuständigen Trägers der öffentlichen Jugendhilfe, so sind ortsnahe Beratung und Unterstützung sicherzustellen. Der zuständige Träger der öffentlichen Jugendhilfe hat die aufgewendeten Kosten einschließlich der Verwaltungskosten auch in den Fällen zu erstatten, in denen die Beratung und Unterstützung im Wege der Amtshilfe geleistet wird. § 23 Absatz 4 Satz 3 gilt entsprechend.

(2a) Die Art und Weise der Zusammenarbeit sowie die damit im Einzelfall verbundenen Ziele sind im Hilfeplan zu dokumentieren. Bei Hilfen nach den §§ 33, 35a Absatz 2 Nummer 3 und § 41 zählen dazu auch der vereinbarte Umfang der Beratung der Pflegeperson sowie die Höhe der laufenden Leistungen zum

Unterhalt des Kindes oder Jugendlichen. Eine Abweichung von den dort getroffenen Feststellungen ist nur bei einer Änderung des Hilfebedarfs und entsprechender Änderung des Hilfeplans zulässig.

(3) Das Jugendamt soll den Erfordernissen des Einzelfalls entsprechend an Ort und Stelle überprüfen, ob die Pflegeperson eine dem Wohl des Kindes oder des Jugendlichen förderliche Erziehung gewährleistet. Die Pflegeperson hat das Jugendamt über wichtige Ereignisse zu unterrichten, die das Wohl des Kindes oder des Jugendlichen betreffen.

§ 38 Vermittlung bei der Ausübung der Personensorge

Sofern der Inhaber der Personensorge durch eine Erklärung nach § 1688 Absatz 3 Satz 1 des Bürgerlichen Gesetzbuchs die Vertretungsmacht der Pflegeperson soweit einschränkt, dass dies eine dem Wohl des Kindes oder des Jugendlichen förderliche Erziehung nicht mehr ermöglicht, sowie bei sonstigen Meinungsverschiedenheiten sollen die Beteiligten das Jugendamt einschalten.

§ 39 Leistungen zum Unterhalt des Kindes oder des Jugendlichen

(1) Wird Hilfe nach den §§ 32 bis 35 oder nach § 35a Absatz 2 Nummer 2 bis 4 gewährt, so ist auch der notwendige Unterhalt des Kindes oder Jugendlichen außerhalb des Elternhauses sicherzustellen. Er umfasst die Kosten für den Sachaufwand sowie für die Pflege und Erziehung des Kindes oder Jugendlichen.

(2) Der gesamte regelmäßig wiederkehrende Bedarf soll durch laufende Leistungen gedeckt werden. Sie umfassen außer im Fall des § 32 und des § 35a Absatz 2 Nummer 2 auch einen angemessenen Barbetrag zur persönlichen Verfügung des Kindes oder des Jugendlichen. Die Höhe des Betrages wird in den Fällen der §§ 34, 35, 35a Absatz 2 Nummer 4 von der nach Landesrecht zuständigen Behörde festgesetzt; die Beträge sollen nach Altersgruppen gestaffelt sein. Die laufenden Leistungen im Rahmen der Hilfe in Vollzeitpflege (§ 33) oder bei einer geeigneten Pflegeperson (§ 35a Absatz 2 Nummer 3) sind nach den Absätzen 4 bis 6 zu bemessen.

(3) Einmalige Beihilfen oder Zuschüsse können insbesondere zur Erstausstattung einer Pflegestelle, bei wichtigen persönlichen Anlässen sowie für Urlaubs- und Ferienreisen des Kindes oder des Jugendlichen gewährt werden.

(4) Die laufenden Leistungen sollen auf der Grundlage der tatsächlichen Kosten gewährt werden, sofern sie einen angemessenen Umfang nicht übersteigen. Die laufenden Leistungen umfassen auch die Erstattung nachgewiesener Auf-

wendungen für Beiträge zu einer Unfallversicherung sowie die hälftige Erstattung nachgewiesener Aufwendungen zu einer angemessenen Alterssicherung der Pflegeperson. Sie sollen in einem monatlichen Pauschalbetrag gewährt werden, soweit nicht nach der Besonderheit des Einzelfalls abweichende Leistungen geboten sind. Ist die Pflegeperson in gerader Linie mit dem Kind oder Jugendlichen verwandt und kann sie diesem unter Berücksichtigung ihrer sonstigen Verpflichtungen und ohne Gefährdung ihres angemessenen Unterhalts Unterhalt gewähren, so kann der Teil des monatlichen Pauschalbetrages, der die Kosten für den Sachaufwand des Kindes oder Jugendlichen betrifft, angemessen gekürzt werden. Wird ein Kind oder ein Jugendlicher im Bereich eines anderen Jugendamts untergebracht, so soll sich die Höhe des zu gewährenden Pauschalbetrages nach den Verhältnissen richten, die am Ort der Pflegestelle gelten.

(5) Die Pauschalbeträge für laufende Leistungen zum Unterhalt sollen von den nach Landesrecht zuständigen Behörden festgesetzt werden. Dabei ist dem altersbedingt unterschiedlichen Unterhaltsbedarf von Kindern und Jugendlichen durch eine Staffelung der Beträge nach Altersgruppen Rechnung zu tragen. Das Nähere regelt Landesrecht.

(6) Wird das Kind oder der Jugendliche im Rahmen des Familienleistungsausgleichs nach § 31 des Einkommensteuergesetzes bei der Pflegeperson berücksichtigt, so ist ein Betrag in Höhe der Hälfte des Betrages, der nach § 66 des Einkommensteuergesetzes für ein erstes Kind zu zahlen ist, auf die laufenden Leistungen anzurechnen. Ist das Kind oder der Jugendliche nicht das älteste Kind in der Pflegefamilie, so ermäßigt sich der Anrechnungsbetrag für dieses Kind oder diesen Jugendlichen auf ein Viertel des Betrages, der für ein erstes Kind zu zahlen ist.

(7) Wird ein Kind oder eine Jugendliche während ihres Aufenthalts in einer Einrichtung oder einer Pflegefamilie selbst Mutter eines Kindes, so ist auch der notwendige Unterhalt dieses Kindes sicherzustellen.

§ 40 Krankenhilfe

Wird Hilfe nach den §§ 33 bis 35 oder nach § 35a Absatz 2 Nummer 3 oder 4 gewährt, so ist auch Krankenhilfe zu leisten; für den Umfang der Hilfe gelten die §§ 47 bis 52 des Zwölften Buches entsprechend. Krankenhilfe muss den im Einzelfall notwendigen Bedarf in voller Höhe befriedigen. Zuzahlungen und Eigenbeteiligungen sind zu übernehmen. Das Jugendamt kann in geeigneten Fällen die Beiträge für eine freiwillige Krankenversicherung übernehmen, soweit sie angemessen sind.

Vierter Unterabschnitt
Hilfe für junge Volljährige

§ 41 Hilfe für junge Volljährige, Nachbetreuung

(1) Einem jungen Volljährigen soll Hilfe für die Persönlichkeitsentwicklung und zu einer eigenverantwortlichen Lebensführung gewährt werden, wenn und solange die Hilfe auf Grund der individuellen Situation des jungen Menschen notwendig ist. Die Hilfe wird in der Regel nur bis zur Vollendung des 21. Lebensjahres gewährt; in begründeten Einzelfällen soll sie für einen begrenzten Zeitraum darüber hinaus fortgesetzt werden.

(2) Für die Ausgestaltung der Hilfe gelten § 27 Absatz 3 und 4 sowie die §§ 28 bis 30, 33 bis 36, 39 und 40 entsprechend mit der Maßgabe, dass an die Stelle des Personensorgeberechtigten oder des Kindes oder des Jugendlichen der junge Volljährige tritt.

(3) Der junge Volljährige soll auch nach Beendigung der Hilfe bei der Verselbstständigung im notwendigen Umfang beraten und unterstützt werden.

Drittes Kapitel
Andere Aufgaben der Jugendhilfe

Erster Abschnitt
Vorläufige Maßnahmen zum Schutz von Kindern und Jugendlichen

§ 42 Inobhutnahme von Kindern und Jugendlichen

(1) Das Jugendamt ist berechtigt und verpflichtet, ein Kind oder einen Jugendlichen in seine Obhut zu nehmen, wenn

1. das Kind oder der Jugendliche um Obhut bittet oder
2. eine dringende Gefahr für das Wohl des Kindes oder des Jugendlichen die Inobhutnahme erfordert und
   a) die Personensorgeberechtigten nicht widersprechen oder
   b) eine familiengerichtliche Entscheidung nicht rechtzeitig eingeholt werden kann oder
3. ein ausländisches Kind oder ein ausländischer Jugendlicher unbegleitet nach Deutschland kommt und sich weder Personensorge- noch Erziehungsberechtigte im Inland aufhalten.

Die Inobhutnahme umfasst die Befugnis, ein Kind oder einen Jugendlichen bei einer geeigneten Person, in einer geeigneten Einrichtung oder in einer sonstigen Wohnform vorläufig unterzubringen; im Fall von Satz 1 Nummer 2 auch ein Kind oder einen Jugendlichen von einer anderen Person wegzunehmen.

(2) Das Jugendamt hat während der Inobhutnahme die Situation, die zur Inobhutnahme geführt hat, zusammen mit dem Kind oder dem Jugendlichen zu klären und Möglichkeiten der Hilfe und Unterstützung aufzuzeigen. Dem Kind oder dem Jugendlichen ist unverzüglich Gelegenheit zu geben, eine Person seines Vertrauens zu benachrichtigen. Das Jugendamt hat während der Inobhutnahme für das Wohl des Kindes oder des Jugendlichen zu sorgen und dabei den notwendigen Unterhalt und die Krankenhilfe sicherzustellen; § 39 Absatz 4 Satz 2 gilt entsprechend. Das Jugendamt ist während der Inobhutnahme berechtigt, alle Rechtshandlungen vorzunehmen, die zum Wohl des Kindes oder Jugendlichen notwendig sind; der mutmaßliche Wille der Personensorge- oder der Erziehungsberechtigten ist dabei angemessen zu berücksichtigen. Im Fall des Absatzes 1 Satz 1 Nummer 3 gehört zu den Rechtshandlungen nach Satz 4, zu denen das Jugendamt verpflichtet ist, insbesondere die unverzügliche Stellung eines Asylantrags für das Kind oder den Jugendlichen in Fällen, in denen Tatsachen die Annahme rechtfertigen, dass das Kind oder der Jugendliche internationalen Schutz im Sinne des § 1 Absatz 1 Nummer 2 des Asylgesetzes benötigt; dabei ist das Kind oder der Jugendliche zu beteiligen.

(3) Das Jugendamt hat im Fall des Absatzes 1 Satz 1 Nummer 1 und 2 die Personensorge- oder Erziehungsberechtigten unverzüglich von der Inobhutnahme zu unterrichten und mit ihnen das Gefährdungsrisiko abzuschätzen. Widersprechen die Personensorge- oder Erziehungsberechtigten der Inobhutnahme, so hat das Jugendamt unverzüglich

1. das Kind oder den Jugendlichen den Personensorge- oder Erziehungsberechtigten zu übergeben, sofern nach der Einschätzung des Jugendamts eine Gefährdung des Kindeswohls nicht besteht oder die Personensorge- oder Erziehungsberechtigten bereit und in der Lage sind, die Gefährdung abzuwenden oder
2. eine Entscheidung des Familiengerichts über die erforderlichen Maßnahmen zum Wohl des Kindes oder des Jugendlichen herbeizuführen.

Sind die Personensorge- oder Erziehungsberechtigten nicht erreichbar, so gilt Satz 2 Nummer 2 entsprechend. Im Fall des Absatzes 1 Satz 1 Nummer 3 ist unverzüglich die Bestellung eines Vormunds oder Pflegers zu veranlassen. Widersprechen die Personensorgeberechtigten der Inobhutnahme nicht, so ist unverzüglich ein Hilfeplanverfahren zur Gewährung einer Hilfe einzuleiten.

(4) Die Inobhutnahme endet mit
1. der Übergabe des Kindes oder Jugendlichen an die Personensorge- oder Erziehungsberechtigten,
2. der Entscheidung über die Gewährung von Hilfen nach dem Sozialgesetzbuch.

(5) Freiheitsentziehende Maßnahmen im Rahmen der Inobhutnahme sind nur zulässig, wenn und soweit sie erforderlich sind, um eine Gefahr für Leib oder Leben des Kindes oder des Jugendlichen oder eine Gefahr für Leib oder Leben Dritter abzuwenden. Die Freiheitsentziehung ist ohne gerichtliche Entscheidung spätestens mit Ablauf des Tages nach ihrem Beginn zu beenden.

(6) Ist bei der Inobhutnahme die Anwendung unmittelbaren Zwangs erforderlich, so sind die dazu befugten Stellen hinzuzuziehen.

§ 42a Vorläufige Inobhutnahme von ausländischen Kindern und Jugendlichen nach unbegleiteter Einreise

(1) Das Jugendamt ist berechtigt und verpflichtet, ein ausländisches Kind oder einen ausländischen Jugendlichen vorläufig in Obhut zu nehmen, sobald dessen unbegleitete Einreise nach Deutschland festgestellt wird. § 42 Absatz 1 Satz 2, Absatz 2 Satz 2 und 3, Absatz 5 sowie 6 gilt entsprechend. Ein ausländisches Kind oder ein ausländischer Jugendlicher ist grundsätzlich dann als unbegleitet zu betrachten, wenn die Einreise nicht in Begleitung eines Personensorgeberechtigten oder Erziehungsberechtigten erfolgt; dies gilt auch, wenn das Kind oder der Jugendliche verheiratet ist.

(2) Das Jugendamt hat während der vorläufigen Inobhutnahme zusammen mit dem Kind oder dem Jugendlichen einzuschätzen,
1. ob das Wohl des Kindes oder des Jugendlichen durch die Durchführung des Verteilungsverfahrens gefährdet würde,
2. ob sich eine mit dem Kind oder dem Jugendlichen verwandte Person im Inland oder im Ausland aufhält,
3. ob das Wohl des Kindes oder des Jugendlichen eine gemeinsame Inobhutnahme mit Geschwistern oder anderen unbegleiteten ausländischen Kindern oder Jugendlichen erfordert und
4. ob der Gesundheitszustand des Kindes oder des Jugendlichen die Durchführung des Verteilungsverfahrens innerhalb von 14 Werktagen nach Beginn der vorläufigen Inobhutnahme ausschließt; hierzu soll eine ärztliche Stellungnahme eingeholt werden.

Auf der Grundlage des Ergebnisses der Einschätzung nach Satz 1 entscheidet das Jugendamt über die Anmeldung des Kindes oder des Jugendlichen zur Verteilung oder den Ausschluss der Verteilung.

(3) Das Jugendamt ist während der vorläufigen Inobhutnahme berechtigt und verpflichtet, alle Rechtshandlungen vorzunehmen, die zum Wohl des Kindes oder des Jugendlichen notwendig sind. Dabei ist das Kind oder der Jugendliche zu beteiligen und der mutmaßliche Wille der Personen- oder der Erziehungsberechtigten angemessen zu berücksichtigen.

(3a) Das Jugendamt hat dafür Sorge zu tragen, dass die in Absatz 1 genannten Kinder oder Jugendlichen unverzüglich erkennungsdienstliche Maßnahmen nach § 49 Absatz 8 und 9 des Aufenthaltsgesetzes durchgeführt werden, wenn Zweifel über die Identität bestehen.

(4) Das Jugendamt hat der nach Landesrecht für die Verteilung von unbegleiteten ausländischen Kindern und Jugendlichen zuständigen Stelle die vorläufige Inobhutnahme des Kindes oder des Jugendlichen innerhalb von sieben Werktagen nach Beginn der Maßnahme zur Erfüllung der in § 42b genannten Aufgaben mitzuteilen. Zu diesem Zweck sind auch die Ergebnisse der Einschätzung nach Absatz 2 Satz 1 mitzuteilen. Die nach Landesrecht zuständige Stelle hat gegenüber dem Bundesverwaltungsamt innerhalb von drei Werktagen das Kind oder den Jugendlichen zur Verteilung anzumelden oder den Ausschluss der Verteilung anzuzeigen.

(5) Soll das Kind oder der Jugendliche im Rahmen eines Verteilungsverfahrens untergebracht werden, so umfasst die vorläufige Inobhutnahme auch die Pflicht,

1. die Begleitung des Kindes oder des Jugendlichen und dessen Übergabe durch eine insofern geeignete Person an das für die Inobhutnahme nach § 42 Absatz 1 Satz 1 Nummer 3 zuständige Jugendamt sicherzustellen sowie
2. dem für die Inobhutnahme nach § 42 Absatz 1 Satz 1 Nummer 3 zuständigen Jugendamt unverzüglich die personenbezogenen Daten zu übermitteln, die zur Wahrnehmung der Aufgaben nach § 42 erforderlich sind.

Hält sich eine mit dem Kind oder dem Jugendlichen verwandte Person im Inland oder im Ausland auf, hat das Jugendamt auf eine Zusammenführung des Kindes oder des Jugendlichen mit dieser Person hinzuwirken, wenn dies dem Kindeswohl entspricht. Das Kind oder der Jugendliche ist an der Übergabe und an der Entscheidung über die Familienzusammenführung angemessen zu beteiligen.

(6) Die vorläufige Inobhutnahme endet mit der Übergabe des Kindes oder des Jugendlichen an die Personensorge- oder Erziehungsberechtigten oder an das aufgrund der Zuweisungsentscheidung der zuständigen Landesbehörde nach § 88a Absatz 2 Satz 1 zuständige Jugendamt oder mit der Anzeige nach Absatz 4 Satz 3 über den Ausschluss des Verteilungsverfahrens nach § 42b Absatz 4.

§ 42b Verfahren zur Verteilung unbegleiteter ausländischer Kinder und Jugendlicher

(1) Das Bundesverwaltungsamt benennt innerhalb von zwei Werktagen nach Anmeldung eines unbegleiteten ausländischen Kindes oder Jugendlichen zur Verteilung durch die zuständige Landesstelle das zu dessen Aufnahme verpflichtete Land. Maßgebend dafür ist die Aufnahmequote nach § 42c.

(2) Im Rahmen der Aufnahmequote nach § 42c soll vorrangig dasjenige Land benannt werden, in dessen Bereich das Jugendamt liegt, das das Kind oder den Jugendlichen nach § 42a vorläufig in Obhut genommen hat. Hat dieses Land die Aufnahmequote nach § 42c bereits erfüllt, soll das nächstgelegene Land benannt werden.

(3) Die nach Landesrecht für die Verteilung von unbegleiteten ausländischen Kindern oder Jugendlichen zuständige Stelle des nach Absatz 1 benannten Landes weist das Kind oder den Jugendlichen innerhalb von zwei Werktagen einem in seinem Bereich gelegenen Jugendamt zur Inobhutnahme nach § 42 Absatz 1 Satz 1 Nummer 3 zu und teilt dies demjenigen Jugendamt mit, welches das Kind oder den Jugendlichen nach § 42a vorläufig in Obhut genommen hat. Maßgeblich für die Zuweisung sind die spezifischen Schutzbedürfnisse und Bedarfe unbegleiteter ausländischer Minderjähriger. Für die Verteilung von unbegleiteten ausländischen Kindern oder Jugendlichen ist das Landesjugendamt zuständig, es sei denn, dass Landesrecht etwas anderes regelt.

(4) Die Durchführung eines Verteilungsverfahrens ist bei einem unbegleiteten ausländischen Kind oder Jugendlichen ausgeschlossen, wenn

1. dadurch dessen Wohl gefährdet würde,
2. dessen Gesundheitszustand die Durchführung eines Verteilungsverfahrens innerhalb von 14 Werktagen nach Beginn der vorläufigen Inobhutnahme gemäß § 42a nicht zulässt,
3. dessen Zusammenführung mit einer verwandten Person kurzfristig erfolgen kann, zum Beispiel aufgrund der Verordnung (EU) Nr. 604/2013 des Europäischen Parlaments und des Rates vom 26. Juni 2013 zur Festlegung der Kriterien und Verfahren zur Bestimmung des Mitgliedstaats, der für die Prüfung eines von einem Drittstaatsangehörigen oder Staatenlosen in einem Mitgliedstaat gestellten Antrags auf internationalen Schutz zuständig ist (ABl. L 180 vom 29.6.2013, S. 31), und dies dem Wohl des Kindes entspricht oder
4. die Durchführung des Verteilungsverfahrens nicht innerhalb von einem Monat nach Beginn der vorläufigen Inobhutnahme erfolgt.

(5) Geschwister dürfen nicht getrennt werden, es sei denn, dass das Kindeswohl

eine Trennung erfordert. Im Übrigen sollen unbegleitete ausländische Kinder oder Jugendliche im Rahmen der Aufnahmequote nach § 42c nach Durchführung des Verteilungsverfahrens gemeinsam nach § 42 in Obhut genommen werden, wenn das Kindeswohl dies erfordert.

(6) Der örtliche Träger stellt durch werktägliche Mitteilungen sicher, dass die nach Landesrecht für die Verteilung von unbegleiteten ausländischen Kindern und Jugendlichen zuständige Stelle jederzeit über die für die Zuweisung nach Absatz 3 erforderlichen Angaben unterrichtet wird. Die nach Landesrecht für die Verteilung von unbegleiteten ausländischen Kindern oder Jugendlichen zuständige Stelle stellt durch werktägliche Mitteilungen sicher, dass das Bundesverwaltungsamt jederzeit über die Angaben unterrichtet wird, die für die Benennung des zur Aufnahme verpflichteten Landes nach Absatz 1 erforderlich sind.

(7) Gegen Entscheidungen nach dieser Vorschrift findet kein Widerspruch statt. Die Klage gegen Entscheidungen nach dieser Vorschrift hat keine aufschiebende Wirkung.

(8) Das Nähere regelt das Landesrecht.

§ 42c Aufnahmequote

(1) Die Länder können durch Vereinbarung einen Schlüssel als Grundlage für die Benennung des zur Aufnahme verpflichteten Landes nach § 42b Absatz 1 festlegen. Bis zum Zustandekommen dieser Vereinbarung oder bei deren Wegfall richtet sich die Aufnahmequote für das jeweilige Kalenderjahr nach dem von dem Büro der Gemeinsamen Wissenschaftskonferenz im Bundesanzeiger veröffentlichten Schlüssel, der für das vorangegangene Kalenderjahr entsprechend den Steuereinnahmen und der Bevölkerungszahl der Länder errechnet worden ist (Königsteiner Schlüssel), und nach dem Ausgleich für den Bestand der Anzahl unbegleiteter ausländischer Minderjähriger, denen am 1. November 2015 in den einzelnen Ländern Jugendhilfe gewährt wird. Ein Land kann seiner Aufnahmepflicht eine höhere Quote als die Aufnahmequote nach Satz 1 oder 2 zugrunde legen; dies ist gegenüber dem Bundesverwaltungsamt anzuzeigen.

(2) Ist die Durchführung des Verteilungsverfahrens ausgeschlossen, wird die Anzahl der im Land verbleibenden unbegleiteten ausländischen Kinder und Jugendlichen auf die Aufnahmequote nach Absatz 1 angerechnet. Gleiches gilt, wenn der örtliche Träger eines anderen Landes die Zuständigkeit für die Inobhutnahme eines unbegleiteten ausländischen Kindes oder Jugendlichen von dem nach § 88a Absatz 2 zuständigen örtlichen Träger übernimmt.

(3) Bis zum 1. Mai 2017 wird die Aufnahmepflicht durch einen Abgleich der aktuellen Anzahl unbegleiteter ausländischer Minderjähriger in den Ländern mit der Aufnahmequote nach Absatz 1 werktäglich ermittelt.

§ 42d Übergangsregelung

(1) Kann ein Land die Anzahl von unbegleiteten ausländischen Kindern oder Jugendlichen, die seiner Aufnahmequote nach § 42c entspricht, nicht aufnehmen, so kann es dies gegenüber dem Bundesverwaltungsamt anzeigen.

(2) In diesem Fall reduziert sich für das Land die Aufnahmequote

1. bis zum 1. Dezember 2015 um zwei Drittel sowie
2. bis zum 1. Januar 2016 um ein Drittel.

(3) Bis zum 31. Dezember 2016 kann die Ausschlussfrist nach § 42b Absatz 4 Nummer 4 um einen Monat verlängert werden, wenn die zuständige Landesstelle gegenüber dem Bundesverwaltungsamt anzeigt, dass die Durchführung des Verteilungsverfahrens in Bezug auf einen unbegleiteten ausländischen Minderjährigen nicht innerhalb dieser Frist erfolgen kann. In diesem Fall hat das Jugendamt nach Ablauf eines Monats nach Beginn der vorläufigen Inobhutnahme die Bestellung eines Vormunds oder Pflegers zu veranlassen.

(4) Ab dem 1. August 2016 ist die Geltendmachung des Anspruchs des örtlichen Trägers gegenüber dem nach § 89d Absatz 3 erstattungspflichtigen Land auf Erstattung der Kosten, die vor dem 1. November 2015 entstanden sind, ausgeschlossen. Der Erstattungsanspruch des örtlichen Trägers gegenüber dem nach § 89d Absatz 3 erstattungspflichtigen Land verjährt in einem Jahr; im Übrigen gilt § 113 des Zehnten Buches entsprechend.

(5) Die Geltendmachung des Anspruchs des örtlichen Trägers gegenüber dem nach § 89d Absatz 3 erstattungspflichtigen Land auf Erstattung der Kosten, die nach dem 1. November 2015 entstanden sind, ist ausgeschlossen. Die Erstattung dieser Kosten richtet sich nach § 89d Absatz 1.

§ 42e Berichtspflicht

Die Bundesregierung hat dem Deutschen Bundestag jährlich einen Bericht über die Situation unbegleiteter ausländischer Minderjähriger in Deutschland vorzulegen.

§ 42f Behördliches Verfahren zur Altersfeststellung

(1) Das Jugendamt hat im Rahmen der vorläufigen Inobhutnahme der ausländischen Person gemäß § 42a deren Minderjährigkeit durch Einsichtnahme in deren Ausweispapiere festzustellen oder hilfsweise mittels einer qualifizierten Inaugenscheinnahme einzuschätzen und festzustellen. § 8 Absatz 1 und § 42 Absatz 2 Satz 2 sind entsprechend anzuwenden.

(2) Auf Antrag des Betroffenen oder seines Vertreters oder von Amts wegen hat das Jugendamt in Zweifelsfällen eine ärztliche Untersuchung zur Altersbestimmung zu veranlassen. Ist eine ärztliche Untersuchung durchzuführen, ist die betroffene Person durch das Jugendamt umfassend über die Untersuchungsmethode und über die möglichen Folgen der Altersbestimmung aufzuklären. Ist die ärztliche Untersuchung von Amts wegen durchzuführen, ist die betroffene Person zusätzlich über die Folgen einer Weigerung, sich der ärztlichen Untersuchung zu unterziehen, aufzuklären; die Untersuchung darf nur mit Einwilligung der betroffenen Person und ihres Vertreters durchgeführt werden. Die §§ 60, 62 und 65 bis 67 des Ersten Buches sind entsprechend anzuwenden.

(3) Widerspruch und Klage gegen die Entscheidung des Jugendamts, aufgrund der Altersfeststellung nach dieser Vorschrift die vorläufige Inobhutnahme nach § 42a oder die Inobhutnahme nach § 42 Absatz 1 Satz 1 Nummer 3 abzulehnen oder zu beenden, haben keine aufschiebende Wirkung. Landesrecht kann bestimmen, dass gegen diese Entscheidung Klage ohne Nachprüfung in einem Vorverfahren nach § 68 der Verwaltungsgerichtsordnung erhoben werden kann.

Zweiter Abschnitt
Schutz von Kindern und Jugendlichen in Familienpflege und in Einrichtungen

§ 43 Erlaubnis zur Kindertagespflege

(1) Eine Person, die ein Kind oder mehrere Kinder außerhalb des Haushalts des Erziehungsberechtigten während eines Teils des Tages und mehr als 15 Stunden wöchentlich gegen Entgelt länger als drei Monate betreuen will, bedarf der Erlaubnis.

(2) Die Erlaubnis ist zu erteilen, wenn die Person für die Kindertagespflege geeignet ist. Geeignet im Sinne des Satzes 1 sind Personen, die

1. sich durch ihre Persönlichkeit, Sachkompetenz und Kooperationsbereitschaft

mit Erziehungsberechtigten und anderen Tagespflegepersonen auszeichnen und
2. über kindgerechte Räumlichkeiten verfügen.

Sie sollen über vertiefte Kenntnisse hinsichtlich der Anforderungen der Kindertagespflege verfügen, die sie in qualifizierten Lehrgängen erworben oder in anderer Weise nachgewiesen haben. § 72a Absatz 1 und 5 gilt entsprechend.

(3) Die Erlaubnis befugt zur Betreuung von bis zu fünf gleichzeitig anwesenden, fremden Kindern. Im Einzelfall kann die Erlaubnis für eine geringere Zahl von Kindern erteilt werden. Landesrecht kann bestimmen, dass die Erlaubnis zur Betreuung von mehr als fünf gleichzeitig anwesenden, fremden Kindern erteilt werden kann, wenn die Person über eine pädagogische Ausbildung verfügt; in der Pflegestelle dürfen nicht mehr Kinder betreut werden als in einer vergleichbaren Gruppe einer Tageseinrichtung. Die Erlaubnis ist auf fünf Jahre befristet. Sie kann mit einer Nebenbestimmung versehen werden. Die Tagespflegeperson hat den Träger der öffentlichen Jugendhilfe über wichtige Ereignisse zu unterrichten, die für die Betreuung des oder der Kinder bedeutsam sind.

(4) Erziehungsberechtigte und Tagespflegepersonen haben Anspruch auf Beratung in allen Fragen der Kindertagespflege.

(5) Das Nähere regelt das Landesrecht.

§ 44 Erlaubnis zur Vollzeitpflege

(1) Wer ein Kind oder einen Jugendlichen über Tag und Nacht in seinem Haushalt aufnehmen will (Pflegeperson), bedarf der Erlaubnis. Einer Erlaubnis bedarf nicht, wer ein Kind oder einen Jugendlichen

1. im Rahmen von Hilfe zur Erziehung oder von Eingliederungshilfe für seelisch behinderte Kinder und Jugendliche auf Grund einer Vermittlung durch das Jugendamt,
2. als Vormund oder Pfleger im Rahmen seines Wirkungskreises,
3. als Verwandter oder Verschwägerter bis zum dritten Grad,
4. bis zur Dauer von acht Wochen,
5. im Rahmen eines Schüler- oder Jugendaustausches,
6. in Adoptionspflege (§ 1744 des Bürgerlichen Gesetzbuchs)

über Tag und Nacht aufnimmt.

(2) Die Erlaubnis ist zu versagen, wenn das Wohl des Kindes oder des Jugendlichen in der Pflegestelle nicht gewährleistet ist. § 72a Absatz 1 und 5 gilt entsprechend.

(3) Das Jugendamt soll den Erfordernissen des Einzelfalls entsprechend an Ort und Stelle überprüfen, ob die Voraussetzungen für die Erteilung der Erlaubnis weiter

bestehen. Ist das Wohl des Kindes oder des Jugendlichen in der Pflegestelle gefährdet und ist die Pflegeperson nicht bereit oder in der Lage, die Gefährdung abzuwenden, so ist die Erlaubnis zurückzunehmen oder zu widerrufen.

(4) Wer ein Kind oder einen Jugendlichen in erlaubnispflichtige Familienpflege aufgenommen hat, hat das Jugendamt über wichtige Ereignisse zu unterrichten, die das Wohl des Kindes oder des Jugendlichen betreffen.

§ 45 Erlaubnis für den Betrieb einer Einrichtung

(1) Der Träger einer Einrichtung, in der Kinder oder Jugendliche ganztägig oder für einen Teil des Tages betreut werden oder Unterkunft erhalten, bedarf für den Betrieb der Einrichtung der Erlaubnis. Einer Erlaubnis bedarf nicht, wer

1. eine Jugendfreizeiteinrichtung, eine Jugendbildungseinrichtung, eine Jugendherberge oder ein Schullandheim betreibt,
2. ein Schülerheim betreibt, das landesgesetzlich der Schulaufsicht untersteht,
3. eine Einrichtung betreibt, die außerhalb der Jugendhilfe liegende Aufgaben für Kinder oder Jugendliche wahrnimmt, wenn für sie eine entsprechende gesetzliche Aufsicht besteht oder im Rahmen des Hotel- und Gaststättengewerbes der Aufnahme von Kindern oder Jugendlichen dient.

(2) Die Erlaubnis ist zu erteilen, wenn das Wohl der Kinder und Jugendlichen in der Einrichtung gewährleistet ist. Dies ist in der Regel anzunehmen, wenn

1. die dem Zweck und der Konzeption der Einrichtung entsprechenden räumlichen, fachlichen, wirtschaftlichen und personellen Voraussetzungen für den Betrieb erfüllt sind,
2. die gesellschaftliche und sprachliche Integration in der Einrichtung unterstützt wird sowie die gesundheitliche Vorsorge und die medizinische Betreuung der Kinder und Jugendlichen nicht erschwert werden sowie
3. zur Sicherung der Rechte von Kindern und Jugendlichen in der Einrichtung geeignete Verfahren der Beteiligung sowie der Möglichkeit der Beschwerde in persönlichen Angelegenheiten Anwendung finden.

(3) Zur Prüfung der Voraussetzungen hat der Träger der Einrichtung mit dem Antrag

1. die Konzeption der Einrichtung vorzulegen, die auch Auskunft über Maßnahmen zur Qualitätsentwicklung und -sicherung gibt, sowie
2. im Hinblick auf die Eignung des Personals nachzuweisen, dass die Vorlage und Prüfung von aufgabenspezifischen Ausbildungsnachweisen sowie von Führungszeugnissen nach § 30 Absatz 5 und § 30a Absatz 1 des Bundeszentralregistergesetzes sichergestellt sind; Führungszeugnisse sind von dem Träger der Einrichtung in regelmäßigen Abständen erneut anzufordern und zu prüfen.

(4) Die Erlaubnis kann mit Nebenbestimmungen versehen werden. Zur Sicherung des Wohls der Kinder und der Jugendlichen können auch nachträgliche Auflagen erteilt werden.

(5) Besteht für eine erlaubnispflichtige Einrichtung eine Aufsicht nach anderen Rechtsvorschriften, so hat die zuständige Behörde ihr Tätigwerden zuvor mit der anderen Behörde abzustimmen. Sie hat den Träger der Einrichtung rechtzeitig auf weitergehende Anforderungen nach anderen Rechtsvorschriften hinzuweisen.

(6) Sind in einer Einrichtung Mängel festgestellt worden, so soll die zuständige Behörde zunächst den Träger der Einrichtung über die Möglichkeiten zur Beseitigung der Mängel beraten. Wenn sich die Beseitigung der Mängel auf Entgelte oder Vergütungen nach § 134 des Neunten Buches oder nach § 76 des Zwölften Buches auswirkt, so entscheidet die zuständige Behörde nach Anhörung des Trägers der Eingliederungshilfe oder der Sozialhilfe, mit dem Vereinbarungen nach diesen Vorschriften bestehen, über die Erteilung der Auflage. Die Auflage ist nach Möglichkeit in Übereinstimmung mit den nach § 134 de Neunten Buches oder nach den §§ 75 bis 80 des Zwölften Buches getroffenen Vereinbarungen auszugestalten.

(7) Die Erlaubnis ist zurückzunehmen oder zu widerrufen, wenn das Wohl der Kinder oder der Jugendlichen in der Einrichtung gefährdet und der Träger der Einrichtung nicht bereit oder nicht in der Lage ist, die Gefährdung abzuwenden. Widerspruch und Anfechtungsklage gegen die Rücknahme oder den Widerruf der Erlaubnis haben keine aufschiebende Wirkung.

§ 46 Örtliche Prüfung

(1) Die zuständige Behörde soll nach den Erfordernissen des Einzelfalls an Ort und Stelle überprüfen, ob die Voraussetzungen für die Erteilung der Erlaubnis weiter bestehen. Der Träger der Einrichtung soll bei der örtlichen Prüfung mitwirken. Sie soll das Jugendamt und einen zentralen Träger der freien Jugendhilfe, wenn diesem der Träger der Einrichtung angehört, an der Überprüfung beteiligen.

(2) Die von der zuständigen Behörde mit der Überprüfung der Einrichtung beauftragten Personen sind berechtigt, die für die Einrichtung benutzten Grundstücke und Räume, soweit diese nicht einem Hausrecht der Bewohner unterliegen, während der Tageszeit zu betreten, dort Prüfungen und Besichtigungen vorzunehmen, sich mit den Kindern und Jugendlichen in Verbindung zu setzen und die Beschäftigten zu befragen. Zur Abwehr von Gefahren für das Wohl der Kinder und der Jugendlichen können die Grundstücke und Räume auch außerhalb der in Satz 1 genannten Zeit und auch, wenn sie zugleich einem Haus-

recht der Bewohner unterliegen, betreten werden. Der Träger der Einrichtung hat die Maßnahmen nach den Sätzen 1 und 2 zu dulden.

§ 47 Meldepflichten

Der Träger einer erlaubnispflichtigen Einrichtung hat der zuständigen Behörde unverzüglich

1. die Betriebsaufnahme unter Angabe von Name und Anschrift des Trägers, Art und Standort der Einrichtung, der Zahl der verfügbaren Plätze sowie der Namen und der beruflichen Ausbildung des Leiters und der Betreuungskräfte,
2. Ereignisse oder Entwicklungen, die geeignet sind, das Wohl der Kinder und Jugendlichen zu beeinträchtigen, sowie
3. die bevorstehende Schließung der Einrichtung

anzuzeigen. Änderungen der in Nummer 1 bezeichneten Angaben sowie der Konzeption sind der zuständigen Behörde unverzüglich, die Zahl der belegten Plätze ist jährlich einmal zu melden.

§ 48 Tätigkeitsuntersagung

Die zuständige Behörde kann dem Träger einer erlaubnispflichtigen Einrichtung die weitere Beschäftigung des Leiters, eines Beschäftigten oder sonstigen Mitarbeiters ganz oder für bestimmte Funktionen oder Tätigkeiten untersagen, wenn Tatsachen die Annahme rechtfertigen, dass er die für seine Tätigkeit erforderliche Eignung nicht besitzt.

§ 48a Sonstige betreute Wohnform

(1) Für den Betrieb einer sonstigen Wohnform, in der Kinder oder Jugendliche betreut werden oder Unterkunft erhalten, gelten die §§ 45 bis 48 entsprechend.

(2) Ist die sonstige Wohnform organisatorisch mit einer Einrichtung verbunden, so gilt sie als Teil der Einrichtung.

§ 49 Landesrechtsvorbehalt

Das Nähere über die in diesem Abschnitt geregelten Aufgaben regelt das Landesrecht.

Dritter Abschnitt
Mitwirkung in gerichtlichen Verfahren

§ 50 Mitwirkung in Verfahren vor den Familiengerichten

(1) Das Jugendamt unterstützt das Familiengericht bei allen Maßnahmen, die die Sorge für die Person von Kindern und Jugendlichen betreffen. Es hat in folgenden Verfahren nach dem Gesetz über das Verfahren in Familiensachen und in den Angelegenheiten der freiwilligen Gerichtsbarkeit mitzuwirken:

1. Kindschaftssachen (§ 162 des Gesetzes über das Verfahren in Familiensachen und in den Angelegenheiten der freiwilligen Gerichtsbarkeit),
2. Abstammungssachen (§ 176 des Gesetzes über das Verfahren in Familiensachen und in den Angelegenheiten der freiwilligen Gerichtsbarkeit),
3. Adoptionssachen (§ 188 Absatz 2, §§ 189, 194, 195 des Gesetzes über das Verfahren in Familiensachen und in den Angelegenheiten der freiwilligen Gerichtsbarkeit),
4. Ehewohnungssachen (§ 204 Absatz 2, § 205 des Gesetzes über das Verfahren in Familiensachen und in den Angelegenheiten der freiwilligen Gerichtsbarkeit) und
5. Gewaltschutzsachen (§§ 212, 213 des Gesetzes über das Verfahren in Familiensachen und in den Angelegenheiten der freiwilligen Gerichtsbarkeit).

(2) Das Jugendamt unterrichtet insbesondere über angebotene und erbrachte Leistungen, bringt erzieherische und soziale Gesichtspunkte zur Entwicklung des Kindes oder des Jugendlichen ein und weist auf weitere Möglichkeiten der Hilfe hin. In Kindschaftssachen informiert das Jugendamt das Familiengericht in dem Termin nach § 155 Absatz 2 des Gesetzes über das Verfahren in Familiensachen und in den Angelegenheiten der freiwilligen Gerichtsbarkeit über den Stand des Beratungsprozesses.

(3) Das Jugendamt, das in Verfahren zur Übertragung der gemeinsamen Sorge nach § 155a Absatz 4 Satz 1 und § 162 des Gesetzes über das Verfahren in Familiensachen und in den Angelegenheiten der freiwilligen Gerichtsbarkeit angehört wird oder sich am Verfahren beteiligt, teilt gerichtliche Entscheidungen, aufgrund derer die Sorge gemäß § 1626a Absatz 2 Satz 1 des Bürgerlichen Gesetzbuchs den Eltern ganz oder zum Teil gemeinsam übertragen wird, dem nach § 87c Absatz 6 Satz 2 zuständigen Jugendamt zu den in § 58a genannten Zwecken unverzüglich mit. Mitzuteilen sind auch das Geburtsdatum und der Geburtsort des Kindes oder des Jugendlichen sowie der Name, den das Kind oder der Jugendliche zur Zeit der Beurkundung seiner Geburt geführt hat.

§ 51 Beratung und Belehrung in Verfahren zur Annahme als Kind

(1) Das Jugendamt hat im Verfahren zur Ersetzung der Einwilligung eines Elternteils in die Annahme nach § 1748 Absatz 2 Satz 1 des Bürgerlichen Gesetzbuchs den Elternteil über die Möglichkeit der Ersetzung der Einwilligung zu belehren. Es hat ihn darauf hinzuweisen, dass das Familiengericht die Einwilligung erst nach Ablauf von drei Monaten nach der Belehrung ersetzen darf. Der Belehrung bedarf es nicht, wenn der Elternteil seinen Aufenthaltsort ohne Hinterlassung seiner neuen Anschrift gewechselt hat und der Aufenthaltsort vom Jugendamt während eines Zeitraums von drei Monaten trotz angemessener Nachforschungen nicht ermittelt werden konnte; in diesem Fall beginnt die Frist mit der ersten auf die Belehrung oder auf die Ermittlung des Aufenthaltsorts gerichteten Handlung des Jugendamts. Die Fristen laufen frühestens fünf Monate nach der Geburt des Kindes ab.

(2) Das Jugendamt soll den Elternteil mit der Belehrung nach Absatz 1 über Hilfen beraten, die die Erziehung des Kindes in der eigenen Familie ermöglichen könnten. Einer Beratung bedarf es insbesondere nicht, wenn das Kind seit längerer Zeit bei den Annehmenden in Familienpflege lebt und bei seiner Herausgabe an den Elternteil eine schwere und nachhaltige Schädigung des körperlichen und seelischen Wohlbefindens des Kindes zu erwarten ist. Das Jugendamt hat dem Familiengericht im Verfahren mitzuteilen, welche Leistungen erbracht oder angeboten worden sind oder aus welchem Grund davon abgesehen wurde.

(3) Steht nicht miteinander verheirateten Eltern die elterliche Sorge nicht gemeinsam zu, so hat das Jugendamt den Vater bei der Wahrnehmung seiner Rechte nach § 1747 Absatz 1 und 3 des Bürgerlichen Gesetzbuchs zu beraten.

§ 52 Mitwirkung in Verfahren nach dem Jugendgerichtsgesetz

(1) Das Jugendamt hat nach Maßgabe der §§ 38 und 50 Absatz 3 Satz 2 des Jugendgerichtsgesetzes im Verfahren nach dem Jugendgerichtsgesetz mitzuwirken.

(2) Das Jugendamt hat frühzeitig zu prüfen, ob für den Jugendlichen oder den jungen Volljährigen Leistungen der Jugendhilfe in Betracht kommen. Ist dies der Fall oder ist eine geeignete Leistung bereits eingeleitet oder gewährt worden, so hat das Jugendamt den Staatsanwalt oder den Richter umgehend davon zu unterrichten, damit geprüft werden kann, ob diese Leistung ein Absehen von der Verfolgung (§ 45 JGG) oder eine Einstellung des Verfahrens (§ 47 JGG) ermöglicht.

(3) Der Mitarbeiter des Jugendamts oder des anerkannten Trägers der freien Jugendhilfe, der nach § 38 Absatz 2 Satz 2 des Jugendgerichtsgesetzes tätig wird, soll den Jugendlichen oder den jungen Volljährigen während des gesamten Verfahrens betreuen.

Vierter Abschnitt
Beistandschaft, Pflegschaft und Vormundschaft für Kinder und Jugendliche, Auskunft über Nichtabgabe von Sorgeerklärungen

§ 52a Beratung und Unterstützung bei Vaterschaftsfeststellung und Geltendmachung von Unterhaltsansprüchen

(1) Das Jugendamt hat unverzüglich nach der Geburt eines Kindes, dessen Eltern nicht miteinander verheiratet sind, der Mutter Beratung und Unterstützung insbesondere bei der Vaterschaftsfeststellung und der Geltendmachung von Unterhaltsansprüchen des Kindes anzubieten. Hierbei hat es hinzuweisen auf

1. die Bedeutung der Vaterschaftsfeststellung,
2. die Möglichkeiten, wie die Vaterschaft festgestellt werden kann, insbesondere bei welchen Stellen die Vaterschaft anerkannt werden kann,
3. die Möglichkeit, die Verpflichtung zur Erfüllung von Unterhaltsansprüchen nach § 59 Absatz 1 Satz 1 Nummer 3 beurkunden zu lassen,
4. die Möglichkeit, eine Beistandschaft zu beantragen, sowie auf die Rechtsfolgen einer solchen Beistandschaft,
5. die Möglichkeit der gemeinsamen elterlichen Sorge.

Das Jugendamt hat der Mutter ein persönliches Gespräch anzubieten. Das Gespräch soll in der Regel in der persönlichen Umgebung der Mutter stattfinden, wenn diese es wünscht.

(2) Das Angebot nach Absatz 1 kann vor der Geburt des Kindes erfolgen, wenn anzunehmen ist, dass seine Eltern bei der Geburt nicht miteinander verheiratet sein werden.

(3) Wurde eine nach § 1592 Nummer 1 oder 2 des Bürgerlichen Gesetzbuchs bestehende Vaterschaft zu einem Kind oder Jugendlichen durch eine gerichtliche Entscheidung beseitigt, so hat das Gericht dem Jugendamt Mitteilung zu machen. Absatz 1 gilt entsprechend.

(4) Das Standesamt hat die Geburt eines Kindes, dessen Eltern nicht miteinander verheiratet sind, unverzüglich dem Jugendamt anzuzeigen.

§ 53 Beratung und Unterstützung von Pflegern und Vormündern

(1) Das Jugendamt hat dem Familiengericht Personen und Vereine vorzuschlagen, die sich im Einzelfall zum Pfleger oder Vormund eignen.
(2) Pfleger und Vormünder haben Anspruch auf regelmäßige und dem jeweiligen erzieherischen Bedarf des Mündels entsprechende Beratung und Unterstützung.
(3) Das Jugendamt hat darauf zu achten, dass die Vormünder und Pfleger für die Person der Mündel, insbesondere ihre Erziehung und Pflege, Sorge tragen. Es hat beratend darauf hinzuwirken, dass festgestellte Mängel im Einvernehmen mit dem Vormund oder dem Pfleger behoben werden. Soweit eine Behebung der Mängel nicht erfolgt, hat es dies dem Familiengericht mitzuteilen. Es hat dem Familiengericht über das persönliche Ergehen und die Entwicklung eines Mündels Auskunft zu erteilen. Erlangt das Jugendamt Kenntnis von der Gefährdung des Vermögens eines Mündels, so hat es dies dem Familiengericht anzuzeigen.
(4) Für die Gegenvormundschaft gelten die Absätze 1 und 2 entsprechend. Ist ein Verein Vormund, so findet Absatz 3 keine Anwendung.

§ 54 Erlaubnis zur Übernahme von Vereinsvormundschaften

(1) Ein rechtsfähiger Verein kann Pflegschaften oder Vormundschaften übernehmen, wenn ihm das Landesjugendamt dazu eine Erlaubnis erteilt hat. Er kann eine Beistandschaft übernehmen, soweit Landesrecht dies vorsieht.
(2) Die Erlaubnis ist zu erteilen, wenn der Verein gewährleistet, dass er
1. eine ausreichende Zahl geeigneter Mitarbeiter hat und diese beaufsichtigen, weiterbilden und gegen Schäden, die diese anderen im Rahmen ihrer Tätigkeit zufügen können, angemessen versichern wird,
2. sich planmäßig um die Gewinnung von Einzelvormündern und Einzelpflegern bemüht und sie in ihre Aufgaben einführt, fortbildet und berät,
3. einen Erfahrungsaustausch zwischen den Mitarbeitern ermöglicht.

(3) Die Erlaubnis gilt für das jeweilige Bundesland, in dem der Verein seinen Sitz hat. Sie kann auf den Bereich eines Landesjugendamts beschränkt werden.
(4) Das Nähere regelt das Landesrecht. Es kann auch weitere Voraussetzungen für die Erteilung der Erlaubnis vorsehen.

§ 55 Beistandschaft, Amtspflegschaft und Amtsvormundschaft

(1) Das Jugendamt wird Beistand, Pfleger oder Vormund in den durch das Bürgerliche Gesetzbuch vorgesehenen Fällen (Beistandschaft, Amtspflegschaft, Amtsvormundschaft).

(2) Das Jugendamt überträgt die Ausübung der Aufgaben des Beistands, des Amtspflegers oder des Amtsvormunds einzelnen seiner Beamten oder Angestellten. Vor der Übertragung der Aufgaben des Amtspflegers oder des Amtsvormunds soll das Jugendamt das Kind oder den Jugendlichen zur Auswahl des Beamten oder Angestellten mündlich anhören, soweit dies nach Alter und Entwicklungsstand des Kindes oder Jugendlichen möglich ist. Eine ausnahmsweise vor der Übertragung unterbliebene Anhörung ist unverzüglich nachzuholen. Ein vollzeitbeschäftigter Beamter oder Angestellter, der nur mit der Führung von Vormundschaften oder Pflegschaften betraut ist, soll höchstens 50 und bei gleichzeitiger Wahrnehmung anderer Aufgaben entsprechend weniger Vormundschaften oder Pflegschaften führen.

(3) Die Übertragung gehört zu den Angelegenheiten der laufenden Verwaltung. In dem durch die Übertragung umschriebenen Rahmen ist der Beamte oder Angestellte gesetzlicher Vertreter des Kindes oder Jugendlichen. Amtspfleger und Amtsvormund haben den persönlichen Kontakt zu diesem zu halten sowie dessen Pflege und Erziehung nach Maßgabe des § 1793 Absatz 1a und § 1800 des Bürgerlichen Gesetzbuchs persönlich zu fördern und zu gewährleisten.

§ 56 Führung der Beistandschaft, der Amtspflegschaft und der Amtsvormundschaft

(1) Auf die Führung der Beistandschaft, der Amtspflegschaft und der Amtsvormundschaft sind die Bestimmungen des Bürgerlichen Gesetzbuchs anzuwenden, soweit dieses Gesetz nicht etwas anderes bestimmt.

(2) Gegenüber dem Jugendamt als Amtsvormund und Amtspfleger werden die Vorschriften des § 1802 Absatz 3 und des § 1818 des Bürgerlichen Gesetzbuchs nicht angewandt. In den Fällen des § 1803 Absatz 2, des § 1811 und des § 1822 Nummer 6 und 7 des Bürgerlichen Gesetzbuchs ist eine Genehmigung des Familiengerichts nicht erforderlich. Landesrecht kann für das Jugendamt als Amtspfleger oder als Amtsvormund weitergehende Ausnahmen von der Anwendung der Bestimmungen des Bürgerlichen Gesetzbuchs über die Vormundschaft über Minderjährige (§§ 1773 bis 1895) vorsehen, die die Aufsicht des Familiengerichts in vermögensrechtlicher Hinsicht sowie beim Abschluss von Lehr- und Arbeitsverträgen betreffen.

(3) Mündelgeld kann mit Genehmigung des Familiengerichts auf Sammelkonten des Jugendamts bereitgehalten und angelegt werden, wenn es den Interessen des Mündels dient und sofern die sichere Verwaltung, Trennbarkeit und Rechnungslegung des Geldes einschließlich der Zinsen jederzeit gewährleistet ist; Landes-

recht kann bestimmen, dass eine Genehmigung des Familiengerichts nicht erforderlich ist. Die Anlegung von Mündelgeld gemäß § 1807 des Bürgerlichen Gesetzbuchs ist auch bei der Körperschaft zulässig, die das Jugendamt errichtet hat.

(4) Das Jugendamt hat in der Regel jährlich zu prüfen, ob im Interesse des Kindes oder des Jugendlichen seine Entlassung als Amtspfleger oder Amtsvormund und die Bestellung einer Einzelperson oder eines Vereins angezeigt ist, und dies dem Familiengericht mitzuteilen.

§ 57 Mitteilungspflicht des Jugendamts

Das Jugendamt hat dem Familiengericht unverzüglich den Eintritt einer Vormundschaft mitzuteilen.

§ 58 Gegenvormundschaft des Jugendamts

Für die Tätigkeit des Jugendamts als Gegenvormund gelten die §§ 55 und 56 entsprechend.

§ 58a Sorgeregister; Bescheinigung über Nichtvorliegen von Eintragungen im Sorgeregister

(1) Zum Zwecke der Erteilung der Bescheinigung nach Absatz 2 wird für Kinder nicht miteinander verheirateter Eltern bei dem nach § 87c Absatz 6 Satz 2 zuständigen Jugendamt ein Sorgeregister geführt. In das Sorgeregister erfolgt jeweils eine Eintragung, wenn

1. Sorgeerklärungen nach § 1626a Absatz 1 Nummer 1 des Bürgerlichen Gesetzbuchs abgegeben werden oder
2. aufgrund einer gerichtlichen Entscheidung die elterliche Sorge den Eltern ganz oder zum Teil gemeinsam übertragen wird.

Das Sorgeregister enthält auch Eintragungen, wenn Sorgeerklärungen nach Artikel 224 § 2 Absatz 3 des Einführungsgesetzes zum Bürgerlichen Gesetzbuche in der bis zum 19. Mai 2013 geltenden Fassung ersetzt wurden.

(2) Liegen keine Eintragungen im Sorgeregister vor, so erhält die mit dem Vater des Kindes nicht verheiratete Mutter auf Antrag hierüber eine Bescheinigung von dem nach § 87c Absatz 6 Satz 1 zuständigen Jugendamt. Die Mutter hat dafür Geburtsdatum und Geburtsort des Kindes oder des Jugendlichen anzugeben sowie den Namen, den das Kind oder der Jugendliche zur Zeit der Beurkundung seiner Geburt geführt hat.

Fünfter Abschnitt
Beurkundung, vollstreckbare Urkunden

§ 59 Beurkundung

(1) Die Urkundsperson beim Jugendamt ist befugt,

1. die Erklärung, durch die die Vaterschaft anerkannt oder die Anerkennung widerrufen wird, die Zustimmungserklärung der Mutter sowie die etwa erforderliche Zustimmung des Mannes, der im Zeitpunkt der Geburt mit der Mutter verheiratet ist, des Kindes, des Jugendlichen oder eines gesetzlichen Vertreters zu einer solchen Erklärung (Erklärungen über die Anerkennung der Vaterschaft) zu beurkunden,
2. die Erklärung, durch die die Mutterschaft anerkannt wird, sowie die etwa erforderliche Zustimmung des gesetzlichen Vertreters der Mutter zu beurkunden (§ 44 Absatz 2 des Personenstandsgesetzes),
3. die Verpflichtung zur Erfüllung von Unterhaltsansprüchen eines Abkömmlings oder seines gesetzlichen Rechtsnachfolgers zu beurkunden, sofern der Abkömmling zum Zeitpunkt der Beurkundung das 21. Lebensjahr noch nicht vollendet hat,
4. die Verpflichtung zur Erfüllung von Ansprüchen auf Unterhalt (§ 1615l des Bürgerlichen Gesetzbuchs), auch des gesetzlichen Rechtsnachfolgers, zu beurkunden,
5. die Bereiterklärung der Adoptionsbewerber zur Annahme eines ihnen zur internationalen Adoption vorgeschlagenen Kindes (§ 7 Absatz 1 des Adoptionsübereinkommens-Ausführungsgesetzes) zu beurkunden,
6. den Widerruf der Einwilligung des Kindes in die Annahme als Kind (§ 1746 Absatz 2 des Bürgerlichen Gesetzbuchs) zu beurkunden,
7. die Erklärung, durch die der Vater auf die Übertragung der Sorge verzichtet (§ 1747 Absatz 3 Nummer 2 des Bürgerlichen Gesetzbuchs), zu beurkunden,
8. die Sorgeerklärungen (§ 1626a Absatz 1 Nummer 1 des Bürgerlichen Gesetzbuchs) sowie die etwa erforderliche Zustimmung des gesetzlichen Vertreters eines beschränkt geschäftsfähigen Elternteils (§ 1626c Absatz 2 des Bürgerlichen Gesetzbuchs) zu beurkunden,
9. eine Erklärung des auf Unterhalt in Anspruch genommenen Elternteils nach § 252 des Gesetzes über das Verfahren in Familiensachen und in den Angelegenheiten der freiwilligen Gerichtsbarkeit aufzunehmen; § 129a der Zivilprozessordnung gilt entsprechend.

   Die Zuständigkeit der Notare, anderer Urkundspersonen oder sonstiger Stellen für öffentliche Beurkundungen bleibt unberührt.

(2) Die Urkundsperson soll eine Beurkundung nicht vornehmen, wenn ihr in der betreffenden Angelegenheit die Vertretung eines Beteiligten obliegt.

(3) Das Jugendamt hat geeignete Beamte und Angestellte zur Wahrnehmung der Aufgaben nach Absatz 1 zu ermächtigen. Die Länder können Näheres hinsichtlich der fachlichen Anforderungen an diese Personen regeln.

§ 60 Vollstreckbare Urkunden

Aus Urkunden, die eine Verpflichtung nach § 59 Absatz 1 Satz 1 Nummer 3 oder 4 zum Gegenstand haben und die von einem Beamten oder Angestellten des Jugendamts innerhalb der Grenzen seiner Amtsbefugnisse in der vorgeschriebenen Form aufgenommen worden sind, findet die Zwangsvollstreckung statt, wenn die Erklärung die Zahlung einer bestimmten Geldsumme betrifft und der Schuldner sich in der Urkunde der sofortigen Zwangsvollstreckung unterworfen hat. Die Zustellung kann auch dadurch vollzogen werden, dass der Beamte oder Angestellte dem Schuldner eine beglaubigte Abschrift der Urkunde aushändigt; § 173 Satz 2 und 3 der Zivilprozessordnung gilt entsprechend. Auf die Zwangsvollstreckung sind die Vorschriften, die für die Zwangsvollstreckung aus gerichtlichen Urkunden nach § 794 Absatz 1 Nummer 5 der Zivilprozessordnung gelten, mit folgenden Maßgaben entsprechend anzuwenden:

1. Die vollstreckbare Ausfertigung sowie die Bestätigungen nach § 1079 der Zivilprozessordnung werden von den Beamten oder Angestellten des Jugendamts erteilt, denen die Beurkundung der Verpflichtungserklärung übertragen ist. Das Gleiche gilt für die Bezifferung einer Verpflichtungserklärung nach § 790 der Zivilprozessordnung.
2. Über Einwendungen, die die Zulässigkeit der Vollstreckungsklausel oder die Zulässigkeit der Bezifferung nach § 790 der Zivilprozessordnung betreffen, über die Erteilung einer weiteren vollstreckbaren Ausfertigung sowie über Anträge nach § 1081 der Zivilprozessordnung entscheidet das für das Jugendamt zuständige Amtsgericht.

Viertes Kapitel
Schutz von Sozialdaten

§ 61 Anwendungsbereich

(1) Für den Schutz von Sozialdaten bei ihrer Erhebung und Verwendung in der Jugendhilfe gelten § 35 des Ersten Buches, §§ 67 bis 85a des Zehnten Buches sowie die nachfolgenden Vorschriften. Sie gelten für alle Stellen des Trägers

der öffentlichen Jugendhilfe, soweit sie Aufgaben nach diesem Buch wahrnehmen. Für die Wahrnehmung von Aufgaben nach diesem Buch durch kreisangehörige Gemeinden und Gemeindeverbände, die nicht örtliche Träger sind, gelten die Sätze 1 und 2 entsprechend.

(2) Für den Schutz von Sozialdaten bei ihrer Erhebung und Verwendung im Rahmen der Tätigkeit des Jugendamts als Amtspfleger, Amtsvormund, Beistand und Gegenvormund gilt nur § 68.

(3) Werden Einrichtungen und Dienste der Träger der freien Jugendhilfe in Anspruch genommen, so ist sicherzustellen, dass der Schutz der personenbezogenen Daten bei der Erhebung und Verwendung in entsprechender Weise gewährleistet ist.

§ 62 Datenerhebung

(1) Sozialdaten dürfen nur erhoben werden, soweit ihre Kenntnis zur Erfüllung der jeweiligen Aufgabe erforderlich ist.

(2) Sozialdaten sind beim Betroffenen zu erheben. Sie ist über die Rechtsgrundlage der Erhebung sowie die Zweckbestimmungen der Erhebung und Verwendung aufzuklären, soweit diese nicht offenkundig sind.

(3) Ohne Mitwirkung des Betroffenen dürfen Sozialdaten nur erhoben werden, wenn

1. eine gesetzliche Bestimmung dies vorschreibt oder erlaubt oder
2. ihre Erhebung beim Betroffenen nicht möglich ist oder die jeweilige Aufgabe ihrer Art nach eine Erhebung bei anderen erfordert, die Kenntnis der Daten aber erforderlich ist für
   a) die Feststellung der Voraussetzungen oder für die Erfüllung einer Leistung nach diesem Buch oder
   b) die Feststellung der Voraussetzungen für die Erstattung einer Leistung nach § 50 des Zehnten Buches oder
   c) die Wahrnehmung einer Aufgabe nach den §§ 42 bis 48a und nach § 52 oder
   d) die Erfüllung des Schutzauftrags bei Kindeswohlgefährdung nach § 8a oder
3. die Erhebung beim Betroffenen einen unverhältnismäßigen Aufwand erfordern würde und keine Anhaltspunkte dafür bestehen, dass schutzwürdige Interessen des Betroffenen beeinträchtigt werden oder
4. die Erhebung bei dem Betroffenen den Zugang zur Hilfe ernsthaft gefährden würde.

(4) Ist der Betroffene nicht zugleich Leistungsberechtigter oder sonst an der Leistung beteiligt, so dürfen die Daten auch beim Leistungsberechtigten oder einer anderen Person, die sonst an der Leistung beteiligt ist, erhoben werden,

wenn die Kenntnis der Daten für die Gewährung einer Leistung nach diesem Buch notwendig ist. Satz 1 gilt bei der Erfüllung anderer Aufgaben im Sinne des § 2 Absatz 3 entsprechend.

§ 63 Datenspeicherung

(1) Sozialdaten dürfen gespeichert werden, soweit dies für die Erfüllung der jeweiligen Aufgabe erforderlich ist.

(2) Daten, die zur Erfüllung unterschiedlicher Aufgaben der öffentlichen Jugendhilfe erhoben worden sind, dürfen nur zusammengeführt werden, wenn und solange dies wegen eines unmittelbaren Sachzusammenhangs erforderlich ist. Daten, die zu Leistungszwecken im Sinne des § 2 Absatz 2 und Daten, die für andere Aufgaben im Sinne des § 2 Absatz 3 erhoben worden sind, dürfen nur zusammengeführt werden, soweit dies zur Erfüllung der jeweiligen Aufgabe erforderlich ist.

§ 64 Datenübermittlung und -nutzung

(1) Sozialdaten dürfen zu dem Zweck übermittelt oder genutzt werden, zu dem sie erhoben worden sind.

(2) Eine Übermittlung für die Erfüllung von Aufgaben nach § 69 des Zehnten Buches ist abweichend von Absatz 1 nur zulässig, soweit dadurch der Erfolg einer zu gewährenden Leistung nicht in Frage gestellt wird.

(2a) Vor einer Übermittlung an eine Fachkraft, die nicht dem Verantwortlichen angehört, sind die Sozialdaten zu anonymisieren oder zu pseudonymisieren, soweit die Aufgabenerfüllung dies zulässt.

(3) Sozialdaten dürfen beim Träger der öffentlichen Jugendhilfe zum Zwecke der Planung im Sinne des § 80 gespeichert oder genutzt werden; sie sind unverzüglich zu anonymisieren.

§ 65 Besonderer Vertrauensschutz in der persönlichen und erzieherischen Hilfe

(1) Sozialdaten, die dem Mitarbeiter eines Trägers der öffentlichen Jugendhilfe zum Zwecke persönlicher und erzieherischer Hilfe anvertraut worden sind, dürfen von diesem nur weitergegeben werden

1. mit der Einwilligung dessen, der die Daten anvertraut hat, oder
2. dem Familiengericht zur Erfüllung der Aufgaben nach § 8a Absatz 2, wenn angesichts einer Gefährdung des Wohls eines Kindes oder eines Jugendlichen

ohne diese Mitteilung eine für die Gewährung von Leistungen notwendige gerichtliche Entscheidung nicht ermöglicht werden könnte, oder

3. dem Mitarbeiter, der auf Grund eines Wechsels der Fallzuständigkeit im Jugendamt oder eines Wechsels der örtlichen Zuständigkeit für die Gewährung oder Erbringung der Leistung verantwortlich ist, wenn Anhaltspunkte für eine Gefährdung des Kindeswohls gegeben sind und die Daten für eine Abschätzung des Gefährdungsrisikos notwendig sind, oder
4. an die Fachkräfte, die zum Zwecke der Abschätzung des Gefährdungsrisikos nach § 8a hinzugezogen werden; § 64 Absatz 2a bleibt unberührt, oder
5. unter den Voraussetzungen, unter denen eine der in § 203 Absatz 1 oder 4 des Strafgesetzbuchs genannten Personen dazu befugt wäre. Der Empfänger darf die Sozialdaten nur zu dem Zweck weitergeben oder übermitteln, zu dem er sie befugt erhalten hat.

(2) § 35 Absatz 3 des Ersten Buches gilt auch, soweit ein behördeninternes Weitergabeverbot nach Absatz 1 besteht.

§ 66 (weggefallen)

§ 67 (weggefallen)

§ 68 Sozialdaten im Bereich der Beistandschaft, Amtspflegschaft und der Amtsvormundschaft

(1) Der Beamte oder Angestellte, dem die Ausübung der Beistandschaft, Amtspflegschaft oder Amtsvormundschaft übertragen ist, darf Sozialdaten nur erheben und verwenden, soweit dies zur Erfüllung seiner Aufgaben erforderlich ist. Die Nutzung dieser Sozialdaten zum Zwecke der Aufsicht, Kontrolle oder Rechnungsprüfung durch die dafür zuständigen Stellen sowie die Übermittlung an diese ist im Hinblick auf den Einzelfall zulässig.Die Informationspflichten nach Artikel 13 und 14 der Verordnung (EU) 2016/679 des Europäischen Parlaments und des Rates vom 27. April 2016 zum Schutz natürlicher Personen bei der Verarbeitung personenbezogener Daten, zum freien Datenverkehr und zur Aufhebung der Richtlinie 95/46/EG (Datenschutz-Grundverordnung) (ABl. L 119 vom 4.5.2016, S. 1; L 314 vom 22.11.2016, S. 72; L 127 vom 23.5.2018, S. 2) in der jeweils geltenden Fassung bestehen nur, soweit die Erteilung der Informationen

1. mit der Wahrung der Interessen der minderjährigen Person vereinbar ist und
2. nicht die Erfüllung der Aufgaben gefährdet, die in der Zuständigkeit des Beistands, des Amtspflegers oder des Amtsvormundes liegen.

(2) § 84 des Zehnten Buches gilt entsprechend.

(3) Das Recht auf Auskunft der betroffenen Person gemäß Artikel 15 der Verordnung (EU) 2016/679 besteht nicht, soweit die betroffene Person nach Absatz 1 Satz 3 nicht zu informieren ist oder durch die Auskunftserteilung berechtigte Interessen Dritter beeinträchtigt würden. Einer Person, die unter Beistandschaft, Amtspflegschaft oder Amtsvormundschaft gestanden und ihr 18. Lebensjahr noch nicht vollendet hat, kann Auskunft erteilt werden, soweit sie die erforderliche Einsichts- und Urteilsfähigkeit besitzt und die Auskunftserteilung nicht nach Satz 1 ausgeschlossen ist. Nach Beendigung einer Beistandschaft hat darüber hinaus der Elternteil, der die Beistandschaft beantragt hat, einen Anspruch auf Kenntnis der gespeicherten Daten, solange der junge Mensch minderjährig ist, der Elternteil antragsberechtigt ist und die Auskunftserteilung nicht nach Satz 1 ausgeschlossen ist.

(4) Personen oder Stellen, an die Sozialdaten übermittelt worden sind, dürfen diese nur zu dem Zweck speichern und nutzen, zu dem sie ihnen nach Absatz 1 befugt weitergegeben worden sind.

(5) Für die Tätigkeit des Jugendamts als Gegenvormund gelten die Absätze 1 bis 4 entsprechend.

Fünftes Kapitel
Träger der Jugendhilfe, Zusammenarbeit, Gesamtverantwortung

Erster Abschnitt
Träger der öffentlichen Jugendhilfe

§ 69 Träger der öffentlichen Jugendhilfe, Jugendämter, Landesjugendämter

(1) Die Träger der öffentlichen Jugendhilfe werden durch Landesrecht bestimmt.

(2) (weggefallen)

(3) Für die Wahrnehmung der Aufgaben nach diesem Buch errichtet jeder örtliche Träger ein Jugendamt, jeder überörtliche Träger ein Landesjugendamt.

(4) Mehrere örtliche Träger und mehrere überörtliche Träger können, auch wenn sie verschiedenen Ländern angehören, zur Durchführung einzelner Aufgaben gemeinsame Einrichtungen und Dienste errichten.

§ 70 Organisation des Jugendamts und des Landesjugendamts

(1) Die Aufgaben des Jugendamts werden durch den Jugendhilfeausschuss und durch die Verwaltung des Jugendamts wahrgenommen.

(2) Die Geschäfte der laufenden Verwaltung im Bereich der öffentlichen Jugendhilfe werden vom Leiter der Verwaltung der Gebietskörperschaft oder in seinem Auftrag vom Leiter der Verwaltung des Jugendamts im Rahmen der Satzung und der Beschlüsse der Vertretungskörperschaft und des Jugendhilfeausschusses geführt.

(3) Die Aufgaben des Landesjugendamts werden durch den Landesjugendhilfeausschuss und durch die Verwaltung des Landesjugendamts im Rahmen der Satzung und der dem Landesjugendamt zur Verfügung gestellten Mittel wahrgenommen. Die Geschäfte der laufenden Verwaltung werden von dem Leiter der Verwaltung des Landesjugendamts im Rahmen der Satzung und der Beschlüsse des Landesjugendhilfeausschusses geführt.

§ 71 Jugendhilfeausschuss, Landesjugendhilfeausschuss

(1) Dem Jugendhilfeausschuss gehören als stimmberechtigte Mitglieder an

1. mit drei Fünfteln des Anteils der Stimmen Mitglieder der Vertretungskörperschaft des Trägers der öffentlichen Jugendhilfe oder von ihr gewählte Frauen und Männer, die in der Jugendhilfe erfahren sind,
2. mit zwei Fünfteln des Anteils der Stimmen Frauen und Männer, die auf Vorschlag der im Bereich des öffentlichen Trägers wirkenden und anerkannten Träger der freien Jugendhilfe von der Vertretungskörperschaft gewählt werden; Vorschläge der Jugendverbände und der Wohlfahrtsverbände sind angemessen zu berücksichtigen.

(2) Der Jugendhilfeausschuss befasst sich mit allen Angelegenheiten der Jugendhilfe, insbesondere mit

1. der Erörterung aktueller Problemlagen junger Menschen und ihrer Familien sowie mit Anregungen und Vorschlägen für die Weiterentwicklung der Jugendhilfe,
2. der Jugendhilfeplanung und
3. der Förderung der freien Jugendhilfe.

(3) Er hat Beschlussrecht in Angelegenheiten der Jugendhilfe im Rahmen der von der Vertretungskörperschaft bereitgestellten Mittel, der von ihr erlassenen Satzung und der von ihr gefassten Beschlüsse. Er soll vor jeder Beschlussfassung der Vertretungskörperschaft in Fragen der Jugendhilfe und vor der Berufung

eines Leiters des Jugendamts gehört werden und hat das Recht, an die Vertretungskörperschaft Anträge zu stellen. Er tritt nach Bedarf zusammen und ist auf Antrag von mindestens einem Fünftel der Stimmberechtigten einzuberufen. Seine Sitzungen sind öffentlich, soweit nicht das Wohl der Allgemeinheit, berechtigte Interessen einzelner Personen oder schutzbedürftiger Gruppen entgegenstehen.

(4) Dem Landesjugendhilfeausschuss gehören mit zwei Fünfteln des Anteils der Stimmen Frauen und Männer an, die auf Vorschlag der im Bereich des Landesjugendamts wirkenden und anerkannten Träger der freien Jugendhilfe von der obersten Landesjugendbehörde zu berufen sind. Die übrigen Mitglieder werden durch Landesrecht bestimmt. Absatz 2 gilt entsprechend.

(5) Das Nähere regelt das Landesrecht. Es regelt die Zugehörigkeit beratender Mitglieder zum Jugendhilfeausschuss. Es kann bestimmen, dass der Leiter der Verwaltung der Gebietskörperschaft oder der Leiter der Verwaltung des Jugendamts nach Absatz 1 Nummer 1 stimmberechtigt ist.

§ 72 Mitarbeiter, Fortbildung

(1) Die Träger der öffentlichen Jugendhilfe sollen bei den Jugendämtern und Landesjugendämtern hauptberuflich nur Personen beschäftigen, die sich für die jeweilige Aufgabe nach ihrer Persönlichkeit eignen und eine dieser Aufgabe entsprechende Ausbildung erhalten haben (Fachkräfte) oder auf Grund besonderer Erfahrungen in der sozialen Arbeit in der Lage sind, die Aufgabe zu erfüllen. Soweit die jeweilige Aufgabe dies erfordert, sind mit ihrer Wahrnehmung nur Fachkräfte oder Fachkräfte mit entsprechender Zusatzausbildung zu betrauen. Fachkräfte verschiedener Fachrichtungen sollen zusammenwirken, soweit die jeweilige Aufgabe dies erfordert.

(2) Leitende Funktionen des Jugendamts oder des Landesjugendamts sollen in der Regel nur Fachkräften übertragen werden.

(3) Die Träger der öffentlichen Jugendhilfe haben Fortbildung und Praxisberatung der Mitarbeiter des Jugendamts und des Landesjugendamts sicherzustellen.

§ 72a Tätigkeitsausschluss einschlägig vorbestrafter Personen

(1) Die Träger der öffentlichen Jugendhilfe dürfen für die Wahrnehmung der Aufgaben in der Kinder- und Jugendhilfe keine Person beschäftigen oder vermitteln, die rechtskräftig wegen einer Straftat nach den §§ 171, 174 bis 174c, 176 bis 180a, 181a, 182 bis 184g, 201a Absatz 3, den §§ 225, 232 bis 233a, 234,

235 oder 236 des Strafgesetzbuchs verurteilt worden ist. Zu diesem Zweck sollen sie sich bei der Einstellung oder Vermittlung und in regelmäßigen Abständen von den betroffenen Personen ein Führungszeugnis nach § 30 Absatz 5 und § 30a Absatz 1 des Bundeszentralregistergesetzes vorlegen lassen.

(2) Die Träger der öffentlichen Jugendhilfe sollen durch Vereinbarungen mit den Trägern der freien Jugendhilfe sicherstellen, dass diese keine Person, die wegen einer Straftat nach Absatz 1 Satz 1 rechtskräftig verurteilt worden ist, beschäftigen.

(3) Die Träger der öffentlichen Jugendhilfe sollen sicherstellen, dass unter ihrer Verantwortung keine neben- oder ehrenamtlich tätige Person, die wegen einer Straftat nach Absatz 1 Satz 1 rechtskräftig verurteilt worden ist, in Wahrnehmung von Aufgaben der Kinder- und Jugendhilfe Kinder oder Jugendliche beaufsichtigt, betreut, erzieht oder ausbildet oder einen vergleichbaren Kontakt hat. Hierzu sollen die Träger der öffentlichen Jugendhilfe über die Tätigkeiten entscheiden, die von den in Satz 1 genannten Personen auf Grund von Art, Intensität und Dauer des Kontakts dieser Personen mit Kindern und Jugendlichen nur nach Einsichtnahme in das Führungszeugnis nach Absatz 1 Satz 2 wahrgenommen werden dürfen.

(4) Die Träger der öffentlichen Jugendhilfe sollen durch Vereinbarungen mit den Trägern der freien Jugendhilfe sowie mit Vereinen im Sinne des § 54 sicherstellen, dass unter deren Verantwortung keine neben- oder ehrenamtlich tätige Person, die wegen einer Straftat nach Absatz 1 Satz 1 rechtskräftig verurteilt worden ist, in Wahrnehmung von Aufgaben der Kinder- und Jugendhilfe Kinder oder Jugendliche beaufsichtigt, betreut, erzieht oder ausbildet oder einen vergleichbaren Kontakt hat. Hierzu sollen die Träger der öffentlichen Jugendhilfe mit den Trägern der freien Jugendhilfe Vereinbarungen über die Tätigkeiten schließen, die von den in Satz 1 genannten Personen auf Grund von Art, Intensität und Dauer des Kontakts dieser Personen mit Kindern und Jugendlichen nur nach Einsichtnahme in das Führungszeugnis nach Absatz 1 Satz 2 wahrgenommen werden dürfen.

(5) Träger der öffentlichen und freien Jugendhilfe dürfen von den nach den Absätzen 3 und 4 eingesehenen Daten nur den Umstand, dass Einsicht in ein Führungszeugnis genommen wurde, das Datum des Führungszeugnisses und die Information erheben, ob die das Führungszeugnis betreffende Person wegen einer Straftat nach Absatz 1 Satz 1 rechtskräftig verurteilt worden ist. Die Träger der öffentlichen und freien Jugendhilfe dürfen diese erhobenen Daten nur speichern, verändern und nutzen, soweit dies zum Ausschluss der Personen von der Tätigkeit, die Anlass zu der Einsichtnahme in das Führungszeugnis gewe-

sen ist, erforderlich ist. Die Daten sind vor dem Zugriff Unbefugter zu schützen. Sie sind unverzüglich zu löschen, wenn im Anschluss an die Einsichtnahme keine Tätigkeit nach Absatz 3 Satz 2 oder Absatz 4 Satz 2 wahrgenommen wird. Andernfalls sind die Daten spätestens drei Monate nach der Beendigung einer solchen Tätigkeit zu löschen.

Zweiter Abschnitt
Zusammenarbeit mit der freien Jugendhilfe, ehrenamtliche Tätigkeit

§ 73 Ehrenamtliche Tätigkeit

In der Jugendhilfe ehrenamtlich tätige Personen sollen bei ihrer Tätigkeit angeleitet, beraten und unterstützt werden.

§ 74 Förderung der freien Jugendhilfe

(1) Die Träger der öffentlichen Jugendhilfe sollen die freiwillige Tätigkeit auf dem Gebiet der Jugendhilfe anregen; sie sollen sie fördern, wenn der jeweilige Träger

1. die fachlichen Voraussetzungen für die geplante Maßnahme erfüllt und die Beachtung der Grundsätze und Maßstäbe der Qualitätsentwicklung und Qualitätssicherung nach § 79a gewährleistet,
2. die Gewähr für eine zweckentsprechende und wirtschaftliche Verwendung der Mittel bietet,
3. gemeinnützige Ziele verfolgt,
4. eine angemessene Eigenleistung erbringt und
5. die Gewähr für eine den Zielen des Grundgesetzes förderliche Arbeit bietet.

Eine auf Dauer angelegte Förderung setzt in der Regel die Anerkennung als Träger der freien Jugendhilfe nach § 75 voraus.

(2) Soweit von der freien Jugendhilfe Einrichtungen, Dienste und Veranstaltungen geschaffen werden, um die Gewährung von Leistungen nach diesem Buch zu ermöglichen, kann die Förderung von der Bereitschaft abhängig gemacht werden, diese Einrichtungen, Dienste und Veranstaltungen nach Maßgabe der Jugendhilfeplanung und unter Beachtung der in § 9 genannten Grundsätze anzubieten. § 4 Absatz 1 bleibt unberührt.

(3) Über die Art und Höhe der Förderung entscheidet der Träger der öffentlichen Jugendhilfe im Rahmen der verfügbaren Haushaltsmittel nach pflichtgemäßem Ermessen. Entsprechendes gilt, wenn mehrere Antragsteller die Förderungsvo-

raussetzungen erfüllen und die von ihnen vorgesehenen Maßnahmen gleich geeignet sind, zur Befriedigung des Bedarfs jedoch nur eine Maßnahme notwendig ist. Bei der Bemessung der Eigenleistung sind die unterschiedliche Finanzkraft und die sonstigen Verhältnisse zu berücksichtigen.

(4) Bei sonst gleich geeigneten Maßnahmen soll solchen der Vorzug gegeben werden, die stärker an den Interessen der Betroffenen orientiert sind und ihre Einflussnahme auf die Ausgestaltung der Maßnahme gewährleisten.

(5) Bei der Förderung gleichartiger Maßnahmen mehrerer Träger sind unter Berücksichtigung ihrer Eigenleistungen gleiche Grundsätze und Maßstäbe anzulegen. Werden gleichartige Maßnahmen von der freien und der öffentlichen Jugendhilfe durchgeführt, so sind bei der Förderung die Grundsätze und Maßstäbe anzuwenden, die für die Finanzierung der Maßnahmen der öffentlichen Jugendhilfe gelten.

(6) Die Förderung von anerkannten Trägern der Jugendhilfe soll auch Mittel für die Fortbildung der haupt-, neben- und ehrenamtlichen Mitarbeiter sowie im Bereich der Jugendarbeit Mittel für die Errichtung und Unterhaltung von Jugendfreizeit- und Jugendbildungsstätten einschließen.

§ 74a Finanzierung von Tageseinrichtungen für Kinder

Die Finanzierung von Tageseinrichtungen regelt das Landesrecht. Dabei können alle Träger von Einrichtungen, die die rechtlichen und fachlichen Voraussetzungen für den Betrieb der Einrichtung erfüllen, gefördert werden. Die Erhebung von Teilnahmebeiträgen nach § 90 bleibt unberührt.

§ 75 Anerkennung als Träger der freien Jugendhilfe

(1) Als Träger der freien Jugendhilfe können juristische Personen und Personenvereinigungen anerkannt werden, wenn sie

1. auf dem Gebiet der Jugendhilfe im Sinne des § 1 tätig sind,
2. gemeinnützige Ziele verfolgen,
3. auf Grund der fachlichen und personellen Voraussetzungen erwarten lassen, dass sie einen nicht unwesentlichen Beitrag zur Erfüllung der Aufgaben der Jugendhilfe zu leisten imstande sind, und
4. die Gewähr für eine den Zielen des Grundgesetzes förderliche Arbeit bieten.

(2) Einen Anspruch auf Anerkennung als Träger der freien Jugendhilfe hat unter den Voraussetzungen des Absatzes 1, wer auf dem Gebiet der Jugendhilfe mindestens drei Jahre tätig gewesen ist.

(3) Die Kirchen und Religionsgemeinschaften des öffentlichen Rechts sowie die auf Bundesebene zusammengeschlossenen Verbände der freien Wohlfahrtspflege sind anerkannte Träger der freien Jugendhilfe.

§ 76 Beteiligung anerkannter Träger der freien Jugendhilfe an der Wahrnehmung anderer Aufgaben

(1) Die Träger der öffentlichen Jugendhilfe können anerkannte Träger der freien Jugendhilfe an der Durchführung ihrer Aufgaben nach den §§ 42, 42a, 43, 50 bis 52a und 53 Absatz 2 bis 4 beteiligen oder ihnen diese Aufgaben zur Ausführung übertragen.
(2) Die Träger der öffentlichen Jugendhilfe bleiben für die Erfüllung der Aufgaben verantwortlich.

§ 77 Vereinbarungen über die Höhe der Kosten

Werden Einrichtungen und Dienste der Träger der freien Jugendhilfe in Anspruch genommen, so sind Vereinbarungen über die Höhe der Kosten der Inanspruchnahme zwischen der öffentlichen und der freien Jugendhilfe anzustreben. Das Nähere regelt das Landesrecht. Die §§ 78a bis 78g bleiben unberührt.

§ 78 Arbeitsgemeinschaften

Die Träger der öffentlichen Jugendhilfe sollen die Bildung von Arbeitsgemeinschaften anstreben, in denen neben ihnen die anerkannten Träger der freien Jugendhilfe sowie die Träger geförderter Maßnahmen vertreten sind. In den Arbeitsgemeinschaften soll darauf hingewirkt werden, dass die geplanten Maßnahmen aufeinander abgestimmt werden und sich gegenseitig ergänzen.

Dritter Abschnitt
Vereinbarungen über Leistungsangebote, Entgelte und Qualitätsentwicklung

§ 78a Anwendungsbereich

(1) Die Regelungen der §§ 78b bis 78g gelten für die Erbringung von
1. Leistungen für Betreuung und Unterkunft in einer sozialpädagogisch begleiteten Wohnform (§ 13 Absatz 3),
2. Leistungen in gemeinsamen Wohnformen für Mütter/Väter und Kinder (§ 19),
3. Leistungen zur Unterstützung bei notwendiger Unterbringung des Kindes oder Jugendlichen zur Erfüllung der Schulpflicht (§ 21 Satz 2),
4. Hilfe zur Erziehung
a) in einer Tagesgruppe (§ 32),
b) in einem Heim oder einer sonstigen betreuten Wohnform (§ 34) sowie
c) in intensiver sozialpädagogischer Einzelbetreuung (§ 35), sofern sie außerhalb der eigenen Familie erfolgt,
d) in sonstiger teilstationärer oder stationärer Form (§ 27),
5. Eingliederungshilfe für seelisch behinderte Kinder und Jugendliche in
a) anderen teilstationären Einrichtungen (§ 35a Absatz 2 Nummer 2 Alternative 2),
b) Einrichtungen über Tag und Nacht sowie sonstigen Wohnformen (§ 35a Absatz 2 Nummer 4),
6. Hilfe für junge Volljährige (§ 41), sofern diese den in den Nummern 4 und 5 genannten Leistungen entspricht, sowie
7. Leistungen zum Unterhalt (§ 39), sofern diese im Zusammenhang mit Leistungen nach den Nummern 4 bis 6 gewährt werden; § 39 Absatz 2 Satz 3 bleibt unberührt.

(2) Landesrecht kann bestimmen, dass die §§ 78b bis 78g auch für andere Leistungen nach diesem Buch sowie für vorläufige Maßnahmen zum Schutz von Kindern und Jugendlichen (§ 42) gelten.

§ 78b Voraussetzungen für die Übernahme des Leistungsentgelts

(1) Wird die Leistung ganz oder teilweise in einer Einrichtung erbracht, so ist der Träger der öffentlichen Jugendhilfe zur Übernahme des Entgelts gegenüber dem Leistungsberechtigten verpflichtet, wenn mit dem Träger der Einrichtung oder seinem Verband Vereinbarungen über

1. Inhalt, Umfang und Qualität der Leistungsangebote (Leistungsvereinbarung),
2. differenzierte Entgelte für die Leistungsangebote und die betriebsnotwendigen Investitionen (Entgeltvereinbarung) und
3. Grundsätze und Maßstäbe für die Bewertung der Qualität der Leistungsangebote sowie über geeignete Maßnahmen zu ihrer Gewährleistung (Qualitätsentwicklungsvereinbarung)

abgeschlossen worden sind.

(2) Die Vereinbarungen sind mit den Trägern abzuschließen, die unter Berücksichtigung der Grundsätze der Leistungsfähigkeit, Wirtschaftlichkeit und Sparsamkeit zur Erbringung der Leistung geeignet sind. Vereinbarungen über die Erbringung von Hilfe zur Erziehung im Ausland dürfen nur mit solchen Trägern abgeschlossen werden, die

1. anerkannte Träger der Jugendhilfe oder Träger einer erlaubnispflichtigen Einrichtung im Inland sind, in der Hilfe zur Erziehung erbracht wird,
2. mit der Erbringung solcher Hilfen nur Fachkräfte im Sinne des § 72 Absatz 1 betrauen und
3. die Gewähr dafür bieten, dass sie die Rechtsvorschriften des Aufenthaltslandes einhalten und mit den Behörden des Aufenthaltslandes sowie den deutschen Vertretungen im Ausland zusammenarbeiten.

(3) Ist eine der Vereinbarungen nach Absatz 1 nicht abgeschlossen, so ist der Träger der öffentlichen Jugendhilfe zur Übernahme des Leistungsentgelts nur verpflichtet, wenn dies insbesondere nach Maßgabe der Hilfeplanung (§ 36) im Einzelfall geboten ist.

§ 78c Inhalt der Leistungs- und Entgeltvereinbarungen

(1) Die Leistungsvereinbarung muss die wesentlichen Leistungsmerkmale, insbesondere

1. Art, Ziel und Qualität des Leistungsangebots,
2. den in der Einrichtung zu betreuenden Personenkreis,
3. die erforderliche sächliche und personelle Ausstattung,
4. die Qualifikation des Personals sowie
5. die betriebsnotwendigen Anlagen der Einrichtung

festlegen. In die Vereinbarung ist aufzunehmen, unter welchen Voraussetzungen der Träger der Einrichtung sich zur Erbringung von Leistungen verpflichtet. Der Träger muss gewährleisten, dass die Leistungsangebote zur Erbringung von Leistungen nach § 78a Absatz 1 geeignet sowie ausreichend, zweckmäßig und wirtschaftlich sind.

(2) Die Entgelte müssen leistungsgerecht sein. Grundlage der Entgeltvereinbarung sind die in der Leistungs- und der Qualitätsentwicklungsvereinbarung festgelegten Leistungs- und Qualitätsmerkmale. Eine Erhöhung der Vergütung für Investitionen kann nur dann verlangt werden, wenn der zuständige Träger der öffentlichen Jugendhilfe der Investitionsmaßnahme vorher zugestimmt hat. Förderungen aus öffentlichen Mitteln sind anzurechnen.

§ 78d Vereinbarungszeitraum

(1) Die Vereinbarungen nach § 78b Absatz 1 sind für einen zukünftigen Zeitraum (Vereinbarungszeitraum) abzuschließen. Nachträgliche Ausgleiche sind nicht zulässig.

(2) Die Vereinbarungen treten zu dem darin bestimmten Zeitpunkt in Kraft. Wird ein Zeitpunkt nicht bestimmt, so werden die Vereinbarungen mit dem Tage ihres Abschlusses wirksam. Eine Vereinbarung, die vor diesen Zeitpunkt zurückwirkt, ist nicht zulässig; dies gilt nicht für Vereinbarungen vor der Schiedsstelle für die Zeit ab Eingang des Antrags bei der Schiedsstelle. Nach Ablauf des Vereinbarungszeitraums gelten die vereinbarten Vergütungen bis zum Inkrafttreten neuer Vereinbarungen weiter.

(3) Bei unvorhersehbaren wesentlichen Veränderungen der Annahmen, die der Entgeltvereinbarung zugrunde lagen, sind die Entgelte auf Verlangen einer Vertragspartei für den laufenden Vereinbarungszeitraum neu zu verhandeln. Die Absätze 1 und 2 gelten entsprechend.

(4) Vereinbarungen über die Erbringung von Leistungen nach § 78a Absatz 1, die vor dem 1. Januar 1999 abgeschlossen worden sind, gelten bis zum Inkrafttreten neuer Vereinbarungen weiter.

§ 78e Örtliche Zuständigkeit für den Abschluss von Vereinbarungen

(1) Soweit Landesrecht nicht etwas anderes bestimmt, ist für den Abschluss von Vereinbarungen nach § 78b Absatz 1 der örtliche Träger der Jugendhilfe zuständig, in dessen Bereich die Einrichtung gelegen ist. Die von diesem Träger abgeschlossenen Vereinbarungen sind für alle örtlichen Träger bindend.

(2) Werden in der Einrichtung Leistungen erbracht, für deren Gewährung überwiegend ein anderer örtlicher Träger zuständig ist, so hat der nach Absatz 1 zuständige Träger diesen Träger zu hören.

(3) Die kommunalen Spitzenverbände auf Landesebene und die Verbände der Träger der freien Jugendhilfe sowie die Vereinigungen sonstiger Leistungserbrin-

ger im jeweiligen Land können regionale oder landesweite Kommissionen bilden. Die Kommissionen können im Auftrag der Mitglieder der in Satz 1 genannten Verbände und Vereinigungen Vereinbarungen nach § 78b Absatz 1 schließen. Landesrecht kann die Beteiligung der für die Wahrnehmung der Aufgaben nach § 85 Absatz 2 Nummer 5 und 6 zuständigen Behörde vorsehen.

§ 78f Rahmenverträge

Die kommunalen Spitzenverbände auf Landesebene schließen mit den Verbänden der Träger der freien Jugendhilfe und den Vereinigungen sonstiger Leistungserbringer auf Landesebene Rahmenverträge über den Inhalt der Vereinbarungen nach § 78b Absatz 1. Die für die Wahrnehmung der Aufgaben nach § 85 Absatz 2 Nummer 5 und 6 zuständigen Behörden sind zu beteiligen.

§ 78g Schiedsstelle

(1) In den Ländern sind Schiedsstellen für Streit- und Konfliktfälle einzurichten. Sie sind mit einem unparteiischen Vorsitzenden und mit einer gleichen Zahl von Vertretern der Träger der öffentlichen Jugendhilfe sowie von Vertretern der Träger der Einrichtungen zu besetzen. Der Zeitaufwand der Mitglieder ist zu entschädigen, bare Auslagen sind zu erstatten. Für die Inanspruchnahme der Schiedsstellen können Gebühren erhoben werden.

(2) Kommt eine Vereinbarung nach § 78b Absatz 1 innerhalb von sechs Wochen nicht zustande, nachdem eine Partei schriftlich zu Verhandlungen aufgefordert hat, so entscheidet die Schiedsstelle auf Antrag einer Partei unverzüglich über die Gegenstände, über die keine Einigung erreicht werden konnte. Gegen die Entscheidung ist der Rechtsweg zu den Verwaltungsgerichten gegeben. Die Klage richtet sich gegen eine der beiden Vertragsparteien, nicht gegen die Schiedsstelle. Einer Nachprüfung der Entscheidung in einem Vorverfahren bedarf es nicht.

(3) Entscheidungen der Schiedsstelle treten zu dem darin bestimmten Zeitpunkt in Kraft. Wird ein Zeitpunkt für das Inkrafttreten nicht bestimmt, so werden die Festsetzungen der Schiedsstelle mit dem Tag wirksam, an dem der Antrag bei der Schiedsstelle eingegangen ist. Die Festsetzung einer Vergütung, die vor diesen Zeitpunkt zurückwirkt, ist nicht zulässig. Im Übrigen gilt § 78d Absatz 2 Satz 4 und Absatz 3 entsprechend.

(4) Die Landesregierungen werden ermächtigt, durch Rechtsverordnung das Nähere zu bestimmen über

1. die Errichtung der Schiedsstellen,
2. die Zahl, die Bestellung, die Amtsdauer und die Amtsführung ihrer Mitglieder,
3. die Erstattung der baren Auslagen und die Entschädigung für ihren Zeitaufwand,
4. die Geschäftsführung, das Verfahren, die Erhebung und die Höhe der Gebühren sowie die Verteilung der Kosten und
5. die Rechtsaufsicht.

Vierter Abschnitt
Gesamtverantwortung, Jugendhilfeplanung

§ 79 Gesamtverantwortung, Grundausstattung

(1) Die Träger der öffentlichen Jugendhilfe haben für die Erfüllung der Aufgaben nach diesem Buch die Gesamtverantwortung einschließlich der Planungsverantwortung.

(2) Die Träger der öffentlichen Jugendhilfe sollen gewährleisten, dass zur Erfüllung der Aufgaben nach diesem Buch

1. die erforderlichen und geeigneten Einrichtungen, Dienste und Veranstaltungen den verschiedenen Grundrichtungen der Erziehung entsprechend rechtzeitig und ausreichend zur Verfügung stehen; hierzu zählen insbesondere auch Pfleger, Vormünder und Pflegepersonen;
2. eine kontinuierliche Qualitätsentwicklung nach Maßgabe von § 79a erfolgt.

Von den für die Jugendhilfe bereitgestellten Mitteln haben sie einen angemessenen Anteil für die Jugendarbeit zu verwenden.

(3) Die Träger der öffentlichen Jugendhilfe haben für eine ausreichende Ausstattung der Jugendämter und der Landesjugendämter zu sorgen; hierzu gehört auch eine dem Bedarf entsprechende Zahl von Fachkräften.

§ 79a Qualitätsentwicklung in der Kinder- und Jugendhilfe

Um die Aufgaben der Kinder- und Jugendhilfe nach § 2 zu erfüllen, haben die Träger der öffentlichen Jugendhilfe Grundsätze und Maßstäbe für die Bewertung der Qualität sowie geeignete Maßnahmen zu ihrer Gewährleistung für

1. die Gewährung und Erbringung von Leistungen,
2. die Erfüllung anderer Aufgaben,
3. den Prozess der Gefährdungseinschätzung nach § 8a,

4. die Zusammenarbeit mit anderen Institutionen weiterzuentwickeln, anzuwenden und regelmäßig zu überprüfen. Dazu zählen auch Qualitätsmerkmale für die Sicherung der Rechte von Kindern und Jugendlichen in Einrichtungen und ihren Schutz vor Gewalt. Die Träger der öffentlichen Jugendhilfe orientieren sich dabei an den fachlichen Empfehlungen der nach § 85 Absatz 2 zuständigen Behörden und an bereits angewandten Grundsätzen und Maßstäben für die Bewertung der Qualität sowie Maßnahmen zu ihrer Gewährleistung.

§ 80 Jugendhilfeplanung

(1) Die Träger der öffentlichen Jugendhilfe haben im Rahmen ihrer Planungsverantwortung
1. den Bestand an Einrichtungen und Diensten festzustellen,
2. den Bedarf unter Berücksichtigung der Wünsche, Bedürfnisse und Interessen der jungen Menschen und der Personensorgeberechtigten für einen mittelfristigen Zeitraum zu ermitteln und
3. die zur Befriedigung des Bedarfs notwendigen Vorhaben rechtzeitig und ausreichend zu planen; dabei ist Vorsorge zu treffen, dass auch ein unvorhergesehener Bedarf befriedigt werden kann.

(2) Einrichtungen und Dienste sollen so geplant werden, dass insbesondere
1. Kontakte in der Familie und im sozialen Umfeld erhalten und gepflegt werden können,
2. ein möglichst wirksames, vielfältiges und aufeinander abgestimmtes Angebot von Jugendhilfeleistungen gewährleistet ist,
3. junge Menschen und Familien in gefährdeten Lebens- und Wohnbereichen besonders gefördert werden,
4. Mütter und Väter Aufgaben in der Familie und Erwerbstätigkeit besser miteinander vereinbaren können.

(3) Die Träger der öffentlichen Jugendhilfe haben die anerkannten Träger der freien Jugendhilfe in allen Phasen ihrer Planung frühzeitig zu beteiligen. Zu diesem Zwecke sind sie vom Jugendhilfeausschuss, soweit sie überörtlich tätig sind, im Rahmen der Jugendhilfeplanung des überörtlichen Trägers vom Landesjugendhilfeausschuss zu hören. Das Nähere regelt das Landesrecht.

(4) Die Träger der öffentlichen Jugendhilfe sollen darauf hinwirken, dass die Jugendhilfeplanung und andere örtliche und überörtliche Planungen aufeinander abgestimmt werden und die Planungen insgesamt den Bedürfnissen und Interessen der jungen Menschen und ihrer Familien Rechnung tragen.

§ 81 Strukturelle Zusammenarbeit mit anderen Stellen und öffentlichen Einrichtungen

Die Träger der öffentlichen Jugendhilfe haben mit anderen Stellen und öffentlichen Einrichtungen, deren Tätigkeit sich auf die Lebenssituation junger Menschen und ihrer Familien auswirkt, insbesondere mit

1. den Trägern von Sozialleistungen nach dem Zweiten, Dritten, Vierten, Fünften, Sechsten und dem Zwölften Buch sowie Trägern von Leistungen nach dem Bundesversorgungsgesetz,
2. Rehabilitationsträger nach § 6 Absatz 1 Nummer 7 des Neunten Buches,
3. den Familien- und Jugendgerichten, den Staatsanwaltschaften sowie den Justizvollzugsbehörden,
4. Schulen und Stellen der Schulverwaltung,
5. Einrichtungen und Stellen des öffentlichen Gesundheitsdienstes und sonstigen Einrichtungen und Diensten des Gesundheitswesens,
6. den Beratungsstellen nach den §§ 3 und 8 des Schwangerschaftskonfliktgesetzes und Suchtberatungsstellen,
7. Einrichtungen und Diensten zum Schutz gegen Gewalt in engen sozialen Beziehungen,
8. den Stellen der Bundesagentur für Arbeit,
9. Einrichtungen und Stellen der beruflichen Aus- und Weiterbildung,
10. den Polizei- und Ordnungsbehörden,
11. der Gewerbeaufsicht und
12. Einrichtungen der Ausbildung für Fachkräfte, der Weiterbildung und der Forschung im Rahmen ihrer Aufgaben und Befugnisse zusammenzuarbeiten.

Sechstes Kapitel
Zentrale Aufgaben

§ 82 Aufgaben der Länder

(1) Die oberste Landesjugendbehörde hat die Tätigkeit der Träger der öffentlichen und der freien Jugendhilfe und die Weiterentwicklung der Jugendhilfe anzuregen und zu fördern.

(2) Die Länder haben auf einen gleichmäßigen Ausbau der Einrichtungen und Angebote hinzuwirken und die Jugendämter und Landesjugendämter bei der Wahrnehmung ihrer Aufgaben zu unterstützen.

§ 83 Aufgaben des Bundes, Bundesjugendkuratorium

(1) Die fachlich zuständige oberste Bundesbehörde soll die Tätigkeit der Jugendhilfe anregen und fördern, soweit sie von überregionaler Bedeutung ist und ihrer Art nach nicht durch ein Land allein wirksam gefördert werden kann. Hierzu gehören auch die überregionalen Tätigkeiten der Jugendorganisationen der politischen Parteien auf dem Gebiet der Jugendarbeit.
(2) Die Bundesregierung wird in grundsätzlichen Fragen der Jugendhilfe von einem Sachverständigengremium (Bundesjugendkuratorium) beraten. Das Nähere regelt die Bundesregierung durch Verwaltungsvorschriften.

§ 84 Jugendbericht

(1) Die Bundesregierung legt dem Deutschen Bundestag und dem Bundesrat in jeder Legislaturperiode einen Bericht über die Lage junger Menschen und die Bestrebungen und Leistungen der Jugendhilfe vor. Neben der Bestandsaufnahme und Analyse sollen die Berichte Vorschläge zur Weiterentwicklung der Jugendhilfe enthalten; jeder dritte Bericht soll einen Überblick über die Gesamtsituation der Jugendhilfe vermitteln.
(2) Die Bundesregierung beauftragt mit der Ausarbeitung der Berichte jeweils eine Kommission, der mindestens sieben Sachverständige (Jugendberichtskommission) angehören. Die Bundesregierung fügt eine Stellungnahme mit den von ihr für notwendig gehaltenen Folgerungen bei.

Siebtes Kapitel
Zuständigkeit, Kostenerstattung

Erster Abschnitt
Sachliche Zuständigkeit

§ 85 Sachliche Zuständigkeit

(1) Für die Gewährung von Leistungen und die Erfüllung anderer Aufgaben nach diesem Buch ist der örtliche Träger sachlich zuständig, soweit nicht der überörtliche Träger sachlich zuständig ist.
(2) Der überörtliche Träger ist sachlich zuständig für

1. die Beratung der örtlichen Träger und die Entwicklung von Empfehlungen zur Erfüllung der Aufgaben nach diesem Buch,
2. die Förderung der Zusammenarbeit zwischen den örtlichen Trägern und den anerkannten Trägern der freien Jugendhilfe, insbesondere bei der Planung und Sicherstellung eines bedarfsgerechten Angebots an Hilfen zur Erziehung, Eingliederungshilfen für seelisch behinderte Kinder und Jugendliche und Hilfen für junge Volljährige,
3. die Anregung und Förderung von Einrichtungen, Diensten und Veranstaltungen sowie deren Schaffung und Betrieb, soweit sie den örtlichen Bedarf übersteigen; dazu gehören insbesondere Einrichtungen, die eine Schul- oder Berufsausbildung anbieten, sowie Jugendbildungsstätten,
4. die Planung, Anregung, Förderung und Durchführung von Modellvorhaben zur Weiterentwicklung der Jugendhilfe,
5. die Beratung der örtlichen Träger bei der Gewährung von Hilfe nach den §§ 32 bis 35a, insbesondere bei der Auswahl einer Einrichtung oder der Vermittlung einer Pflegeperson in schwierigen Einzelfällen,
6. die Wahrnehmung der Aufgaben zum Schutz von Kindern und Jugendlichen in Einrichtungen (§§ 45 bis 48a),
7. die Beratung der Träger von Einrichtungen während der Planung und Betriebsführung,
8. die Fortbildung von Mitarbeitern in der Jugendhilfe,
9. die Gewährung von Leistungen an Deutsche im Ausland (§ 6 Absatz 3), soweit es sich nicht um die Fortsetzung einer bereits im Inland gewährten Leistung handelt,
10. die Erteilung der Erlaubnis zur Übernahme von Pflegschaften oder Vormundschaften durch einen rechtsfähigen Verein (§ 54).

(3) Für den örtlichen Bereich können die Aufgaben nach Absatz 2 Nummer 3, 4, 7 und 8 auch vom örtlichen Träger wahrgenommen werden.

(4) Unberührt bleiben die am Tage des Inkrafttretens dieses Gesetzes geltenden landesrechtlichen Regelungen, die die in den §§ 45 bis 48a bestimmten Aufgaben einschließlich der damit verbundenen Aufgaben nach Absatz 2 Nummer 2 bis 5 und 7 mittleren Landesbehörden oder, soweit sie sich auf Kindergärten und andere Tageseinrichtungen für Kinder beziehen, unteren Landesbehörden zuweisen.

(5) Ist das Land überörtlicher Träger, so können durch Landesrecht bis zum 30. Juni 1993 einzelne seiner Aufgaben auf andere Körperschaften des öffentlichen Rechts, die nicht Träger der öffentlichen Jugendhilfe sind, übertragen werden.

Zweiter Abschnitt
Örtliche Zuständigkeit

Erster Unterabschnitt
Örtliche Zuständigkeit für Leistungen

§ 86 Örtliche Zuständigkeit für Leistungen an Kinder, Jugendliche und ihre Eltern

(1) Für die Gewährung von Leistungen nach diesem Buch ist der örtliche Träger zuständig, in dessen Bereich die Eltern ihren gewöhnlichen Aufenthalt haben. An die Stelle der Eltern tritt die Mutter, wenn und solange die Vaterschaft nicht anerkannt oder gerichtlich festgestellt ist. Lebt nur ein Elternteil, so ist dessen gewöhnlicher Aufenthalt maßgebend.

(2) Haben die Elternteile verschiedene gewöhnliche Aufenthalte, so ist der örtliche Träger zuständig, in dessen Bereich der personensorgeberechtigte Elternteil seinen gewöhnlichen Aufenthalt hat; dies gilt auch dann, wenn ihm einzelne Angelegenheiten der Personensorge entzogen sind. Steht die Personensorge im Fall des Satzes 1 den Eltern gemeinsam zu, so richtet sich die Zuständigkeit nach dem gewöhnlichen Aufenthalt des Elternteils, bei dem das Kind oder der Jugendliche vor Beginn der Leistung zuletzt seinen gewöhnlichen Aufenthalt hatte. Hatte das Kind oder der Jugendliche im Fall des Satzes 2 zuletzt bei beiden Elternteilen seinen gewöhnlichen Aufenthalt, so richtet sich die Zuständigkeit nach dem gewöhnlichen Aufenthalt des Elternteils, bei dem das Kind oder der Jugendliche vor Beginn der Leistung zuletzt seinen tatsächlichen Aufenthalt hatte. Hatte das Kind oder der Jugendliche im Fall des Satzes 2 während der letzten sechs Monate vor Beginn der Leistung bei keinem Elternteil einen gewöhnlichen Aufenthalt, so ist der örtliche Träger zuständig, in dessen Bereich das Kind oder der Jugendliche vor Beginn der Leistung zuletzt seinen gewöhnlichen Aufenthalt hatte; hatte das Kind oder der Jugendliche während der letzten sechs Monate keinen gewöhnlichen Aufenthalt, so richtet sich die Zuständigkeit nach dem tatsächlichen Aufenthalt des Kindes oder des Jugendlichen vor Beginn der Leistung.

(3) Haben die Elternteile verschiedene gewöhnliche Aufenthalte und steht die Personensorge keinem Elternteil zu, so gilt Absatz 2 Satz 2 und 4 entsprechend.

(4) Haben die Eltern oder der nach den Absätzen 1 bis 3 maßgebliche Elternteil im Inland keinen gewöhnlichen Aufenthalt, oder ist ein gewöhnlicher Aufenthalt nicht feststellbar, oder sind sie verstorben, so richtet sich die Zuständig-

keit nach dem gewöhnlichen Aufenthalt des Kindes oder des Jugendlichen vor Beginn der Leistung. Hatte das Kind oder der Jugendliche während der letzten sechs Monate vor Beginn der Leistung keinen gewöhnlichen Aufenthalt, so ist der örtliche Träger zuständig, in dessen Bereich sich das Kind oder der Jugendliche vor Beginn der Leistung tatsächlich aufhält.

(5) Begründen die Elternteile nach Beginn der Leistung verschiedene gewöhnliche Aufenthalte, so wird der örtliche Träger zuständig, in dessen Bereich der personensorgeberechtigte Elternteil seinen gewöhnlichen Aufenthalt hat; dies gilt auch dann, wenn ihm einzelne Angelegenheiten der Personensorge entzogen sind. Solange in diesen Fällen die Personensorge beiden Elternteilen gemeinsam oder keinem Elternteil zusteht, bleibt die bisherige Zuständigkeit bestehen. Absatz 4 gilt entsprechend.

(6) Lebt ein Kind oder ein Jugendlicher zwei Jahre bei einer Pflegeperson und ist sein Verbleib bei dieser Pflegeperson auf Dauer zu erwarten, so ist oder wird abweichend von den Absätzen 1 bis 5 der örtliche Träger zuständig, in dessen Bereich die Pflegeperson ihren gewöhnlichen Aufenthalt hat. Er hat die Eltern und, falls den Eltern die Personensorge nicht oder nur teilweise zusteht, den Personensorgeberechtigten über den Wechsel der Zuständigkeit zu unterrichten. Endet der Aufenthalt bei der Pflegeperson, so endet die Zuständigkeit nach Satz 1.

(7) Für Leistungen an Kinder oder Jugendliche, die um Asyl nachsuchen oder einen Asylantrag gestellt haben, ist der örtliche Träger zuständig, in dessen Bereich sich die Person vor Beginn der Leistung tatsächlich aufhält; geht der Leistungsgewährung eine Inobhutnahme voraus, so bleibt die nach § 87 begründete Zuständigkeit bestehen. Unterliegt die Person einem Verteilungsverfahren, so richtet sich die örtliche Zuständigkeit nach der Zuweisungsentscheidung der zuständigen Landesbehörde; bis zur Zuweisungsentscheidung gilt Satz 1 entsprechend. Die nach Satz 1 oder 2 begründete örtliche Zuständigkeit bleibt auch nach Abschluss des Asylverfahrens so lange bestehen, bis die für die Bestimmung der örtlichen Zuständigkeit maßgebliche Person einen gewöhnlichen Aufenthalt im Bereich eines anderen Trägers der öffentlichen Jugendhilfe begründet. Eine Unterbrechung der Leistung von bis zu drei Monaten bleibt außer Betracht.

§ 86a Örtliche Zuständigkeit für Leistungen an junge Volljährige

(1) Für Leistungen an junge Volljährige ist der örtliche Träger zuständig, in dessen Bereich der junge Volljährige vor Beginn der Leistung seinen gewöhnlichen Aufenthalt hat.

(2) Hält sich der junge Volljährige in einer Einrichtung oder sonstigen Wohnform

auf, die der Erziehung, Pflege, Betreuung, Behandlung oder dem Strafvollzug dient, so richtet sich die örtliche Zuständigkeit nach dem gewöhnlichen Aufenthalt vor der Aufnahme in eine Einrichtung oder sonstige Wohnform.

(3) Hat der junge Volljährige keinen gewöhnlichen Aufenthalt, so richtet sich die Zuständigkeit nach seinem tatsächlichen Aufenthalt zu dem in Absatz 1 genannten Zeitpunkt; Absatz 2 bleibt unberührt.

(4) Wird eine Leistung nach § 13 Absatz 3 oder nach § 21 über die Vollendung des 18. Lebensjahres hinaus weitergeführt oder geht der Hilfe für junge Volljährige nach § 41 eine dieser Leistungen, eine Leistung nach § 19 oder eine Hilfe nach den §§ 27 bis 35a voraus, so bleibt der örtliche Träger zuständig, der bis zu diesem Zeitpunkt zuständig war. Eine Unterbrechung der Hilfeleistung von bis zu drei Monaten bleibt dabei außer Betracht. Die Sätze 1 und 2 gelten entsprechend, wenn eine Hilfe für junge Volljährige nach § 41 beendet war und innerhalb von drei Monaten erneut Hilfe für junge Volljährige nach § 41 erforderlich wird.

§ 86b Örtliche Zuständigkeit für Leistungen in gemeinsamen Wohnformen für Mütter/Väter und Kinder

(1) Für Leistungen in gemeinsamen Wohnformen für Mütter oder Väter und Kinder ist der örtliche Träger zuständig, in dessen Bereich der nach § 19 Leistungsberechtigte vor Beginn der Leistung seinen gewöhnlichen Aufenthalt hat. § 86a Absatz 2 gilt entsprechend.

(2) Hat der Leistungsberechtigte keinen gewöhnlichen Aufenthalt, so richtet sich die Zuständigkeit nach seinem tatsächlichen Aufenthalt zu dem in Absatz 1 genannten Zeitpunkt.

(3) Geht der Leistung Hilfe nach den §§ 27 bis 35a oder eine Leistung nach § 13 Absatz 3, § 21 oder § 41 voraus, so bleibt der örtliche Träger zuständig, der bisher zuständig war. Eine Unterbrechung der Hilfeleistung von bis zu drei Monaten bleibt dabei außer Betracht.

§ 86c Fortdauernde Leistungsverpflichtung und Fallübergabe bei Zuständigkeitswechsel

(1) Wechselt die örtliche Zuständigkeit für eine Leistung, so bleibt der bisher zuständige örtliche Träger so lange zur Gewährung der Leistung verpflichtet, bis der nunmehr zuständige örtliche Träger die Leistung fortsetzt. Dieser hat dafür Sorge zu tragen, dass der Hilfeprozess und die im Rahmen der Hilfeplanung vereinbarten Hilfeziele durch den Zuständigkeitswechsel nicht gefährdet werden.

(2) Der örtliche Träger, der von den Umständen Kenntnis erhält, die den Wechsel der Zuständigkeit begründen, hat den anderen davon unverzüglich zu unterrichten. Der bisher zuständige örtliche Träger hat dem nunmehr zuständigen örtlichen Träger unverzüglich die für die Hilfegewährung sowie den Zuständigkeitswechsel maßgeblichen Sozialdaten zu übermitteln. Bei der Fortsetzung von Leistungen, die der Hilfeplanung nach § 36 Absatz 2 unterliegen, ist die Fallverantwortung im Rahmen eines Gespräches zu übergeben. Die Personensorgeberechtigten und das Kind oder der Jugendliche sowie der junge Volljährige oder der Leistungsberechtigte nach § 19 sind an der Übergabe angemessen zu beteiligen.

§ 86d Verpflichtung zum vorläufigen Tätigwerden

Steht die örtliche Zuständigkeit nicht fest oder wird der zuständige örtliche Träger nicht tätig, so ist der örtliche Träger vorläufig zum Tätigwerden verpflichtet, in dessen Bereich sich das Kind oder der Jugendliche, der junge Volljährige oder bei Leistungen nach § 19 der Leistungsberechtigte vor Beginn der Leistung tatsächlich aufhält.

Zweiter Unterabschnitt
Örtliche Zuständigkeit für andere Aufgaben

§ 87 Örtliche Zuständigkeit für vorläufige Maßnahmen zum Schutz von Kindern und Jugendlichen

Für die Inobhutnahme eines Kindes oder eines Jugendlichen (§ 42) ist der örtliche Träger zuständig, in dessen Bereich sich das Kind oder der Jugendliche vor Beginn der Maßnahme tatsächlich aufhält. Die örtliche Zuständigkeit für die Inobhutnahme eines unbegleiteten ausländischen Kindes oder Jugendlichen richtet sich nach § 88a Absatz 2.

§ 87a Örtliche Zuständigkeit für Erlaubnis, Meldepflichten und Untersagung

(1) Für die Erteilung der Pflegeerlaubnis sowie deren Rücknahme oder Widerruf (§§ 43, 44) ist der örtliche Träger zuständig, in dessen Bereich die Pflegeperson ihren gewöhnlichen Aufenthalt hat.

(2) Für die Erteilung der Erlaubnis zum Betrieb einer Einrichtung oder einer selbstständigen sonstigen Wohnform sowie für die Rücknahme oder den Widerruf

dieser Erlaubnis (§ 45 Absatz 1 und 2, § 48a), die örtliche Prüfung (§§ 46, 48a), die Entgegennahme von Meldungen (§ 47 Absatz 1 und 2, § 48a) und die Ausnahme von der Meldepflicht (§ 47 Absatz 3, § 48a) sowie die Untersagung der weiteren Beschäftigung des Leiters oder eines Mitarbeiters (§§ 48, 48a) ist der überörtliche Träger oder die nach Landesrecht bestimmte Behörde zuständig, in dessen oder deren Bereich die Einrichtung oder die sonstige Wohnform gelegen ist.

(3) Für die Mitwirkung an der örtlichen Prüfung (§§ 46, 48a) ist der örtliche Träger zuständig, in dessen Bereich die Einrichtung oder die selbstständige sonstige Wohnform gelegen ist.

§ 87b Örtliche Zuständigkeit für die Mitwirkung in gerichtlichen Verfahren

(1) Für die Zuständigkeit des Jugendamts zur Mitwirkung in gerichtlichen Verfahren (§§ 50 bis 52) gilt § 86 Absatz 1 bis 4 entsprechend. Für die Mitwirkung im Verfahren nach dem Jugendgerichtsgesetz gegen einen jungen Menschen, der zu Beginn des Verfahrens das 18. Lebensjahr vollendet hat, gilt § 86a Absatz 1 und 3 entsprechend.

(2) Die nach Absatz 1 begründete Zuständigkeit bleibt bis zum Abschluss des Verfahrens bestehen. Hat ein Jugendlicher oder ein junger Volljähriger in einem Verfahren nach dem Jugendgerichtsgesetz die letzten sechs Monate vor Abschluss des Verfahrens in einer Justizvollzugsanstalt verbracht, so dauert die Zuständigkeit auch nach der Entlassung aus der Anstalt so lange fort, bis der Jugendliche oder junge Volljährige einen neuen gewöhnlichen Aufenthalt begründet hat, längstens aber bis zum Ablauf von sechs Monaten nach dem Entlassungszeitpunkt.

(3) Steht die örtliche Zuständigkeit nicht fest oder wird der zuständige örtliche Träger nicht tätig, so gilt § 86d entsprechend.

§ 87c Örtliche Zuständigkeit für die Beistandschaft, die Amtspflegschaft, die Amtsvormundschaft und die Bescheinigung nach § 58a

(1) Für die Vormundschaft nach § 1791c des Bürgerlichen Gesetzbuchs ist das Jugendamt zuständig, in dessen Bereich die Mutter ihren gewöhnlichen Aufenthalt hat. Wurde die Vaterschaft nach § 1592 Nummer 1 oder 2 des Bürgerlichen Gesetzbuchs durch Anfechtung beseitigt, so ist der gewöhnliche Aufenthalt der Mutter zu dem Zeitpunkt maßgeblich, zu dem die Entscheidung rechtskräftig wird. Ist ein gewöhnlicher Aufenthalt der Mutter nicht festzustellen, so richtet sich die örtliche Zuständigkeit nach ihrem tatsächlichen Aufenthalt.

(2) Sobald die Mutter ihren gewöhnlichen Aufenthalt im Bereich eines anderen Jugendamts nimmt, hat das die Amtsvormundschaft führende Jugendamt bei dem Jugendamt des anderen Bereichs die Weiterführung der Amtsvormundschaft zu beantragen; der Antrag kann auch von dem anderen Jugendamt, von jedem Elternteil und von jedem, der ein berechtigtes Interesse des Kindes oder des Jugendlichen geltend macht, bei dem die Amtsvormundschaft führenden Jugendamt gestellt werden. Die Vormundschaft geht mit der Erklärung des anderen Jugendamts auf dieses über. Das abgebende Jugendamt hat den Übergang dem Familiengericht und jedem Elternteil unverzüglich mitzuteilen. Gegen die Ablehnung des Antrags kann das Familiengericht angerufen werden.

(3) Für die Pflegschaft oder Vormundschaft, die durch Bestellung des Familiengerichts eintritt, ist das Jugendamt zuständig, in dessen Bereich das Kind oder der Jugendliche seinen gewöhnlichen Aufenthalt hat. Hat das Kind oder der Jugendliche keinen gewöhnlichen Aufenthalt, so richtet sich die Zuständigkeit nach seinem tatsächlichen Aufenthalt zum Zeitpunkt der Bestellung. Sobald das Kind oder der Jugendliche seinen gewöhnlichen Aufenthalt wechselt oder im Fall des Satzes 2 das Wohl des Kindes oder Jugendlichen es erfordert, hat das Jugendamt beim Familiengericht einen Antrag auf Entlassung zu stellen. Die Sätze 1 bis 3 gelten für die Gegenvormundschaft des Jugendamts entsprechend.

(4) Für die Vormundschaft, die im Rahmen des Verfahrens zur Annahme als Kind eintritt, ist das Jugendamt zuständig, in dessen Bereich die annehmende Person ihren gewöhnlichen Aufenthalt hat.

(5) Für die Beratung und Unterstützung nach § 52a sowie für die Beistandschaft gilt Absatz 1 Satz 1 und 3 entsprechend. Sobald der allein sorgeberechtigte Elternteil seinen gewöhnlichen Aufenthalt im Bereich eines anderen Jugendamts nimmt, hat das die Beistandschaft führende Jugendamt bei dem Jugendamt des anderen Bereichs die Weiterführung der Beistandschaft zu beantragen; Absatz 2 Satz 2 und § 86c gelten entsprechend.

(6) Für die Erteilung der Bescheinigung nach § 58a Absatz 2 gilt Absatz 1 entsprechend. Die Mitteilungen nach § 1626d Absatz 2 des Bürgerlichen Gesetzbuchs, die Mitteilungen nach § 155a Absatz 3 Satz 3 und Absatz 5 Satz 2 des Gesetzes über das Verfahren in Familiensachen und in den Angelegenheiten der freiwilligen Gerichtsbarkeit sowie die Mitteilungen nach § 50 Absatz 3 sind an das für den Geburtsort des Kindes oder des Jugendlichen zuständige Jugendamt zu richten; § 88 Absatz 1 Satz 2 gilt entsprechend. Das nach Satz 2 zuständige Jugendamt teilt auf Ersuchen dem nach Satz 1 zuständigen Jugendamt mit, ob Eintragungen im Sorgeregister vorliegen.

§ 87d Örtliche Zuständigkeit für weitere Aufgaben im Vormundschaftswesen

(1) Für die Wahrnehmung der Aufgaben nach § 53 ist der örtliche Träger zuständig, in dessen Bereich der Pfleger oder Vormund seinen gewöhnlichen Aufenthalt hat.
(2) Für die Erteilung der Erlaubnis zur Übernahme von Pflegschaften oder Vormundschaften durch einen rechtsfähigen Verein (§ 54) ist der überörtliche Träger zuständig, in dessen Bereich der Verein seinen Sitz hat.

§ 87e Örtliche Zuständigkeit für Beurkundung und Beglaubigung

Für Beurkundungen und Beglaubigungen nach § 59 ist die Urkundsperson bei jedem Jugendamt zuständig.

Dritter Unterabschnitt
Örtliche Zuständigkeit bei Aufenthalt im Ausland

§ 88 Örtliche Zuständigkeit bei Aufenthalt im Ausland

(1) Für die Gewährung von Leistungen der Jugendhilfe im Ausland ist der überörtliche Träger zuständig, in dessen Bereich der junge Mensch geboren ist. Liegt der Geburtsort im Ausland oder ist er nicht zu ermitteln, so ist das Land Berlin zuständig.
(2) Wurden bereits vor der Ausreise Leistungen der Jugendhilfe gewährt, so bleibt der örtliche Träger zuständig, der bisher tätig geworden ist; eine Unterbrechung der Hilfeleistung von bis zu drei Monaten bleibt dabei außer Betracht.

Vierter Unterabschnitt
Örtliche Zuständigkeit für vorläufige Maßnahmen, Leistungen und die Amtsvormundschaft für unbegleitete ausländische Kinder und Jugendliche

§ 88a Örtliche Zuständigkeit für vorläufige Maßnahmen, Leistungen und die Amtsvormundschaft für unbegleitete ausländische Kinder und Jugendliche

(1) Für die vorläufige Inobhutnahme eines unbegleiteten ausländischen Kindes oder Jugendlichen (§ 42a) ist der örtliche Träger zuständig, in dessen Bereich

sich das Kind oder der Jugendliche vor Beginn der Maßnahme tatsächlich aufhält, soweit Landesrecht nichts anderes regelt.

(2) Die örtliche Zuständigkeit für die Inobhutnahme eines unbegleiteten ausländischen Kindes oder Jugendlichen (§ 42) richtet sich nach der Zuweisungsentscheidung gemäß § 42b Absatz 3 Satz 1 der nach Landesrecht für die Verteilung von unbegleiteten ausländischen Kindern oder Jugendlichen zuständigen Stelle. Ist die Verteilung nach § 42b Absatz 4 ausgeschlossen, so bleibt die nach Absatz 1 begründete Zuständigkeit bestehen. Ein anderer Träger kann aus Gründen des Kindeswohls oder aus sonstigen humanitären Gründen von vergleichbarem Gewicht die örtliche Zuständigkeit von dem zuständigen Träger übernehmen.

(3) Für Leistungen an unbegleitete ausländische Kinder oder Jugendliche ist der örtliche Träger zuständig, in dessen Bereich sich die Person vor Beginn der Leistung tatsächlich aufhält. Geht der Leistungsgewährung eine Inobhutnahme voraus, so bleibt die nach Absatz 2 begründete Zuständigkeit bestehen, soweit Landesrecht nichts anderes regelt.

(4) Die örtliche Zuständigkeit für die Vormundschaft oder Pflegschaft, die für unbegleitete ausländische Kinder oder Jugendliche durch Bestellung des Familiengerichts eintritt, richtet sich während

1. der vorläufigen Inobhutnahme (§ 42a) nach Absatz 1,
2. der Inobhutnahme (§ 42) nach Absatz 2 und
3. der Leistungsgewährung nach Absatz 3.

Dritter Abschnitt
Kostenerstattung

§ 89 Kostenerstattung bei fehlendem gewöhnlichen Aufenthalt

Ist für die örtliche Zuständigkeit nach den §§ 86, 86a oder 86b der tatsächliche Aufenthalt maßgeblich, so sind die Kosten, die ein örtlicher Träger aufgewendet hat, von dem überörtlichen Träger zu erstatten, zu dessen Bereich der örtliche Träger gehört.

§ 89a Kostenerstattung bei fortdauernder Vollzeitpflege

(1) Kosten, die ein örtlicher Träger auf Grund einer Zuständigkeit nach § 86 Absatz 6 aufgewendet hat, sind von dem örtlichen Träger zu erstatten, der

zuvor zuständig war oder gewesen wäre. Die Kostenerstattungspflicht bleibt bestehen, wenn die Pflegeperson ihren gewöhnlichen Aufenthalt ändert oder wenn die Leistung über die Volljährigkeit hinaus nach § 41 fortgesetzt wird.

(2) Hat oder hätte der nach Absatz 1 kostenerstattungspflichtig werdende örtliche Träger während der Gewährung einer Leistung selbst einen Kostenerstattungsanspruch gegen einen anderen örtlichen oder den überörtlichen Träger, so bleibt oder wird abweichend von Absatz 1 dieser Träger dem nunmehr nach § 86 Absatz 6 zuständig gewordenen örtlichen Träger kostenerstattungspflichtig.

(3) Ändert sich während der Gewährung der Leistung nach Absatz 1 der für die örtliche Zuständigkeit nach § 86 Absatz 1 bis 5 maßgebliche gewöhnliche Aufenthalt, so wird der örtliche Träger kostenerstattungspflichtig, der ohne Anwendung des § 86 Absatz 6 örtlich zuständig geworden wäre.

§ 89b Kostenerstattung bei vorläufigen Maßnahmen zum Schutz von Kindern und Jugendlichen

(1) Kosten, die ein örtlicher Träger im Rahmen der Inobhutnahme von Kindern und Jugendlichen (§ 42) aufgewendet hat, sind von dem örtlichen Träger zu erstatten, dessen Zuständigkeit durch den gewöhnlichen Aufenthalt nach § 86 begründet wird.

(2) Ist ein kostenerstattungspflichtiger örtlicher Träger nicht vorhanden, so sind die Kosten von dem überörtlichen Träger zu erstatten, zu dessen Bereich der örtliche Träger gehört.

(3) Eine nach Absatz 1 oder 2 begründete Pflicht zur Kostenerstattung bleibt bestehen, wenn und solange nach der Inobhutnahme Leistungen auf Grund einer Zuständigkeit nach § 86 Absatz 7 Satz 1 Halbsatz 2 gewährt werden.

§ 89c Kostenerstattung bei fortdauernder oder vorläufiger Leistungsverpflichtung

(1) Kosten, die ein örtlicher Träger im Rahmen seiner Verpflichtung nach § 86c aufgewendet hat, sind von dem örtlichen Träger zu erstatten, der nach dem Wechsel der örtlichen Zuständigkeit zuständig geworden ist. Kosten, die ein örtlicher Träger im Rahmen seiner Verpflichtung nach § 86d aufgewendet hat, sind von dem örtlichen Träger zu erstatten, dessen Zuständigkeit durch den gewöhnlichen Aufenthalt nach §§ 86, 86a und 86b begründet wird.

(2) Hat der örtliche Träger die Kosten deshalb aufgewendet, weil der zuständige örtliche Träger pflichtwidrig gehandelt hat, so hat dieser zusätzlich einen

Betrag in Höhe eines Drittels der Kosten, mindestens jedoch 50 Euro, zu erstatten.

(3) Ist ein kostenerstattungspflichtiger örtlicher Träger nicht vorhanden, so sind die Kosten vom überörtlichen Träger zu erstatten, zu dessen Bereich der örtliche Träger gehört, der nach Absatz 1 tätig geworden ist.

§ 89d Kostenerstattung bei Gewährung von Jugendhilfe nach der Einreise

(1) Kosten, die ein örtlicher Träger aufwendet, sind vom Land zu erstatten, wenn

1. innerhalb eines Monats nach der Einreise eines jungen Menschen oder eines Leistungsberechtigten nach § 19 Jugendhilfe gewährt wird und
2. sich die örtliche Zuständigkeit nach dem tatsächlichen Aufenthalt dieser Person oder nach der Zuweisungsentscheidung der zuständigen Landesbehörde richtet.

Als Tag der Einreise gilt der Tag des Grenzübertritts, sofern dieser amtlich festgestellt wurde, oder der Tag, an dem der Aufenthalt im Inland erstmals festgestellt wurde, andernfalls der Tag der ersten Vorsprache bei einem Jugendamt. Die Erstattungspflicht nach Satz 1 bleibt unberührt, wenn die Person um Asyl nachsucht oder einen Asylantrag stellt.

(2) Ist die Person im Inland geboren, so ist das Land erstattungspflichtig, in dessen Bereich die Person geboren ist.

(3) (weggefallen)

(4) Die Verpflichtung zur Erstattung der aufgewendeten Kosten entfällt, wenn inzwischen für einen zusammenhängenden Zeitraum von drei Monaten Jugendhilfe nicht zu gewähren war.

(5) Kostenerstattungsansprüche nach den Absätzen 1 bis 3 gehen Ansprüchen nach den §§ 89 bis 89c und § 89e vor.

§ 89e Schutz der Einrichtungsorte

(1) Richtet sich die Zuständigkeit nach dem gewöhnlichen Aufenthalt der Eltern, eines Elternteils, des Kindes oder des Jugendlichen und ist dieser in einer Einrichtung, einer anderen Familie oder sonstigen Wohnform begründet worden, die der Erziehung, Pflege, Betreuung, Behandlung oder dem Strafvollzug dient, so ist der örtliche Träger zur Erstattung der Kosten verpflichtet, in dessen Bereich die Person vor der Aufnahme in eine Einrichtung, eine andere Familie oder sonstige Wohnform den gewöhnlichen Aufenthalt hatte. Eine nach Satz 1 begründete Erstattungspflicht bleibt bestehen, wenn und solange sich die örtliche Zuständigkeit nach § 86a Absatz 4 und § 86b Absatz 3 richtet.

(2) Ist ein kostenerstattungspflichtiger örtlicher Träger nicht vorhanden, so sind die Kosten von dem überörtlichen Träger zu erstatten, zu dessen Bereich der erstattungsberechtigte örtliche Träger gehört.

§ 89f Umfang der Kostenerstattung

(1) Die aufgewendeten Kosten sind zu erstatten, soweit die Erfüllung der Aufgaben den Vorschriften dieses Buches entspricht. Dabei gelten die Grundsätze, die im Bereich des tätig gewordenen örtlichen Trägers zur Zeit des Tätigwerdens angewandt werden.

(2) Kosten unter 1.000 Euro werden nur bei vorläufigen Maßnahmen zum Schutz von Kindern und Jugendlichen (§ 89b), bei fortdauernder oder vorläufiger Leistungsverpflichtung (§ 89c) und bei Gewährung von Jugendhilfe nach der Einreise (§ 89d) erstattet. Verzugszinsen können nicht verlangt werden.

§ 89g Landesrechtsvorbehalt

Durch Landesrecht können die Aufgaben des Landes und des überörtlichen Trägers nach diesem Abschnitt auf andere Körperschaften des öffentlichen Rechts übertragen werden.

§ 89h Übergangsvorschrift

(1) Für die Erstattung von Kosten für Maßnahmen der Jugendhilfe nach der Einreise gemäß § 89d, die vor dem 1. Juli 1998 begonnen haben, gilt die nachfolgende Übergangsvorschrift.

(2) Kosten, für deren Erstattung das Bundesverwaltungsamt vor dem 1. Juli 1998 einen erstattungspflichtigen überörtlichen Träger bestimmt hat, sind nach den bis zu diesem Zeitpunkt geltenden Vorschriften zu erstatten. Erfolgt die Bestimmung nach dem 30. Juni 1998, so sind § 86 Absatz 7, § 89b Absatz 3, die §§ 89d und 89g in der ab dem 1. Juli 1998 geltenden Fassung anzuwenden.

Achtes Kapitel
Kostenbeteiligung

Erster Abschnitt
Pauschalierte Kostenbeteiligung

§ 90 Pauschalierte Kostenbeteiligung

(1) Für die Inanspruchnahme von Angeboten

1. der Jugendarbeit nach § 11,
2. der allgemeinen Förderung der Erziehung in der Familie nach § 16 Absatz 1, Absatz 2 Nummer 1 und 3 und
3. der Förderung von Kindern in Tageseinrichtungen und Kindertagespflege nach den §§ 22 bis 24

können Kostenbeiträge festgesetzt werden.

(2) In den Fällen des Absatzes 1 Nummer 1 und 2 kann der Kostenbeitrag auf Antrag ganz oder teilweise erlassen oder ein Teilnahmebeitrag auf Antrag ganz oder teilweise vom Träger der öffentlichen Jugendhilfe übernommen werden, wenn

1. die Belastung
   a) dem Kind oder dem Jugendlichen und seinen Eltern oder
   b) dem jungen Volljährigen

   nicht zuzumuten ist und
2. die Förderung für die Entwicklung des jungen Menschen erforderlich ist.

Lebt das Kind oder der Jugendliche nur mit einem Elternteil zusammen, so tritt dieser an die Stelle der Eltern. Für die Feststellung der zumutbaren Belastung gelten die §§ 82 bis 85, 87, 88 und 92a des Zwölften Buches entsprechend, soweit nicht Landesrecht eine andere Regelung trifft. Bei der Einkommensberechnung bleiben das Baukindergeld des Bundes sowie die Eigenheimzulage nach dem Eigenheimzulagengesetz außer Betracht.

(3) Im Fall des Absatzes 1 Nummer 3 sind Kostenbeiträge zu staffeln. Als Kriterien für die Staffelung können insbesondere das Einkommen der Eltern, die Anzahl der kindergeldberechtigten Kinder in der Familie und die tägliche Betreuungszeit des Kindes berücksichtigt werden. Werden die Kostenbeiträge nach dem Einkommen berechnet, bleibt das Baukindergeld des Bundes außer Betracht. Darüber hinaus können weitere Kriterien berücksichtigt werden.

(4) Im Fall des Absatzes 1 Nummer 3 wird der Kostenbeitrag auf Antrag erlassen oder auf Antrag ein Teilnahmebeitrag vom Träger der öffentlichen Jugendhilfe übernommen, wenn die Belastung durch Kostenbeiträge den Eltern und dem

Kind nicht zuzumuten ist. Nicht zuzumuten sind Kostenbeiträge immer dann, wenn Eltern oder Kinder Leistungen zur Sicherung des Lebensunterhalts nach dem Zweiten Buch, Leistungen nach dem dritten und vierten Kapitel des Zwölften Buches oder Leistungen nach den §§ 2 und 3 des Asylbewerberleistungsgesetzes beziehen oder wenn die Eltern des Kindes Kinderzuschlag gemäß § 6a des Bundeskindergeldgesetzes oder Wohngeld nach dem Wohngeldgesetz erhalten. Der Träger der öffentlichen Jugendhilfe hat die Eltern über die Möglichkeit einer Antragstellung nach Satz 1 bei unzumutbarer Belastung durch Kostenbeiträge zu beraten. Absatz 2 Satz 2 bis 4 gilt entsprechend.

Zweiter Abschnitt
Kostenbeiträge für stationäre und teilstationäre Leistungen sowie vorläufige Maßnahmen

§ 91 Anwendungsbereich

(1) Zu folgenden vollstationären Leistungen und vorläufigen Maßnahmen werden Kostenbeiträge erhoben:

1. der Unterkunft junger Menschen in einer sozialpädagogisch begleiteten Wohnform (§ 13 Absatz 3),
2. der Betreuung von Müttern oder Vätern und Kindern in gemeinsamen Wohnformen (§ 19),
3. der Betreuung und Versorgung von Kindern in Notsituationen (§ 20),
4. der Unterstützung bei notwendiger Unterbringung junger Menschen zur Erfüllung der Schulpflicht und zum Abschluss der Schulausbildung (§ 21),
5. der Hilfe zur Erziehung
a) in Vollzeitpflege (§ 33),
b) in einem Heim oder einer sonstigen betreuten Wohnform (§ 34),
c) in intensiver sozialpädagogischer Einzelbetreuung (§ 35), sofern sie außerhalb des Elternhauses erfolgt,
d) auf der Grundlage von § 27 in stationärer Form,
6. der Eingliederungshilfe für seelisch behinderte Kinder und Jugendliche durch geeignete Pflegepersonen sowie in Einrichtungen über Tag und Nacht und in sonstigen Wohnformen (§ 35a Absatz 2 Nummer 3 und 4),
7. der Inobhutnahme von Kindern und Jugendlichen (§ 42),
8. der Hilfe für junge Volljährige, soweit sie den in den Nummern 5 und 6 genannten Leistungen entspricht (§ 41).

(2) Zu folgenden teilstationären Leistungen werden Kostenbeiträge erhoben:

1. der Betreuung und Versorgung von Kindern in Notsituationen nach § 20,
2. Hilfe zur Erziehung in einer Tagesgruppe nach § 32 und anderen teilstationären Leistungen nach § 27,
3. Eingliederungshilfe für seelisch behinderte Kinder und Jugendliche in Tageseinrichtungen und anderen teilstationären Einrichtungen nach § 35a Absatz 2 Nummer 2 und
4. Hilfe für junge Volljährige, soweit sie den in den Nummern 2 und 3 genannten Leistungen entspricht (§ 41).

(3) Die Kosten umfassen auch die Aufwendungen für den notwendigen Unterhalt und die Krankenhilfe.

(4) Verwaltungskosten bleiben außer Betracht.

(5) Die Träger der öffentlichen Jugendhilfe tragen die Kosten der in den Absätzen 1 und 2 genannten Leistungen unabhängig von der Erhebung eines Kostenbeitrags.

§ 92 Ausgestaltung der Heranziehung

(1) Aus ihrem Einkommen nach Maßgabe der §§ 93 und 94 heranzuziehen sind:

1. Kinder und Jugendliche zu den Kosten der in § 91 Absatz 1 Nummer 1 bis 7 genannten Leistungen und vorläufigen Maßnahmen,
2. junge Volljährige zu den Kosten der in § 91 Absatz 1 Nummer 1, 4 und 8 genannten Leistungen,
3. Leistungsberechtigte nach § 19 zu den Kosten der in § 91 Absatz 1 Nummer 2 genannten Leistungen,
4. Ehegatten und Lebenspartner junger Menschen und Leistungsberechtigter nach § 19 zu den Kosten der in § 91 Absatz 1 und 2 genannten Leistungen und vorläufigen Maßnahmen,
5. Elternteile zu den Kosten der in § 91 Absatz 1 genannten Leistungen und vorläufigen Maßnahmen; leben sie mit dem jungen Menschen zusammen, so werden sie auch zu den Kosten der in § 91 Absatz 2 genannten Leistungen herangezogen.

(1a) Zu den Kosten vollstationärer Leistungen sind junge Volljährige und volljährige Leistungsberechtigte nach § 19 zusätzlich aus ihrem Vermögen nach Maßgabe der §§ 90 und 91 des Zwölften Buches heranzuziehen.

(2) Die Heranziehung erfolgt durch Erhebung eines Kostenbeitrags, der durch Leistungsbescheid festgesetzt wird; Elternteile werden getrennt herangezogen.

(3) Ein Kostenbeitrag kann bei Eltern, Ehegatten und Lebenspartnern ab dem Zeit-

punkt erhoben werden, ab welchem dem Pflichtigen die Gewährung der Leistung mitgeteilt und er über die Folgen für seine Unterhaltspflicht gegenüber dem jungen Menschen aufgeklärt wurde. Ohne vorherige Mitteilung kann ein Kostenbeitrag für den Zeitraum erhoben werden, in welchem der Träger der öffentlichen Jugendhilfe aus rechtlichen oder tatsächlichen Gründen, die in den Verantwortungsbereich des Pflichtigen fallen, an der Geltendmachung gehindert war. Entfallen diese Gründe, ist der Pflichtige unverzüglich zu unterrichten.

(4) Ein Kostenbeitrag kann nur erhoben werden, soweit Unterhaltsansprüche vorrangig oder gleichrangig Berechtigter nicht geschmälert werden. Von der Heranziehung der Eltern ist abzusehen, wenn das Kind, die Jugendliche, die junge Volljährige oder die Leistungsberechtigte nach § 19 schwanger ist oder der junge Mensch oder die nach § 19 leistungsberechtigte Person ein leibliches Kind bis zur Vollendung des sechsten Lebensjahres betreut.

(5) Von der Heranziehung soll im Einzelfall ganz oder teilweise abgesehen werden, wenn sonst Ziel und Zweck der Leistung gefährdet würden oder sich aus der Heranziehung eine besondere Härte ergäbe. Von der Heranziehung kann abgesehen werden, wenn anzunehmen ist, dass der damit verbundene Verwaltungsaufwand in keinem angemessenen Verhältnis zu dem Kostenbeitrag stehen wird.

§ 93 Berechnung des Einkommens

(1) Zum Einkommen gehören alle Einkünfte in Geld oder Geldeswert mit Ausnahme der Grundrente nach oder entsprechend dem Bundesversorgungsgesetz sowie der Renten und Beihilfen, die nach dem Bundesentschädigungsgesetz für einen Schaden an Leben sowie an Körper und Gesundheit gewährt werden bis zur Höhe der vergleichbaren Grundrente nach dem Bundesversorgungsgesetz. Eine Entschädigung, die nach § 253 Absatz 2 des Bürgerlichen Gesetzbuchs wegen eines Schadens, der nicht Vermögensschaden ist, geleistet wird, ist nicht als Einkommen zu berücksichtigen. Geldleistungen, die dem gleichen Zwecke wie die jeweilige Leistung der Jugendhilfe dienen, zählen nicht zum Einkommen und sind unabhängig von einem Kostenbeitrag einzusetzen. Kindergeld und Leistungen, die auf Grund öffentlich-rechtlicher Vorschriften zu einem ausdrücklich genannten Zweck erbracht werden, sind nicht als Einkommen zu berücksichtigen.

(2) Von dem Einkommen sind abzusetzen

1. auf das Einkommen gezahlte Steuern und
2. Pflichtbeiträge zur Sozialversicherung einschließlich der Beiträge zur Arbeitsförderung sowie

3. nach Grund und Höhe angemessene Beiträge zu öffentlichen oder privaten Versicherungen oder ähnlichen Einrichtungen zur Absicherung der Risiken Alter, Krankheit, Pflegebedürftigkeit und Arbeitslosigkeit.

(3) Von dem nach den Absätzen 1 und 2 errechneten Betrag sind Belastungen der kostenbeitragspflichtigen Person abzuziehen. Der Abzug erfolgt durch eine Kürzung des nach den Absätzen 1 und 2 errechneten Betrages um pauschal 25 vom Hundert. Sind die Belastungen höher als der pauschale Abzug, so können sie abgezogen werden, soweit sie nach Grund und Höhe angemessen sind und die Grundsätze einer wirtschaftlichen Lebensführung nicht verletzen. In Betracht kommen insbesondere

1. Beiträge zu öffentlichen oder privaten Versicherungen oder ähnlichen Einrichtungen,
2. die mit der Erzielung des Einkommens verbundenen notwendigen Ausgaben,
3. Schuldverpflichtungen.

Die kostenbeitragspflichtige Person muss die Belastungen nachweisen.

(4) Maßgeblich ist das durchschnittliche Monatseinkommen, das die kostenbeitragspflichtige Person in dem Kalenderjahr erzielt hat, welches dem jeweiligen Kalenderjahr der Leistung oder Maßnahme vorangeht. Auf Antrag der kostenbeitragspflichtigen Person wird dieses Einkommen nachträglich durch das durchschnittliche Monatseinkommen ersetzt, welches die Person in dem jeweiligen Kalenderjahr der Leistung oder Maßnahme erzielt hat. Der Antrag kann innerhalb eines Jahres nach Ablauf dieses Kalenderjahres gestellt werden. Macht die kostenbeitragspflichtige Person glaubhaft, dass die Heranziehung zu den Kosten aus dem Einkommen nach Satz 1 in einem bestimmten Zeitraum eine besondere Härte für sie ergäbe, wird vorläufig von den glaubhaft gemachten, dem Zeitraum entsprechenden Monatseinkommen ausgegangen; endgültig ist in diesem Fall das nach Ablauf des Kalenderjahres zu ermittelnde durchschnittliche Monatseinkommen dieses Jahres maßgeblich.

§ 94 Umfang der Heranziehung

(1) Die Kostenbeitragspflichtigen sind aus ihrem Einkommen in angemessenem Umfang zu den Kosten heranzuziehen. Die Kostenbeiträge dürfen die tatsächlichen Aufwendungen nicht überschreiten. Eltern sollen nachrangig zu den jungen Menschen herangezogen werden. Ehegatten und Lebenspartner sollen nachrangig zu den jungen Menschen, aber vorrangig vor deren Eltern herangezogen werden.

(2) Für die Bestimmung des Umfangs sind bei jedem Elternteil, Ehegatten oder Lebenspartner die Höhe des nach § 93 ermittelten Einkommens und die

Anzahl der Personen, die mindestens im gleichen Range wie der untergebrachte junge Mensch oder Leistungsberechtigte nach § 19 unterhaltsberechtigt sind, angemessen zu berücksichtigen.

(3) Werden Leistungen über Tag und Nacht außerhalb des Elternhauses erbracht und bezieht einer der Elternteile Kindergeld für den jungen Menschen, so hat dieser unabhängig von einer Heranziehung nach Absatz 1 Satz 1 und 2 und nach Maßgabe des Absatzes 1 Satz 3 und 4 einen Kostenbeitrag in Höhe des Kindergeldes zu zahlen. Zahlt der Elternteil den Kostenbeitrag nach Satz 1 nicht, so sind die Träger der öffentlichen Jugendhilfe insoweit berechtigt, das auf dieses Kind entfallende Kindergeld durch Geltendmachung eines Erstattungsanspruchs nach § 74 Absatz 2 des Einkommensteuergesetzes in Anspruch zu nehmen.

(4) Werden Leistungen über Tag und Nacht erbracht und hält sich der junge Mensch nicht nur im Rahmen von Umgangskontakten bei einem Kostenbeitragspflichtigen auf, so ist die tatsächliche Betreuungsleistung über Tag und Nacht auf den Kostenbeitrag anzurechnen.

(5) Für die Festsetzung der Kostenbeiträge von Eltern, Ehegatten und Lebenspartnern junger Menschen und Leistungsberechtigter nach § 19 werden nach Einkommensgruppen gestaffelte Pauschalbeträge durch Rechtsverordnung des zuständigen Bundesministeriums mit Zustimmung des Bundesrates bestimmt.

(6) Bei vollstationären Leistungen haben junge Menschen und Leistungsberechtigte nach § 19 nach Abzug der in § 93 Absatz 2 genannten Beträge 75 Prozent ihres Einkommens als Kostenbeitrag einzusetzen. Es kann ein geringerer Kostenbeitrag erhoben oder gänzlich von der Erhebung des Kostenbeitrags abgesehen werden, wenn das Einkommen aus einer Tätigkeit stammt, die dem Zweck der Leistung dient. Dies gilt insbesondere, wenn es sich um eine Tätigkeit im sozialen oder kulturellen Bereich handelt, bei der nicht die Erwerbstätigkeit, sondern das soziale oder kulturelle Engagement im Vordergrund stehen.

Dritter Abschnitt
Überleitung von Ansprüchen

§ 95 Überleitung von Ansprüchen

(1) Hat eine der in § 92 Absatz 1 genannten Personen für die Zeit, für die Jugendhilfe gewährt wird, einen Anspruch gegen einen anderen, der weder Leistungsträger im Sinne des § 12 des Ersten Buches noch Kostenbeitragspflichtiger ist,

so kann der Träger der öffentlichen Jugendhilfe durch schriftliche Anzeige an den anderen bewirken, dass dieser Anspruch bis zur Höhe seiner Aufwendungen auf ihn übergeht.

(2) Der Übergang darf nur insoweit bewirkt werden, als bei rechtzeitiger Leistung des anderen entweder Jugendhilfe nicht gewährt worden oder ein Kostenbeitrag zu leisten wäre. Der Übergang ist nicht dadurch ausgeschlossen, dass der Anspruch nicht übertragen, verpfändet oder gepfändet werden kann.

(3) Die schriftliche Anzeige bewirkt den Übergang des Anspruchs für die Zeit, für die die Hilfe ohne Unterbrechung gewährt wird; als Unterbrechung gilt ein Zeitraum von mehr als zwei Monaten.

(4) Widerspruch und Anfechtungsklage gegen den Verwaltungsakt, der den Übergang des Anspruchs bewirkt, haben keine aufschiebende Wirkung.

§ 96 (weggefallen)

Vierter Abschnitt
Ergänzende Vorschriften

§ 97 Feststellung der Sozialleistungen

Der erstattungsberechtigte Träger der öffentlichen Jugendhilfe kann die Feststellung einer Sozialleistung betreiben sowie Rechtsmittel einlegen. Der Ablauf der Fristen, die ohne sein Verschulden verstrichen sind, wirkt nicht gegen ihn. Dies gilt nicht für die Verfahrensfristen, soweit der Träger der öffentlichen Jugendhilfe das Verfahren selbst betreibt.

§ 97a Pflicht zur Auskunft

(1) Soweit dies für die Berechnung oder den Erlass eines Kostenbeitrags oder die Übernahme eines Teilnahmebeitrags nach § 90 oder die Ermittlung eines Kostenbeitrags nach den §§ 92 bis 94 erforderlich ist, sind Eltern, Ehegatten und Lebenspartner junger Menschen sowie Leistungsberechtigter nach § 19 verpflichtet, dem örtlichen Träger über ihre Einkommensverhältnisse Auskunft zu geben. Junge Volljährige und volljährige Leistungsberechtigte nach § 19 sind verpflichtet, dem örtlichen Träger über ihre Einkommens- und Vermögensverhältnisse Auskunft zu geben. Eltern, denen die Sorge für das Vermögen des Kindes oder des Jugendlichen zusteht, sind auch zur Auskunft über dessen Einkommen ver-

pflichtet. Ist die Sorge über das Vermögen des Kindes oder des Jugendlichen anderen Personen übertragen, so treten diese an die Stelle der Eltern.

(2) Soweit dies für die Berechnung der laufenden Leistung nach § 39 Absatz 6 erforderlich ist, sind Pflegepersonen verpflichtet, dem örtlichen Träger darüber Auskunft zu geben, ob der junge Mensch im Rahmen des Familienleistungsausgleichs nach § 31 des Einkommensteuergesetzes berücksichtigt wird oder berücksichtigt werden könnte und ob er ältestes Kind in der Pflegefamilie ist. Pflegepersonen, die mit dem jungen Menschen in gerader Linie verwandt sind, sind verpflichtet, dem örtlichen Träger über ihre Einkommens- und Vermögensverhältnisse Auskunft zu geben.

(3) Die Pflicht zur Auskunft nach den Absätzen 1 und 2 umfasst auch die Verpflichtung, Name und Anschrift des Arbeitgebers zu nennen, über die Art des Beschäftigungsverhältnisses Auskunft zu geben sowie auf Verlangen Beweisurkunden vorzulegen oder ihrer Vorlage zuzustimmen. Sofern landesrechtliche Regelungen nach § 90 Absatz 1 Satz 2 bestehen, in denen nach Einkommensgruppen gestaffelte Pauschalbeträge vorgeschrieben oder festgesetzt sind, ist hinsichtlich der Höhe des Einkommens die Auskunftspflicht und die Pflicht zur Vorlage von Beweisurkunden für die Berechnung des Kostenbeitrags nach § 90 Absatz 1 Nummer 3 auf die Angabe der Zugehörigkeit zu einer bestimmten Einkommensgruppe beschränkt.

(4) Kommt eine der nach den Absätzen 1 und 2 zur Auskunft verpflichteten Personen ihrer Pflicht nicht nach oder bestehen tatsächliche Anhaltspunkte für die Unrichtigkeit ihrer Auskunft, so ist der Arbeitgeber dieser Person verpflichtet, dem örtlichen Träger über die Art des Beschäftigungsverhältnisses und den Arbeitsverdienst dieser Person Auskunft zu geben; Absatz 3 Satz 2 gilt entsprechend. Der zur Auskunft verpflichteten Person ist vor einer Nachfrage beim Arbeitgeber eine angemessene Frist zur Erteilung der Auskunft zu setzen. Sie ist darauf hinzuweisen, dass nach Fristablauf die erforderlichen Auskünfte beim Arbeitgeber eingeholt werden.

(5) Die nach den Absätzen 1 und 2 zur Erteilung einer Auskunft Verpflichteten können die Auskunft verweigern, soweit sie sich selbst oder einen der in § 383 Absatz 1 Nummer 1 bis 3 der Zivilprozessordnung bezeichneten Angehörigen der Gefahr aussetzen würden, wegen einer Straftat oder einer Ordnungswidrigkeit verfolgt zu werden. Die Auskunftspflichtigen sind auf ihr Auskunftsverweigerungsrecht hinzuweisen.

§ 97b (weggefallen)

§ 97c Erhebung von Gebühren und Auslagen

Landesrecht kann abweichend von § 64 des Zehnten Buches die Erhebung von Gebühren und Auslagen regeln.

Neuntes Kapitel
Kinder- und Jugendhilfestatistik

§ 98 Zweck und Umfang der Erhebung

(1) Zur Beurteilung der Auswirkungen der Bestimmungen dieses Buches und zu seiner Fortentwicklung sind laufende Erhebungen über

1. Kinder und tätige Personen in Tageseinrichtungen,
2. Kinder und tätige Personen in öffentlich geförderter Kindertagespflege,
3. Personen, die mit öffentlichen Mitteln geförderte Kindertagespflege gemeinsam oder auf Grund einer Erlaubnis nach § 43 Absatz 3 Satz 3 in Pflegestellen durchführen, und die von diesen betreuten Kinder,
4. die Empfänger
   a) der Hilfe zur Erziehung,
   b) der Hilfe für junge Volljährige und
   c) der Eingliederungshilfe für seelisch behinderte Kinder und Jugendliche,
5. Kinder und Jugendliche, zu deren Schutz vorläufige Maßnahmen getroffen worden sind,
6. Kinder und Jugendliche, die als Kind angenommen worden sind,
7. Kinder und Jugendliche, die unter Amtspflegschaft, Amtsvormundschaft oder Beistandschaft des Jugendamts stehen,
8. Kinder und Jugendliche, für die eine Pflegeerlaubnis erteilt worden ist,
9. Maßnahmen des Familiengerichts,
10. Angebote der Jugendarbeit nach § 11 sowie Fortbildungsmaßnahmen für ehrenamtliche Mitarbeiter anerkannter Träger der Jugendhilfe nach § 74 Abs. 6,
11. die Einrichtungen mit Ausnahme der Tageseinrichtungen, Behörden und Geschäftsstellen in der Jugendhilfe und die dort tätigen Personen sowie
12. die Ausgaben und Einnahmen der öffentlichen Jugendhilfe
13. Gefährdungseinschätzungen nach § 8a

als Bundesstatistik durchzuführen.

(2) Zur Verfolgung der gesellschaftlichen Entwicklung im Bereich der elterlichen

Sorge sind im Rahmen der Kinder- und Jugendhilfestatistik auch laufende Erhebungen über Sorgeerklärungen durchzuführen.

§ 99 Erhebungsmerkmale

(1) Erhebungsmerkmale bei den Erhebungen über Hilfe zur Erziehung nach den §§ 27 bis 35, Eingliederungshilfe für seelisch behinderte Kinder und Jugendliche nach § 35a und Hilfe für junge Volljährige nach § 41 sind

1. im Hinblick auf die Hilfe
a) Art und Name des Trägers des Hilfe durchführenden Dienstes oder der Hilfe durchführenden Einrichtung,
b) Art der Hilfe,
c) Ort der Durchführung der Hilfe,
d) Monat und Jahr des Beginns und Endes sowie Fortdauer der Hilfe,
e) familienrichterliche Entscheidungen zu Beginn der Hilfe,
f) Intensität der Hilfe,
g) Hilfe anregende Institutionen oder Personen,
h) Gründe für die Hilfegewährung,
i) Grund für die Beendigung der Hilfe,
j) vorangegangene Gefährdungseinschätzung nach § 8a Absatz 1
k) Einleitung der Hilfe im Anschluss an eine vorläufige Maßnahme zum Schutz von Kindern und Jugendlichen im Fall des § 42 Absatz 1 Satz 2 Nummer 3 sowie
2. im Hinblick auf junge Menschen
a) Geschlecht,
b) Geburtsmonat und Geburtsjahr,
c) Lebenssituation bei Beginn der Hilfe,
d) anschließender Aufenthalt,
e) nachfolgende Hilfe;
3. bei sozialpädagogischer Familienhilfe nach § 31 und anderen familienorientierten Hilfen nach § 27 zusätzlich zu den unter den Nummern 1 und 2 genannten Merkmalen
a) Geschlecht, Geburtsmonat und Geburtsjahr der in der Familie lebenden jungen Menschen sowie
b) Zahl der außerhalb der Familie lebenden Kinder und Jugendlichen.

(2) Erhebungsmerkmale bei den Erhebungen über vorläufige Maßnahmen zum Schutz von Kindern und Jugendlichen sind Kinder und Jugendliche, zu deren Schutz Maßnahmen nach § 42 oder § 42a getroffen worden sind, gegliedert nach

1. Art der Maßnahme, Art des Trägers der Maßnahme, Form der Unterbringung

während der Maßnahme, Institution oder Personenkreis, die oder der die Maßnahme angeregt hat, Zeitpunkt des Beginns und Dauer der Maßnahme, Durchführung auf Grund einer vorangegangenen Gefährdungseinschätzung nach § 8a Absatz 1, Maßnahmeanlass, Art der anschließenden Hilfe,

2. bei Kindern und Jugendlichen zusätzlich zu den unter Nummer 1 genannten Merkmalen nach Geschlecht, Altersgruppe zu Beginn der Maßnahme, Migrationshintergrund, Art des Aufenthalts vor Beginn der Maßnahme.

(3) Erhebungsmerkmale bei den Erhebungen über die Annahme als Kind sind

1. angenommene Kinder und Jugendliche, gegliedert

a) nach nationaler Adoption und internationaler Adoption nach § 2a des Adoptionsvermittlungsgesetzes,

b) nach Geschlecht, Geburtsjahr, Staatsangehörigkeit und Art des Trägers des Adoptionsvermittlungsdienstes,

c) nach Herkunft des angenommenen Kindes, Art der Unterbringung vor der Adoptionspflege, Familienstand der Eltern oder des sorgeberechtigten Elternteils oder Tod der Eltern zu Beginn der Adoptionspflege sowie Ersetzung der Einwilligung zur Annahme als Kind,

d) zusätzlich bei der internationalen Adoption (§ 2a des Adoptionsvermittlungsgesetzes) nach Staatsangehörigkeit vor Ausspruch der Adoption und nach Herkunftsland,

e) nach Staatsangehörigkeit der oder des Annehmenden und Verwandtschaftsverhältnis zu dem Kind,

2. die Zahl der

a) ausgesprochenen und aufgehobenen Annahmen sowie der abgebrochenen Adoptionspflegen, gegliedert nach Art des Trägers des Adoptionsvermittlungsdienstes,

b) vorgemerkten Adoptionsbewerber, die zur Annahme als Kind vorgemerkten und in Adoptionspflege untergebrachten Kinder und Jugendlichen zusätzlich nach ihrem Geschlecht, gegliedert nach Art des Trägers des Adoptionsvermittlungsdienstes.

(4) Erhebungsmerkmal bei den Erhebungen über die Amtspflegschaft und die Amtsvormundschaft sowie die Beistandschaft ist die Zahl der Kinder und Jugendlichen unter

1. gesetzlicher Amtsvormundschaft,
2. bestellter Amtsvormundschaft,
3. bestellter Amtspflegschaft sowie
4. Beistandschaft,

gegliedert nach Geschlecht, Art des Tätigwerdens des Jugendamts sowie nach deutscher und ausländischer Staatsangehörigkeit (Deutsche/Ausländer).

(5) Erhebungsmerkmal bei den Erhebungen über

1. die Pflegeerlaubnis nach § 43 ist die Zahl der Tagespflegepersonen,
2. die Pflegeerlaubnis nach § 44 ist die Zahl der Kinder und Jugendlichen, gegliedert nach Geschlecht und Art der Pflege.

(6) Erhebungsmerkmale bei der Erhebung zum Schutzauftrag bei Kindeswohlgefährdung nach § 8a sind Kinder und Jugendliche, bei denen eine Gefährdungseinschätzung nach Absatz 1 vorgenommen worden ist, gegliedert

1. nach der die Gefährdungseinschätzung anregenden Institution oder Person, der Art der Kindeswohlgefährdung sowie dem Ergebnis der Gefährdungseinschätzung,
2. bei Kindern und Jugendlichen zusätzlich zu den in Nummer 1 genannten Merkmalen nach Geschlecht, Alter und Aufenthaltsort des Kindes oder Jugendlichen zum Zeitpunkt der Meldung sowie dem Alter der Eltern und der Inanspruchnahme einer Leistung gemäß den §§ 16 bis 19 sowie 27 bis 35a und der Durchführung einer Maßnahme nach § 42.

(6a) Erhebungsmerkmal bei den Erhebungen über Sorgeerklärungen und die gerichtliche Übertragung der gemeinsamen elterlichen Sorge nach § 1626a Absatz 1 Nummer 3 des Bürgerlichen Gesetzbuchs ist die gemeinsame elterliche Sorge nicht miteinander verheirateter Eltern, gegliedert danach, ob Sorgeerklärungen beider Eltern vorliegen oder den Eltern die elterliche Sorge aufgrund einer gerichtlichen Entscheidung ganz oder zum Teil gemeinsam übertragen worden ist.

(6b) Erhebungsmerkmal bei den Erhebungen über Maßnahmen des Familiengerichts ist die Zahl der Kinder und Jugendlichen, bei denen wegen einer Gefährdung ihres Wohls das familiengerichtliche Verfahren auf Grund einer Anrufung durch das Jugendamt nach § 8a Absatz 2 Satz 1 oder § 42 Absatz 3 Satz 2 Nummer 2 oder auf andere Weise eingeleitet worden ist und

1. den Personensorgeberechtigten auferlegt worden ist, Leistungen nach diesem Buch in Anspruch zu nehmen,
2. andere Gebote oder Verbote gegenüber den Personensorgeberechtigten oder Dritten ausgesprochen worden sind,
3. Erklärungen der Personensorgeberechtigten ersetzt worden sind,
4. die elterliche Sorge ganz oder teilweise entzogen und auf das Jugendamt oder einen Dritten als Vormund oder Pfleger übertragen worden ist,

gegliedert nach Geschlecht, Alter und zusätzlich bei Nummer 4 nach dem Umfang der übertragenen Angelegenheit.

(7) Erhebungsmerkmale bei den Erhebungen über Kinder und tätige Personen in Tageseinrichtungen sind

1. die Einrichtungen, gegliedert nach
a) der Art und Name des Trägers und der Rechtsform sowie besonderen Merkmalen,
b) der Zahl der genehmigten Plätze,
c) der Art und Anzahl der Gruppen sowie
d) die Anzahl der Kinder insgesamt,
2. für jede dort tätige Person
a) Geschlecht und Beschäftigungsumfang,
b) für das pädagogisch und in der Verwaltung tätige Personal zusätzlich Geburtsmonat und Geburtsjahr, die Art des Berufsausbildungsabschlusses, Stellung im Beruf, Art der Beschäftigung und Arbeitsbereich,
3. für die dort geförderten Kinder
a) Geschlecht, Geburtsmonat und Geburtsjahr sowie Schulbesuch,
b) Migrationshintergrund,
c) Betreuungszeit und Mittagsverpflegung,
d) erhöhter Förderbedarf,
e) Gruppenzugehörigkeit,
f) Monat und Jahr der Aufnahme in der Tageseinrichtung.

(7a) Erhebungsmerkmale bei den Erhebungen über Kinder in mit öffentlichen Mitteln geförderter Kindertagespflege sowie die die Kindertagespflege durchführenden Personen sind:
1. für jede tätige Person
a) Geschlecht, Geburtsmonat und Geburtsjahr,
b) Art und Umfang der Qualifikation, Anzahl der betreuten Kinder (Betreuungsverhältnisse am Stichtag) insgesamt und nach dem Ort der Betreuung,
2. für die dort geförderten Kinder
a) Geschlecht, Geburtsmonat und Geburtsjahr sowie Schulbesuch,
b) Migrationshintergrund,
c) Betreuungszeit und Mittagsverpflegung,
d) Art und Umfang der öffentlichen Finanzierung und Förderung,
e) erhöhter Förderbedarf,
f) Verwandtschaftsverhältnis zur Pflegeperson,
g) gleichzeitig bestehende andere Betreuungsarrangements,
h) Monat und Jahr der Aufnahme in Kindertagespflege.

(7b) Erhebungsmerkmale bei den Erhebungen über Personen, die mit öffentlichen Mitteln geförderte Kindertagespflege gemeinsam oder auf Grund einer Erlaubnis nach § 43 Absatz 3 Satz 3 durchführen und die von diesen betreuten Kinder sind die Zahl der Tagespflegepersonen und die Zahl der von diesen betreuten Kinder jeweils gegliedert nach Pflegestellen.

(8) Erhebungsmerkmale bei den Erhebungen über die Angebote der Jugendarbeit nach § 11 sowie bei den Erhebungen über Fortbildungsmaßnahmen für ehrenamtliche Mitarbeiter anerkannter Träger der Jugendhilfe nach § 74 Absatz 6 sind offene und Gruppenangebote sowie Veranstaltungen und Projekte der Jugendarbeit, soweit diese mit öffentlichen Mitteln pauschal oder maßnahmenbezogen gefördert werden oder der Träger eine öffentliche Förderung erhält, gegliedert nach

1. Art und Name und Rechtsform des Trägers,
2. Dauer, Häufigkeit, Durchführungsort und Art des Angebots; zusätzlich bei schulbezogenen Angeboten die Art der kooperierenden Schule,
3. Alter, Geschlecht sowie Art der Beschäftigung und Tätigkeit der bei der Durchführung des Angebots tätigen Personen,
4. Zahl, Geschlecht und Alter der Teilnehmenden sowie der Besucher,
5. Partnerländer und Veranstaltungen im In- oder Ausland bei Veranstaltungen und Projekten der internationalen Jugendarbeit.

(9) Erhebungsmerkmale bei den Erhebungen über die Einrichtungen, soweit sie nicht in Absatz 7 erfasst werden, sowie die Behörden und Geschäftsstellen in der Jugendhilfe und die dort tätigen Personen sind

1. die Einrichtungen, gegliedert nach der Art der Einrichtung, der Art und der Name des Trägers, der Rechtsform sowie der Art und Zahl der verfügbaren Plätze,
2. die Behörden der öffentlichen Jugendhilfe sowie die Geschäftsstellen der Träger der freien Jugendhilfe, gegliedert nach der Art des Trägers und der Rechtsform,
3. für jede haupt- und nebenberuflich tätige Person

a) (weggefallen)
b) (weggefallen)
c) Geschlecht und Beschäftigungsumfang,
d) für das pädagogische und in der Verwaltung tätige Personal zusätzlich Geburtsmonat und Geburtsjahr, Art des Berufsausbildungsabschlusses, Stellung im Beruf, Art der Beschäftigung und Arbeitsbereich.

(10) Erhebungsmerkmale bei der Erhebung der Ausgaben und Einnahmen der öffentlichen Jugendhilfe sind

1. die Art des Trägers,
2. die Ausgaben für Einzel- und Gruppenhilfen, gegliedert nach Ausgabe- und Hilfeart sowie die Einnahmen nach Einnahmeart,
3. die Ausgaben und Einnahmen für Einrichtungen nach Arten gegliedert nach der Einrichtungsart,
4. die Ausgaben für das Personal, das bei den örtlichen und den überörtlichen Trägern sowie den kreisangehörigen Gemeinden und Gemeindeverbänden, die nicht örtliche Träger sind, Aufgaben der Jugendhilfe wahrnimmt.

§ 100 Hilfsmerkmale

Hilfsmerkmale sind

1. Name und Anschrift des Auskunftspflichtigen,
2. für die Erhebungen nach § 99 die Kenn-Nummer der hilfeleistenden Stelle oder der auskunftsgebenden Einrichtung; soweit eine Hilfe nach § 28 gebietsübergreifend erbracht wird, die Kenn-Nummer des Wohnsitzes des Hilfeempfängers,
3. für die Erhebungen nach § 99 Absatz 1, 2, 3 und 6 die Kenn-Nummer der betreffenden Person,
4. Name und Telefonnummer sowie Faxnummer oder E-Mail-Adresse der für eventuelle Rückfragen zur Verfügung stehenden Person.

§ 101 Periodizität und Berichtszeitraum

(1) Die Erhebungen nach § 99 Absatz 1 bis 5 sowie nach Absatz 6a bis 7b und 10 sind jährlich durchzuführen, die Erhebungen nach § 99 Absatz 1, soweit sie die Eingliederungshilfe für seelisch behinderte Kinder und Jugendliche betreffen, beginnend 2007. Die Erhebung nach § 99 Absatz 6 erfolgt laufend. Die übrigen Erhebungen nach § 99 sind alle zwei Jahre durchzuführen, die Erhebungen nach § 99 Absatz 8 erstmalig für das Jahr 2015 und die Erhebungen nach § 99 Absatz 9 erstmalig für das Jahr 2014.

(2) Die Angaben für die Erhebung nach

1. § 99 Absatz 1 sind zu dem Zeitpunkt, zu dem die Hilfe endet, bei fortdauernder Hilfe zum 31. Dezember,
2. bis 5. (weggefallen)
6. § 99 Absatz 2 sind zum Zeitpunkt des Endes einer vorläufigen Maßnahme,
7. § 99 Absatz 3 Nummer 1 sind zum Zeitpunkt der rechtskräftigen gerichtlichen Entscheidung über die Annahme als Kind,
8. § 99 Absatz 3 Nummer 2 Buchstabe a und Absatz 6a, 6b und 10 sind für das abgelaufene Kalenderjahr,
9. § 99 Absatz 3 Nummer 2 Buchstabe b und Absatz 4, 5 und 9 sind zum 31. Dezember,
10. § 99 Absatz 7, 7a und 7b sind zum 1. März,
11. § 99 Absatz 6 sind zum Zeitpunkt des Abschlusses der Gefährdungseinschätzung,
12. § 99 Absatz 8 sind für das abgelaufene Kalenderjahr

zu erteilen.

§ 102 Auskunftspflicht

(1) Für die Erhebungen besteht Auskunftspflicht. Die Angaben zu § 100 Nummer 4 sind freiwillig.

(2) Auskunftspflichtig sind

1. die örtlichen Träger der Jugendhilfe für die Erhebungen nach § 99 Absatz 1 bis 10, nach Absatz 8 nur, soweit eigene Angebote gemacht wurden,
2. die überörtlichen Träger der Jugendhilfe für die Erhebungen nach § 99 Absatz 3 und 7 und 8 bis 10, nach Absatz 8 nur, soweit eigene Angebote gemacht wurden,
3. die obersten Landesjugendbehörden für die Erhebungen nach § 99 Absatz 7 und 8 bis 10,
4. die fachlich zuständige oberste Bundesbehörde für die Erhebung nach § 99 Absatz 10,
5. die kreisangehörigen Gemeinden und die Gemeindeverbände, soweit sie Aufgaben der Jugendhilfe wahrnehmen, für die Erhebungen nach § 99 Absatz 7 bis 10,
6. die Träger der freien Jugendhilfe für Erhebungen nach § 99 Absatz 1, soweit sie eine Beratung nach § 28 oder § 41 betreffen, nach § 99 Absatz 8, soweit sie anerkannte Träger der freien Jugendhilfe nach § 75 Absatz 1 oder Absatz 3 sind, und nach § 99 Absatz 3, 7 und 9,
7. Adoptionsvermittlungsstellen nach § 2 Absatz 2 des Adoptionsvermittlungsgesetzes aufgrund ihrer Tätigkeit nach § 1 des Adoptionsvermittlungsgesetzes sowie anerkannte Auslandsvermittlungsstellen nach § 4 Absatz 2 Satz 2 des Adoptionsvermittlungsgesetzes aufgrund ihrer Tätigkeit nach § 2a Absatz 3 Nummer 3 des Adoptionsvermittlungsgesetzes gemäß § 99 Absatz 3 Nummer 1 sowie gemäß § 99 Absatz 3 Nummer 2a für die Zahl der ausgesprochenen Annahmen und gemäß § 99 Absatz 3 Nummer 2b für die Zahl der vorgemerkten Adoptionsbewerber,
8. die Leiter der Einrichtungen, Behörden und Geschäftsstellen in der Jugendhilfe für die Erhebungen nach § 99 Absatz 7 und 9.

(3) Zur Durchführung der Erhebungen nach § 99 Absatz 1, 2, 3, 7, 8 und 9 übermitteln die Träger der öffentlichen Jugendhilfe den statistischen Ämtern der Länder auf Anforderung die erforderlichen Anschriften der übrigen Auskunftspflichtigen.

§ 103 Übermittlung

(1) An die fachlich zuständigen obersten Bundes- oder Landesbehörden dürfen für die Verwendung gegenüber den gesetzgebenden Körperschaften und für Zwecke der Planung, jedoch nicht für die Regelung von Einzelfällen, vom Statistischen Bundesamt und den statistischen Ämtern der Länder Tabellen mit statistischen Ergebnissen übermittelt werden, auch soweit Tabellenfelder nur einen einzigen Fall ausweisen. Tabellen, deren Tabellenfelder nur einen einzigen Fall ausweisen, dürfen nur dann übermittelt werden, wenn sie nicht differenzierter als auf Regierungsbezirksebene, im Fall der Stadtstaaten auf Bezirksebene, aufbereitet sind.

(2) Für ausschließlich statistische Zwecke dürfen den zur Durchführung statistischer Aufgaben zuständigen Stellen der Gemeinden und Gemeindeverbände für ihren Zuständigkeitsbereich Einzelangaben aus der Erhebung nach § 99 mit Ausnahme der Hilfsmerkmale übermittelt werden, soweit die Voraussetzungen nach § 16 Absatz 5 des Bundesstatistikgesetzes gegeben sind.

(3) Die Ergebnisse der Kinder- und Jugendhilfestatistiken gemäß den §§ 98 und 99 dürfen auf der Ebene der einzelnen Gemeinde oder des einzelnen Jugendamtsbezirkes veröffentlicht werden.

Zehntes Kapitel
Straf- und Bußgeldvorschriften

§ 104 Bußgeldvorschriften

(1) Ordnungswidrig handelt, wer

1. ohne Erlaubnis nach § 43 Absatz 1 oder § 44 Absatz 1 Satz 1 ein Kind oder einen Jugendlichen betreut oder ihm Unterkunft gewährt,
2. entgegen § 45 Absatz 1 Satz 1, auch in Verbindung mit § 48a Absatz 1, ohne Erlaubnis eine Einrichtung oder eine sonstige Wohnform betreibt oder
3. entgegen § 47 eine Anzeige nicht, nicht richtig, nicht vollständig oder nicht rechtzeitig erstattet oder eine Meldung nicht, nicht richtig, nicht vollständig oder nicht rechtzeitig macht oder
4. entgegen § 97a Absatz 4 vorsätzlich oder fahrlässig als Arbeitgeber eine Auskunft nicht, nicht richtig oder nicht vollständig erteilt.

(2) Die Ordnungswidrigkeiten nach Absatz 1 Nummer 1, 3 und 4 können mit einer Geldbuße bis zu fünfhundert Euro, die Ordnungswidrigkeit nach Absatz 1

Nummer 2 kann mit einer Geldbuße bis zu fünfzehntausend Euro geahndet werden.

§ 105 Strafvorschriften

Mit Freiheitsstrafe bis zu einem Jahr oder mit Geldstrafe wird bestraft, wer

1. eine in § 104 Absatz 1 Nummer 1 oder 2 bezeichnete Handlung begeht und dadurch leichtfertig ein Kind oder einen Jugendlichen in seiner körperlichen, geistigen oder sittlichen Entwicklung schwer gefährdet oder
2. eine in § 104 Absatz 1 Nummer 1 oder 2 bezeichnete vorsätzliche Handlung beharrlich wiederholt.

Elftes Kapitel
Schlussvorschriften

§ 106 Einschränkung eines Grundrechts

Durch § 42 Absatz 5 und § 42a Absatz 1 Satz 2 wird das Grundrecht auf Freiheit der Person (Artikel 2 Absatz 2 Satz 3 des Grundgesetzes) eingeschränkt.